BRAZIL

巴西

CHINA

中国

EGYPT

埃及

ETHIOPIA

埃塞俄比亚

INDIA

印度

IRAN

伊朗

RUSSIA

俄罗斯

SOUTH AFRICA

南非

UNITED ARAB EMIRATES

阿联酋

图书在版编目 (CIP) 数据

金砖国家联合统计手册 . 2024 / 中国国家统计局等编 . -- 北京 : 中国统计出版社 , 2025. 2. -- ISBN 978-7-5230-0689-4

Ⅰ . C831-62

中国国家版本馆 CIP 数据核字第 2025MP3434 号

金砖国家联合统计手册 2024

作　　者 / 中国国家统计局等 编
责任编辑 / 李　冲
装帧设计 / 黄　晨
出版发行 / 中国统计出版社有限公司
通信地址 / 北京市丰台区西三环南路甲 6 号 邮政编码 /100073
发行电话 / 邮购 (010)63376909 书店 (010)68783171
网　　址 / http://www.zgtjcbs.com/
印　　刷 / 河北宝昌佳彩印刷有限公司
经　　销 / 新华书店
开　　本 / 880mm×1230mm 1/16
字　　数 / 260 千字
印　　张 / 20.5
版　　别 / 2025 年 2 月第 1 版
版　　次 / 2025 年 2 月第 1 次印刷
定　　价 / 150.00 元

前言

《金砖国家联合统计手册》（以下简称《手册》）是一本公开出版物，提供金砖国家主要经济社会指标的全面统计数据，既包括比较数据也包括动态数据，还提供最重要的宏观经济和社会指标变化的具体数据，如人口经济活动指标、国内生产总值的动态和结构、价格指数和人民生活水平等。

《手册》共 15 章。第一章是整个出版物的综述，以九个国家的可比统计数据介绍总体情况，其余十四章反映每个国家各个方面的发展和现状。每个主题章节都包含汇总表和国别表。汇总表提供九个国家之间最具可比性的信息，而国别表则按国家分别提供更详细的信息。

《手册》还包括一系列附录，提供金砖国家统计体系简介，以及一系列附件，介绍可持续发展目标监测框架现状。

自 2021 年起，除主要的《手册》外，每年还发布《手册》的简本《金砖国家联合统计摘要》（以下简称《摘要》），供广大用户使用。

《手册》（第 14 卷）由金砖国家 2024 年轮值主席国俄罗斯编纂出版。俄罗斯联邦统计局感谢所有金砖国家统计机构为编辑《手册》所做的贡献和给予的支持。

我们衷心希望《手册》及其《摘要》能为所有利益攸关方提供帮助。

巴西国家地理与统计局局长
马尔西奥·波赫曼
中国国家统计局局长
康义
埃及中央公共动员和统计局局长
海拉特·穆罕默德·巴拉卡
埃塞俄比亚统计局局长
贝克尔·沙乐·杜利
印度统计和计划执行部秘书长
所罗伯·加尔格
伊朗统计中心主任
古拉姆雷扎·古达尔齐
俄罗斯联邦统计局局长
谢尔盖·加尔金
南非统计局局长
里森加·马卢雷克
阿联酋联邦竞争力和统计中心执行主任
哈南·阿赫利

金砖国家的发展

2006 年 7 月，金砖国家（巴西、俄罗斯、印度、中国）领导人在俄罗斯圣彼得堡八国集团扩大首脑会议期间举行了首次会晤。同年 9 月，在纽约联合国大会一般性辩论期间举行的首次金砖国家外长会议上，该机制被正式定名为金砖国家。经过一系列高级别会晤，金砖国家领导人第一次会晤于 2009 年 6 月 16 日在俄罗斯叶卡捷琳堡举行。

2010 年 9 月，在纽约举行的金砖国家外长会议上，南非被接纳成为成员，金砖国家英文名称改为 BRICS（巴西、俄罗斯、印度、中国、南非）。据此，南非参加了 2011 年 4 月 14 日在中国三亚举行的金砖国家领导人第三次会晤。

2023 年 8 月，在南非举行的金砖国家领导人第十五次会晤决定邀请阿根廷、埃及、埃塞俄比亚、伊朗、沙特、阿联酋，自 2024 年 1 月 1 日起成为金砖国家正式成员。

《金砖国家联合统计手册》

2009 年，巴西、俄罗斯、印度和中国四国外长于第 64 届联合国大会期间召开会议，一致认为亟需建立一个平台汇集并发布金砖国家重要数据，以实现互惠互利。

2010 年，《金砖国家联合统计手册》（以下简称《手册》）第 1 卷发布。此后金砖国家成员国每年轮流牵头编辑出版《手册》。

《手册》的出版对于发展金砖国家统计合作机制至关重要，是巴西、俄罗斯、印度、中国和南非的国家统计机构每年共同努力的成果。

《手册》提供了金砖国家主要经济社会指标的全面统计数据。迄今为止，金砖国家统计机构共发布了 13 卷《手册》，本《手册》为第 14* 卷。

《金砖国家联合统计摘要》

2020 年，在俄罗斯主持的第 12 届金砖国家统计局局长会上，决定要编制一种新型统计出版物（即《手册》简版），以促进主要统计数据的收集并吸引更多用户。

2021 年 10 月，在第 13 届金砖国家统计局局长会上，印度国家统计局首次编辑出版了《手册》的简版，即《金砖国家联合统计摘要》（以下简称《摘要》）。

此后每年《摘要》均与《手册》共同出版。

金砖国家统计机构的合作

为编辑出版《手册》及其《摘要》，金砖国家轮值主席国的国家统计机构通常召开以下两场会议：

金砖国家统计局技术人员会议——筹备《手册》编辑的专家会议。该会议一般在上半年举行。

金砖国家统计局局长会议——成员国间分享最佳实践和挑战、探讨通过合作加强能力建设可行性的高级别会议。《手册》通常在会上发布。该会议一般在下半年举行。

---

*：2019 年未出版，2021 年应为第 11 卷，实际编号为第 12 卷。

目录

第八章 工业

第九章 能源

第十章 农业、林业、牧业和渔业

第十一章 交通运输

第一章 金砖国家概况及经济社会指标比较

表 1.1 金砖国家概况（2023 年）

	国土面积 (万平方公里)	首都	年中人口 (万人)	人口密度 (人/平方公里)	货币名称
巴西	851(1)	巴西利亚	21170	24.9	雷亚尔(R$)
中国	960	北京	141071	146.9	人民币(RMB)
埃及	100	开罗	10520	104.2	埃及镑(EGP)
埃塞俄比亚	115	亚的斯亚贝巴	10750	93.2(2)	比尔(Birr)
印度	329	新德里	139230(3)	423.5(3)	卢比(Rs)
伊朗	163	德黑兰	8530	52.3	里亚尔(Rial)
俄罗斯	1723	莫斯科	14630	8.5	卢布(Rub)
南非	122	比勒陀利亚	6220	50.9	兰特(ZAR)
阿联酋	7	阿布扎比	1070(P)	150.4(P)	迪拉姆(DHS)

资料来源：

巴西

巴西国家地理与统计局。

中国

中国国家统计局，《中国统计摘要》，2024 年。

埃塞俄比亚

埃塞俄比亚统计局。

印度

印度卫生与家庭福利部，国家人口委员会，《人口预测技术小组报告》，2020 年 7 月。

俄罗斯

1. 俄罗斯联邦统计局。
2. 俄罗斯联邦地理登记、地籍勘察和制图局。

南非

南非统计局。

阿联酋

联邦竞争力和统计中心。

脚注：

1. 本《手册》有关符号使用的说明：“0、0.0、0.00”表示由于四舍五入的原因，数据近似等于“0”；“…”表示数据不存在。
2. 沙特阿拉伯暂时不参加今年的《手册》编辑工作。

巴西

(1) 根据 2021 年 3 月 1 日第 47 号决议，巴西的国土面积仍然为发布在 2021 年 3 月 3 日第 41 号巴西官方公报上的 8510345.538 平方公里。年中人口和其他人口统计指标数据来自《巴西和联邦部门按性别和年龄划分的人口预测，2024 年回顾》。

埃塞俄比亚

(2) 人口密度（人 / 平方公里）= 总人口（年中）/ 总面积，其中：总人口为预计人口，总面积为该地区的地理面积，单位为平方公里。

印度

(3) 根据 2011 年人口普查数据估计的 2023 年 7 月 1 日数据。

阿联酋

(p) 初步数据。

表 1.2 金砖国家经济社会指标比较

	年份	数值
人口		
年中人口(万人)		
巴西[1]	2023	21170
中国	2023	141071
埃及	2023	10517
埃塞俄比亚	2023	10750
印度[4]	2023	139230
伊朗	2023	8533
俄罗斯	2023	14630
南非	2023	6220
阿联酋	2023	1068[P]
男性人口所占比重 (%)		
巴西	2023	48.8
中国	2023	51.1
埃及	2023	42.9
埃塞俄比亚	2023	50.1
印度[4]	2023	51.4
伊朗	2023	50.5
俄罗斯	2023	46.5
南非	2023	49.0
阿联酋	2023	64.1
女性人口所占比重 (%)		
巴西	2023	51.2
中国	2023	48.9
埃及	2023	57.1
埃塞俄比亚	2023	49.9
印度[4]	2023	48.6
伊朗	2023	49.5
俄罗斯	2023	53.5
南非	2023	51.0
阿联酋	2023	35.9
人口密度(人/平方公里)		
巴西[1]	2023	24.9
中国	2023	146.9
埃及	2023	104.2
埃塞俄比亚[5]	2023	93.2
印度[4]	2023	423.5[58]
伊朗	2023	52.3
俄罗斯	2023	8.5
南非	2023	50.9
阿联酋	2023	150.4
粗出生率(‰)		
巴西	2023	12.0
中国	2023	6.4
埃及	2022	21.2
埃塞俄比亚	2023	24.2
印度	2020	19.5
伊朗	2021	14.0
俄罗斯	2023	8.6
南非	2023	19.8
阿联酋	2022	9.4

表 1.2 金砖国家经济社会指标比较

（续表 1）

	年份	数值
粗死亡率(‰)		
巴西	2023	7.0
中国	2023	7.9
埃及	2022	5.8
埃塞俄比亚	2023	5.7
印度	2020	6.0
伊朗	2023	…
俄罗斯	2023	12.1
南非	2023	8.7
阿联酋	2022	1.1
婴儿死亡率(‰)		
巴西	2023	12.5
中国	2023	4.5
埃及	2022	18.9
埃塞俄比亚	2023	45.8
印度	2020	28.0
伊朗	2023	…
俄罗斯	2023	4.2
南非	2023	24.0
阿联酋	2022	4.6
孕产妇死亡率(每10万例活产婴儿)		
巴西	2023	55.7
中国	2023	15.1
埃及	2022	40.9
埃塞俄比亚	2019	199.0
印度	2020	97.0
伊朗	2023	…
俄罗斯	2023	13.3
南非	2019	91.1
阿联酋	2022	5.0
人口预期寿命(岁)		
巴西	2023	76.4
中国	2020	77.9
埃及	2023	71.3
埃塞俄比亚	2023	66.5
印度	2020	70.0
伊朗	2023	…
俄罗斯	2023	73.4
南非	2023	66.3
阿联酋	2022	83.1
妇女在国会任职的比例(%)		
巴西	2023	17.7
中国 (全国人民代表大会女性代表占比)	2023	…
(全国政协女性委员占比)	2023	…
埃及	2020	27.4
埃塞俄比亚	2023	…
印度	2019	14.4
伊朗	2023	…
俄罗斯[(6)]	2023	18.3
南非(国民议会)	2022	46.0
(全国省议会)	2022	36.0
阿联酋	2023	50.0

表 1.2 金砖国家经济社会指标比较

（续表 2）

	年份	数值
劳动力人口		
劳动力人口占总人口的比重 (%)		
巴西[7]	2023	63.4
中国[8]	2023	52.5
埃及	2023	43.4
埃塞俄比亚	2023	…
印度[9]	2023	57.9
伊朗	2023	41.3
俄罗斯[10]	2023	62.8
南非	2023	55.0
阿联酋	2023	65.2
失业率 (%)		
巴西[7]	2023	7.7
中国[11]	2023	5.1
埃及	2023	7.0
埃塞俄比亚	2022	18.9
印度	2023	3.2
伊朗	2023	8.1
俄罗斯[10][12]	2023	3.2
南非	2023	32.1
阿联酋	2023	2.2
国民经济核算		
国内生产总值(现价) (亿美元)		
巴西[13]	2023	21735
中国[14][15]	2023	178888[P]
埃及	2023	3929
埃塞俄比亚	2023	1637
印度[16]	2023	35680
伊朗	2023	…
俄罗斯	2023	20335
南非	2023	3806
阿联酋	2023	5141
人均国内生产总值(现价)(美元)		
巴西[13]	2023	10049
中国[14]	2023	12681[P]
埃及	2023	3742
埃塞俄比亚	2023	1549
印度[16]	2023	2558
伊朗	2023	…
俄罗斯	2023	13900
南非	2023	6208
阿联酋	2023	48141
价格指数		
消费者价格指数(比上年上涨，%)		
巴西	2023	4.6
中国	2023	0.2
埃及	2023	33.9
埃塞俄比亚	2023	32.5
印度	2023	5.7
伊朗	2023	…
俄罗斯	2023	5.9
南非	2023	6.0
阿联酋	2023	1.6

表 1.2 金砖国家经济社会指标比较

（续表 3）

	年份	数值
生产者价格指数(比上年上涨，%)		
巴西[48]	2023	–5.0
中国(工业品)	2023	–3.0
埃及	2023	26.6
埃塞俄比亚	2021	24.4
印度	2023	…
伊朗	2023	…
俄罗斯(工业品)[18]	2023	4.0
南非(最终制成品)	2023	6.7
阿联酋	2023	–7.9
科技		
R&D支出占GDP比重(%)		
巴西	2023	…
中国[P]	2023	2.6
埃及	2020	0.2
埃塞俄比亚	2023	…
印度	2020	0.6
伊朗	2021	0.7
俄罗斯[19]	2023	1.0
南非	2022	0.8
阿联酋	2021	1.5
R&D人员全时当量(万人年)		
巴西	2023	…
中国[P]	2023	724
埃及	2023	…
埃塞俄比亚	2023	…
印度[20]	2021	36[21]
伊朗	2021	26
俄罗斯	2023	74
南非	2018	4
阿联酋	2021	4
居民生活水平		
公共教育支出占GDP的比重(%)		
巴西	2021	5.2
中国[22]	2023	4.0
埃及	2022	2.0
埃塞俄比亚	2023	…
印度	2022	4.5
伊朗	2023	…
俄罗斯	2021	3.5
南非	2022	6.8
阿联酋	2021	3.9
公共医疗支出占GDP的比重(%)		
巴西	2021	4.5
中国[22]	2023	7.2
埃及	2022	1.3
埃塞俄比亚	2023	…
印度	2022	1.4
伊朗	2023	…
俄罗斯	2021	3.8
南非	2023	…
阿联酋	2021	3.4

表 1.2 金砖国家经济社会指标比较

（续表 4）

	年份	数值
基尼系数		
巴西	2023	0.518
中国[23]	2023	0.465
埃及	2020	0.300
埃塞俄比亚	2023	…
印度	2023	…
城市	2023	0.314
农村	2023	0.266
伊朗	2022	0.388
俄罗斯[24]	2023	0.405
南非[25]	2023	…
阿联酋	2020	0.295
工业		
工业生产指数(上年=100)		
巴西	2023	100.1
中国	2023	104.6
埃及	2023	101.7
埃塞俄比亚	2023	…
印度[26]	2023	105.9[P]
伊朗	2023	…
俄罗斯[27]	2023	104.1
南非[28]	2023	93.2
阿联酋	2023	…
铁矿石产量(万吨)		
巴西	2022	51138
中国(原矿)	2023	99056
埃及	2021	1300
埃塞俄比亚	2023	…
印度	2023	27700
伊朗	2022	10700
俄罗斯(精铁矿)	2023	9100
南非	2022	6400
阿联酋	2023	…
钢产量(万吨)		
巴西	2022	4730
中国	2023	102886
埃及	2021	5300
埃塞俄比亚	2023	…
印度	2023	14080
伊朗	2023	…
俄罗斯[29]	2023	7500
南非	2023	…
阿联酋	2023	…
乘用车产量(万辆)		
巴西	2022	181
中国	2022	2197
埃及	2020	1
埃塞俄比亚	2023	…
印度	2021	219[P]
伊朗	2023	…
俄罗斯	2023	54
南非	2023	…
阿联酋	2023	…

表 1.2 金砖国家经济社会指标比较

（续表 5）

	年份	数值
能源		
石油产量(万吨)		
巴西	2023	19757
中国	2023	20903
埃及	2022	2788
埃塞俄比亚	2023	398
印度[30]	2023	2900
伊朗	2023	…
俄罗斯[31]	2022	53500
南非	2023	…
阿联酋[32]	2022	15258
原煤(万吨)		
巴西	2023	649
中国	2023	472270
埃及	2021	10600
埃塞俄比亚	2023	150100
印度	2023	99700[P]
伊朗	2022	400
俄罗斯	2023	43000
南非	2023	23200
阿联酋	2023	…
天然气(亿立方米)		
巴西	2023	547
中国	2023	2324
埃及	2022	593
埃塞俄比亚	2020	2
印度	2023	364
伊朗	2023	…
俄罗斯[33]	2023	6
南非	2023	…
阿联酋[34]	2022	556
发电量(亿千瓦时)		
巴西	2023	7081
中国	2023	94564
埃及	2022	2140
埃塞俄比亚	2022	155
印度	2023	19490[52]
伊朗	2023	…
俄罗斯	2023	11810
南非	2023	2244
阿联酋	2022	1554
一次能源生产量(万吨标准油当量)		
巴西	2023	39100
中国[36]	2023	338100[P]
埃及	2022	9358
埃塞俄比亚[37]	2023	…
印度	2022	47600[P]
伊朗	2023	…
俄罗斯	2021	145097
南非	2020	17600
阿联酋	2022	25296

表 1.2 金砖国家经济社会指标比较

（续表 6）

	年份	数值
能源消费量(万吨标准油当量)		
巴西	2023	31391
中国[36]	2023	400400[P]
埃及	2022	5876
埃塞俄比亚[38]	2023	…
印度	2022	55200[P]
伊朗	2023	…
俄罗斯	2021	122019
南非	2020	7100
阿联酋	2023	…
农业		
耕地面积(万公顷)		
巴西	2023	9628
中国	2022	12758
埃及	2022	410
埃塞俄比亚	2023	2390
印度[39]	2021	15400
伊朗	2023	…
俄罗斯	2023	12600
南非	2023	…
阿联酋	2022	9
谷物产量(万吨)		
巴西	2023	15082
中国	2023	64143
埃及	2022	10800
埃塞俄比亚	2023	6130
印度[39][40]	2023	30436[40]
伊朗	2023	…
俄罗斯	2023	14496
南非	2022	1895
阿联酋	2022	2
水果和蔬菜产量(万吨)		
巴西	2023	7442
中国	2023	115611
埃及	2022	3700
埃塞俄比亚	2021	265
印度	2023	31759
伊朗	2023	…
俄罗斯[41]	2023	2100
南非	2022	1000
阿联酋	2022	70
肉类产量(万吨)		
巴西	2023	2758
中国	2023	9748
埃及	2022	80
埃塞俄比亚	2023	60
印度[42]	2022	977
伊朗	2023	…
俄罗斯[43]	2023	1200
南非	2023	345
阿联酋	2023	…

表 1.2 金砖国家经济社会指标比较

（续表 7）

	年份	数值
鱼类捕获量(万吨)		
巴西	2023	…
中国	2023	737
埃及	2022	199
埃塞俄比亚	2023	…
印度(42)	2023	1755
伊朗	2023	…
俄罗斯(44)	2023	537
南非	2023	…
阿联酋	2022	7
交通运输		
铁路营业里程(万公里)		
巴西	2023	…
中国	2023	15.9
埃及	2021	1.0
埃塞俄比亚	2023	0.1
印度	2022	6.9
伊朗	2021	1.2
俄罗斯	2023	8.7
南非	2023	…
阿联酋	2023	0.1
公路里程(万公里)		
巴西	2023	…
中国	2023	544
埃及	2023	…
埃塞俄比亚	2020	3
印度(45)	2021	33(P)
伊朗	2021	2
俄罗斯(46)	2023	113
南非	2023	…
阿联酋	2022	0.2
航空旅客周转量(亿人公里)		
巴西	2023	…
中国	2023	10309
埃及	2023	…
埃塞俄比亚	2023	0.2
印度(47)	2023	2535(P)
伊朗	2021	112
俄罗斯	2023	2647
南非	2023	…
阿联酋	2023	…
对外经济关系		
货物和服务进口总额(亿美元)		
巴西	2023	3370
中国	2023	31252
埃及	2023	823
埃塞俄比亚	2023	…
印度	2023	8565
伊朗	2023	…
俄罗斯	2023	3793
南非	2023	1234
阿联酋	2023	4819

表 1.2 金砖国家经济社会指标比较

（续表 8）

	年份	数值
货物和服务出口总额(亿美元)		
巴西	2023	3892
中国	2023	35112
埃及	2023	682
埃塞俄比亚	2023	…
印度	2023	7781
伊朗	2023	…
俄罗斯	2023	4657
南非	2023	1247
阿联酋	2023	5584
外汇储备(亿美元)		
巴西	2023	3550
中国	2023	32380
埃及	2023	…
埃塞俄比亚	2023	…
印度	2023	6464
伊朗	2023	…
俄罗斯	2023	4142
南非(50)	2023	625
阿联酋	2023	…
外债占GDP的比重(%)		
巴西	2023	33.7
中国	2023	13.7
埃及	2023	43.0
埃塞俄比亚	2023	17.3
印度	2023	19.0
伊朗	2023	…
俄罗斯	2023	16.5
南非	2023	41.5
阿联酋	2023	…

资料来源：

巴西

1. 巴西国家地理与统计局调查司。
2. 巴西国家石油局 (ANP)。
3. 巴西能源研究公司 (EPE)。
4. 巴西渔业和水产养殖部 (MPA)。
5. 巴西环境和可再生资源协会 (IBAMA)。
6. 死亡率和出生率信息系统。https://odsbrasil.gov.br/objetivo3/indicador311
7. 巴西最高选举法院。https://dadosabertos.tse.jus.br/

中国

1. 中国国家统计局。
2. 中华人民共和国民政部，年度统计报告，2024 年。
3. 中华人民共和国国家卫生健康委员会，年度统计报告，2024 年。
4. 中华人民共和国交通运输部，年度统计报告，2023 年。
5. 中国国家广播电视总局，年度统计报告，2023 年。
6. 中国国家统计局，《中国工业统计年鉴》，2023 年。
7. 中国国家统计局，《中国统计摘要》，2024 年。
8. 中国国家统计局，《中国统计年鉴》，2023 年。
9. 中华人民共和国自然资源部。
10. 中华人民共和国人力资源和社会保障部。

11. 中华人民共和国生态环境部，年度统计报告，2023 年。
12. 中华人民共和国水利部，年度统计报告，2023 年。
13. 中华人民共和国教育部，年度统计报告，2023 年。
14. 中国国家铁路集团有限公司，年度统计报告，2023 年。

埃塞俄比亚

1. 埃塞俄比亚统计局。
2. 埃塞俄比亚矿业部。
3. 埃塞俄比亚石油和能源局。
4. 埃塞俄比亚规划和发展部。
5. 埃塞俄比亚公路管理局。
6. 埃塞俄比亚财政部。
7. 埃塞俄比亚水利和能源部。

印度

数据来源请参考其他各章节表格中的来源。

俄罗斯

1. 俄罗斯联邦统计局。
2. 俄罗斯联邦地理登记、地籍勘察和制图局。
3. 俄罗斯联邦航空运输局。
4. 俄罗斯联邦公路局。
5. 俄罗斯中央银行。
6. 俄罗斯联邦渔业局。

南非

1. 本表的其他数据来自于本出版物的其他章节。
2.《南非研究和试验发展概况调查统计报告，2015-2016 年》。比勒陀利亚：科学技术部。
3. 南非人民议会网站，www.pa.org.za，2017 年 6 月。
4. 南非能源局。

阿联酋

1. 阿联酋联邦竞争力和统计中心 (FCSC)。
2. 阿联酋卫生和预防部。

脚注：

更详尽的脚注和资料来源参见各具体章节。标 (P) 的数据为初步数据。

巴西

(1) 年中人口和其他人口指标来自《巴西和联邦部门按性别和年龄划分的人口预测，2024 年回顾》。
(7) 15 岁及以上人口，数据来源于巴西国家地理与统计局。
(13) 由季度 GDP 数据加工得到。
(48) 2014 年起，生产者价格指数包括采矿、采石和制造业，数据来源于巴西国家地理与统计局。2014 年之前，数据来自瓦加斯基金会的批发价格指数 (WPI)，该指数收集了农业和工业的批发价格。

中国

(8) 就业人口占总人口的比重。
(11) 年末城镇调查失业率。
(14) 按美元计算的 GDP 和人均 GDP 利用年平均汇率进行折算。
(15) GDP 按生产者价格计算。
(22) 国家财政性教育经费占 GDP 比重。
(23) 基尼系数指标是按居民年人均可支配收入计算的。
(36) 一次能源生产总量和能源消费总量中的电力、热力按等价热值折算。

埃及

(2) 根据 2006 年人口普查。
(3) 根据 2017 年人口普查。
(57) 按美元计算的 GDP 按年平均汇率进行折算。

埃塞俄比亚

(5) 人口密度 (人 / 平方公里)= 总人口 (年中人口 / 总面积。其中：总人口为预测值，总面积为该地区的地理面积，单位是平方公里。
(37) 一次能源产量是指直接从自然资源中获取的能源形式，包括可再生能源、生物质和煤炭等产生的电力。
(38) 能源消费是指一个国家使用的全部能源。

印度

(4) 2000 年的人口预测基于 1991 年人口普查，其余年份的人口预测则基于 2011 年人口普查。
(9) 15 岁及以上劳动力人口占比。
(16) 按美元计算的 GDP 利用印度储备银行（链接：https://dbie.rbi.org.in）公布的平均实际汇率进行折算。平均值数据基于财年 4 月 1 日至 3 月 31 日财年计算，基期为 2011-2012 年。
(26) 财年数据。2000 年的国际投资头寸以 1993-1994 为基准年，自 2012 年起数据以 2011-2012 为基准年。2023 年数据是临时数据。
(21) 2017-2018 年数据截至 2018 年 4 月 1 日，2020-2021 年数据截至 2021 年 4 月 1 日数据。
(39) 农历年度指从当年 7 月至次年 6 月。
(40) 2023-2024 年第三次预估数。
(42) 数据指从当年 3 月至次年 2 月。自 2007-2008 年起肉类产量能包括商业家禽养殖场的产量。
(45) 表中为 3 月 31 日数据。公路仅包括国家和邦一级的公路（不包括乡村道路、工程道路和城市道路等）。
(47) 数据为财年数据。统计范围据包括印度国内和国际运营商。
(51) 煤炭产量数据为财年数据。
(52) 估计数据。
(53) 数据为财年数据。是指公用事业（包括火力、水力和核能）和非公用事业的总发电量。
(54) 一次能源包括煤炭、褐煤、原油、天然气和电力。
(55) 包括来自煤炭、褐煤、原油（以炼油厂原油吞吐量计算的原油）、天然气和电力（来自公用事业水电、核能和其他可再生能源电力）的能源。
(56) 国际业务按照印度民航总局 2020 年 3 月 26 日的通知进行。
(58) 2023 年 7 月 1 日数据，基于 2011 年普查结果。

俄罗斯

(6) 根据俄罗斯联邦杜马办公室和联邦委员会办公室截至 1 月 1 日的数据。
(10) 2017 年前数据为 15-72 岁人口数据，2017 年后数据为 15 岁及以上人口数据。
(12) 根据国际劳工组织方法计算得出。
(18) 2012 年之前工业生产指数按经济活动分类包括“采矿和采掘业”、“制造业”、“电、气、水的生产和供应业”的综合指数；2013 年开始，按经济活动分类包括“采矿和采掘业”、“制造业”、，“电、煤气、蒸汽和空调供应”，“供水、排水、废物管理和排污清理活动”。
(19) 内部研发支出占国内生产总值的比重。
(24) 基尼系数是在居民人均收入数据以及住户预算抽样调查数据的基础上计算得出。2013-2022 年的数据根据 2020 年全国人口普查结果进行了修订。
(27) 2013 年及以前工业生产指数按经济活动分类包括“采矿和采掘业”、“制造业”、“电、气、水的生产和供应业”；2014 年开始，工业生产指数按经济活动分类包括“采矿和采掘业”、“制造业”、“电、煤气、蒸汽和空调供应”，“供水、排水、废物管理和排污清理活动”。
(29) 2017 年起，钢产量包括非合金钢、不锈钢、其他合金钢锭及其他上述类型的初级形状和半成品。
(31) 2020 年起，指脱水、脱盐和稳定石油，包括液态天然气。
(33) 2010 年起，包括天然气和伴生天然气。
(41) 指水果（不包括坚果）、浆果和葡萄。
(43) 指供屠宰的牲畜和家禽。
(44) 鱼类捕获和其他野生水生生物。
(46) 指运营中的铺有路面的公共道路（包括高速公路）的里程。数据为年末数。

南非

(25) 基尼系数基于剔除税收后的人均支出计算得到。
(28) 2019 年 =100
(50) 包括黄金。

阿联酋

(32) 指原油。
(34) 指已上市的天然气。

图 1.1 年中人口（2023 年）

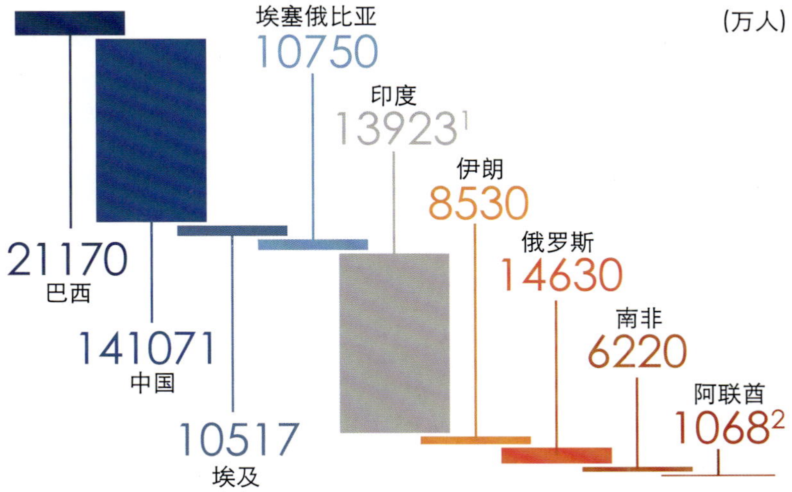

注：1. 2023 年 7 月 1 日人口预测值是根据 2011 年人口普查推算得到。
2. 初步数据。

图 1.2 人口密度（2023 年）

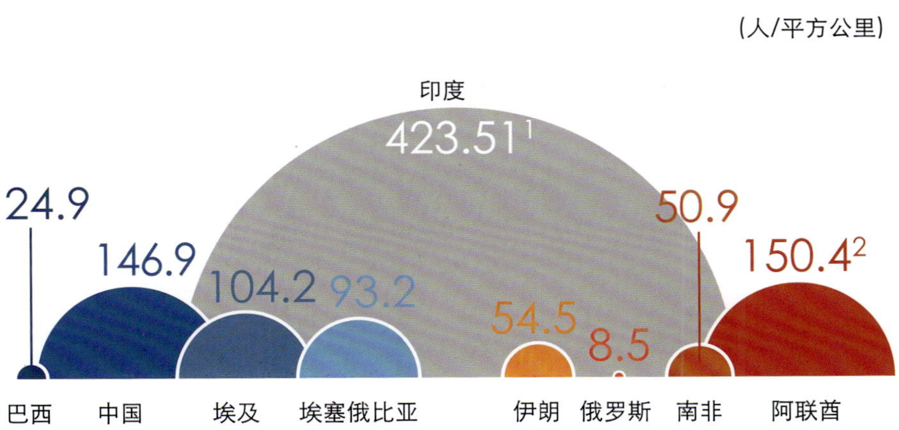

注：1. 2023 年 7 月 1 日人口预测值是根据 2011 年人口普查推算得到。
2. 初步数据。

图 1.3 男女人口所占比重（2023 年）

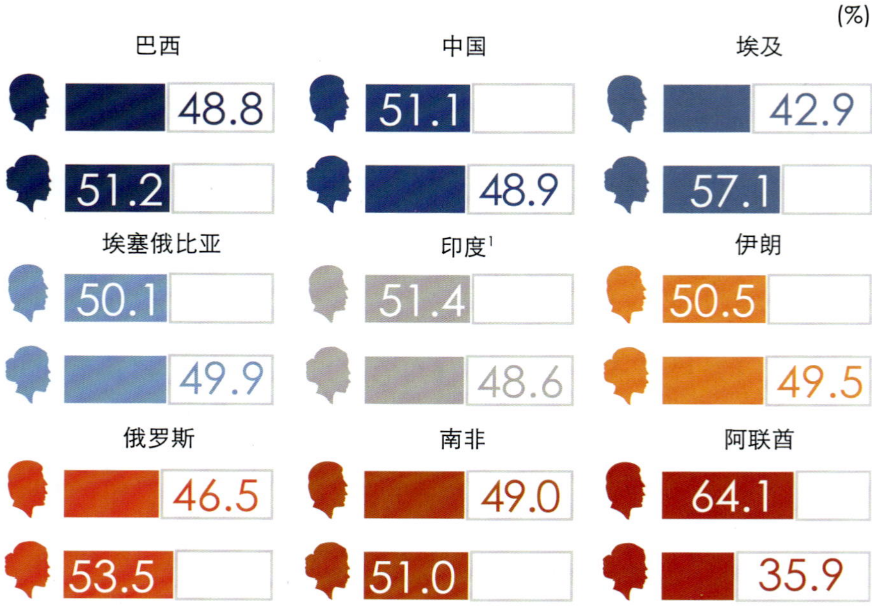

注：1. 2023 年 7 月 1 日人口预测值是根据 2011 年人口普查推算得到的。

图 1.4 失业率（2023 年）

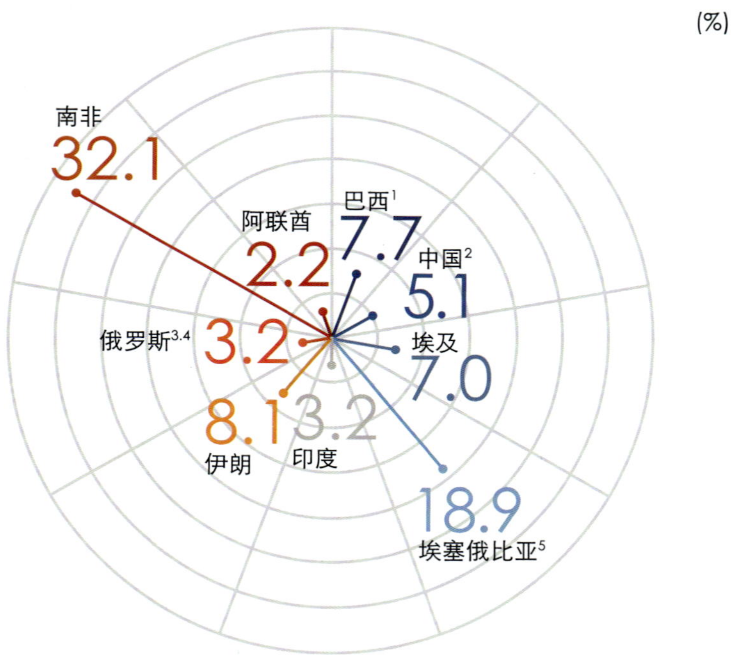

注：1. 15 岁及以上人口。

2. 城镇调查失业率。

3. 2017 年之前是 15-72 岁人口数据，2017 年后是 15 岁及以上人口数据。

4. 根据国际劳工组织方法。

5. 2022 年数据。

第二章 人 口

表 2.1 人口概况

单位：万人

	2000	2014	2015	2016	2017	2018	2019	2020	2021	2022	2023
年中人口数											
巴西[1]	17470	20081	20240	20387	20521	20653	20790	20916	21010	21086	21170
中国[2]	126265	137186	137986	138779	139622	140276	140775	141110	141236	141218	141071
埃及	…	8830	9062	9274	9520	9715	9890	10062	10206	10361	10517
埃塞俄比亚	…	8795	9008	9221	9435	9650	9866	10083	10299	10516	10750
印度[3]	100210	126430	128030	129580	131020	132460	133900	135340	136720	137970	139230
伊朗	6420	7797	7894	7993	8105	8196	8271	8341	8406	8470	8533
俄罗斯	14660	14540	14700	14738	14770	14782	14790	14770	14720	14671	14630
南非[4]	…	5480	5570	5650	5740	5820	5910	6000	6060	6130	6220
阿联酋[5]	317	827	874	913	931	938	951	929	986	1029	1068[P]
男性											
巴西[1]	8572	9816	9893	9963	10027	10090	10155	10214	10255	10288	10325
中国[2][9]	65431	70522	70875	71307	71650	71864	72039	72357	72311	72206	72032
埃及	…	4510	4620	4720	4910	5010	5010	5170	5250	5330	5410
埃塞俄比亚	…	4421	4525	4630	4737	4843	4950	5057	5165	5272	5395
印度[3]	51860	65050	65870	66660	67390	68120	68850	69570	70271	70900	71530
伊朗	3260	3940	4000	4050	4100	4140	4180	4220	4240	4280	4310
俄罗斯	6850	6740	6810	6830	6850	6860	6870	6860	6840	6820	6800
南非[4]	…	2670	2720	2760	2800	2850	2890	2940	2970	3010	3050
阿联酋[5]	225	540	569	593	604	606	614	598	633	660	684[P]
女性											
巴西[6]	8898	10265	10348	10424	10494	10563	10635	10702	10755	10799	10844
中国[2][9]	61306	67124	67469	67925	68361	68677	68969	68855	68949	68969	68935
埃及	…	4320	4440	4540	4610	4710	4790	4880	4950	5030	5110
埃塞俄比亚	…	4375	4483	4590	4698	4807	4916	5026	5135	5244	5353
印度[3]	48350	61380	62160	62920	63630	64340	65050	65760	66447	67080	67700
伊朗	3160	3860	3900	3940	4000	4050	4090	4120	4160	4190	4220
俄罗斯	7810	7800	7890	7910	7920	7920	7920	7910	7880	7850	7830
南非[4]	…	2810	2850	2890	2940	2970	3020	3060	3090	3120	3170
阿联酋[5]	92	288	305	320	328	331	337	330	354	369	384[P]

表 2.1 人口概况

（续表 1）

	2000	2014	2015	2016	2017	2018	2019	2020	2021	2022	2023
城市人口											
巴西(6)	14194	17169	17360	17541	17710	17878	18050	18212	18346	18464	18587
中国(2)(9)	45906	76738	79302	81924	84343	86433	88426	90220	91425	92071	93267
埃及	…	3780	3870	4000	4043	4140	4228	4313	4380	4447	4512
埃塞俄比亚	…	1668	1746	1826	1909	1998	2088	2183	2279	2380	2482
印度(3)	28620	40780	41720	42650	43560	44470	45380	46310	47214	48090	48970
伊朗	4140	5730	5820	5910	6000	6130	6220	6310	6380	6460	6540
俄罗斯	10720	10790	10910	10950	10990	11020	11040	11040	11010	10980	10960
南非(4)(7)	…	…	…	…	…	…	…	…	…	…	…
阿联酋	…	…	…	…	…	…	…	…	…	…	…
农村人口											
巴西(6)	3280	2913	2880	2846	2811	2775	2740	2704	2664	2622	2582
中国(2)(9)	80837	60908	59024	57308	55668	54108	52582	50992	49835	49104	47700
埃及	…	5073	5193	5300	5477	5575	5662	5748	5826	5914	6005
埃塞俄比亚(8)	…	7128	7262	7395	7526	7653	7778	7899	8020	8137	8251
印度(3)	71590	85650	86310	86930	87460	87990	88520	89030	89510	89880	90260
伊朗	2280	2070	2070	2080	2100	2060	2050	2030	2020	2010	1990
俄罗斯	3940	3750	3790	3780	3780	3760	3750	3730	3710	3690	3670
南非(4)(7)	…	…	…	…	…	…	…	…	…	…	…
阿联酋	…	…	…	…	…	…	…	…	…	…	…
总抚养比(%)											
巴西	63.0	53.4	53.4	53.4	53.6	53.9	54.2	54.5	54.7	55.0	55.4
中国	42.5	36.2	37.0	37.9	39.3	40.4	41.5	45.9	46.3	46.6	46.5
埃及	…	55.2	55.2	55.2	61.5	61.5	61.5	61.6	61.6	61.6	61.6
埃塞俄比亚	…	…	…	0.7	…	…	…	…	0.6	…	…
印度	…	…	…	59.3	…	…	…	…	55.7	…	…
伊朗	…	…	…	…	…	…	…	…	…	…	…
俄罗斯	66.2	68.6	73.9	76.1	78.1	79.8	76.8	77.8	74.1	75.5	72.5
南非	…	52.8	52.8	52.8	52.9	53.0	53.0	52.9	52.7	52.4	52.0
阿联酋	…	…	…	…	…	…	…	…	…	…	…

资料来源：

巴西

巴西国家地理与统计局。

中国

1. 中国国家统计局，《中国统计年鉴》，2001-2023 年。
2. 《中国统计摘要》，2024 年。

埃塞俄比亚

埃塞俄比亚统计局。

印度

印度内政部，印度注册总署。

俄罗斯

俄罗斯联邦统计局。

南非

南非统计局。

阿联酋

阿联酋联邦竞争力和统计中心。

脚注：

巴西

(1) 年中人口和其他人口指标来自《巴西和联邦部门按性别和年龄划分的人口预测，2024 年回顾》。

(6) 2000 年至 2010 年两次人口普查间的城市人口比重采用的是线性插值的方法，该方法是由联合国 2010 年提出的。数据不是人口预测的结果。

中国

(2) 2000、2020 年数据分别为人口普查数据推算数。2015 年数据根据全国 1% 人口抽样调查数据推算。其余年份数据为年度全国人口变动情况抽样调查推算数据。2014-2019 年数据根据 2020 年普查数据修订，历史数据以新版为准，由于四舍五入造成的统计差异在此不作调整。

(9) 年末人口。

埃塞俄比亚

(8) 预测数据。

印度

(3) 2000 年人口数据依据 1991 年人口普查结果，其余年份人口数据依据 2011 年人口普查结果。人口数据为 7 月 1 日数据，抚养比数据为 3 月 1 日数据。

南非

(4) 2000 年没有进行人口估计，数据无法得到验证。

(7) 南非没有分城市和农村的人口数据。

阿联酋

(5) 年中人口。

(P) 初步数据。

表 2.2.1 人口——巴西

	2000	2014	2015	2016	2017	2018	2019	2020	2021	2022	2023
年中人口数(万人)(1)	17470	20081	20240	20387	20521	20653	20790	20916	21010	21086	21170
15岁以下	5226	4591	4550	4510	4471	4440	4412	4379	4340	4298	4253
15-24岁	3423	3405	3397	3381	3356	3323	3291	3260	3226	3180	3131
25-59岁	7297	9686	9802	9909	10008	10101	10192	10280	10355	10422	10488
60岁及以上	1523	2400	2492	2587	2686	2789	2895	2998	3090	3186	3298
性别比(女性=100)(1)	96.3	95.6	95.6	95.6	95.5	95.5	95.5	95.4	95.3	95.3	95.2
15岁以下	100.9	104.5	104.6	104.7	104.8	104.8	104.9	104.9	104.9	104.9	104.9
15-24岁	98.6	100.3	100.6	101.0	101.3	101.7	102.1	102.5	102.8	103.1	103.4
25-59岁	95.2	94.1	94.2	94.2	94.3	94.3	94.4	94.5	94.5	94.6	94.7
60岁及以上	82.3	80.2	80.1	80.1	80.0	79.9	79.8	79.6	79.3	79.1	79.0
粗出生率(‰) (1)	20.5	15.1	15.2	14.2	14.4	14.4	13.8	13.1	12.8	12.2	12.0
粗死亡率(‰) (1)	6.4	6.4	6.4	6.5	6.5	6.6	6.6	7.6	8.9	7.4	7.0
人口自然增长率(‰)	14.0	8.7	8.8	7.7	7.8	7.8	7.2	5.6	3.9	4.8	5.0
人口预期寿命(岁) (1)	71.1	75.2	75.3	75.6	75.7	76.0	76.2	74.8	72.8	75.4	76.4
男性平均预期寿命(岁)	67.3	71.5	71.7	71.9	72.1	72.5	72.8	71.2	69.3	72.1	73.1
女性平均预期寿命(岁)	75.1	78.9	79.0	79.2	79.3	79.5	79.6	78.5	76.4	78.8	79.7
总和生育率 (1)	2.3	1.8	1.8	1.7	1.8	1.8	1.7	1.7	1.6	1.6	1.6
婴儿死亡率(‰) (1)	28.1	13.5	12.7	12.3	12.7	12.5	12.1	11.4	12.2	12.4	12.5
五岁以下儿童死亡率(‰) (1)	32.6	15.6	14.8	14.3	14.8	14.5	14.1	13.0	13.9	14.7	14.7
粗结婚率(‰) (2)	6.0	7.1	7.2	6.9	6.6	6.4	6.2	4.5	5.5	…	…
粗离婚率(‰) (3)(4)	1.2	2.4	2.3	2.4	2.5	2.6	2.5	2.2	2.5	…	…

资料来源：

巴西国家地理与统计局。

脚注：

(1) 年中人口和其他人口指标来自《巴西和联邦部门按性别和年龄划分的人口预测，2024 年回顾》。

(2) 2000-2022 年数据来自民事登记统计。

(3) 2000-2022 年数据来自民事登记统计。离婚率数据指的是初审后的离婚，2007 年以后该数据还包括按公证契约签署的协议离婚。

(4) 巴西国家地理与统计局对离婚率的计算方法为：20 岁及以上的离婚人数除以对应年龄的人口数，再乘以 1000。

表 2.2.2 人口——中国

	2000	2014	2015	2016	2017	2018	2019	2020	2021	2022	2023
年中人口数(万人)(1)	126265	137186	137986	138779	139622	140276	140775	141110	141236	141218	141071
年末人口数(万人)(1)	126743	137646	138326	139232	140011	140541	141008	141212	141260	141175	140967
0–14岁	29012	22712	22824	23252	23522	23751	23689	25277	24678	23908	23063
15–59岁	84640	93599	93162	92729	92267	91703	91749	89528	89846	89263	88207
60岁及以上	13090	21335	22340	23252	24222	25087	25570	26407	26736	28004	29697
15–64岁	88910	101032	100978	100943	100528	100065	99552	96871	96526	96289	96228
65岁及以上	8821	13902	14524	15037	15961	16724	17767	19064	20056	20978	21676
性别比(女性=100)	106.7	105.1	105.0	105.0	104.8	104.6	104.5	105.1	104.9	104.7	104.5
粗出生率(‰)	14.0	13.8	12.0	13.6	12.6	10.9	10.4	8.5	7.5	6.8	6.4
粗死亡率(‰)	6.5	7.1	7.1	7.0	7.1	7.1	7.1	7.1	7.2	7.4	7.9
人口自然增长率(‰)	7.6	6.7	4.9	6.5	5.6	3.8	3.3	1.5	0.3	–0.6	–1.5
人口预期寿命(岁)	71.4	…	76.3	…	…	…	…	77.9	…	…	…
男性平均预期寿命(岁)	69.6	…	73.6	…	…	…	…	75.4	…	…	…
女性平均预期寿命(岁)	73.3	…	79.4	…	…	…	…	80.9	…	…	…
婴儿死亡率(‰)	32.2	8.9	8.1	7.5	6.8	6.1	5.6	5.4	5.0	4.9	4.5
新生儿死亡率(‰)	22.8	5.9	5.4	4.9	4.5	3.9	3.5	3.4	3.1	3.1	2.8
5岁以下儿童死亡率(‰)	39.7	11.7	10.7	10.2	9.1	8.4	7.8	7.5	7.1	6.8	6.2
粗结婚率(‰)	6.7	9.6	9.0	8.3	7.7	7.3	6.6	5.8	5.4	4.8	5.4
粗离婚率(‰)	1.0	2.7	2.8	3.0	3.2	3.2	3.4	3.1	2.0	2.0	2.6
孕产妇死亡率(每10万例活产婴儿)	53.0	21.7	20.1	19.9	19.6	18.3	17.8	16.9	16.1	15.7	15.1

资料来源:

1. 中国国家统计局，《中国统计年鉴》，2001–2023 年；《中国统计摘要》，2024 年。
2. 中华人民共和国民政部，《中国民政统计年鉴》，2001–2024 年。
3. 中华人民共和国国家卫生健康委员会，《中国卫生健康统计年鉴》，2001–2024 年。

脚注:

(1) 2000、2020 年数据为第五次和第七次人口普查数据推算数。2015 年数据根据全国 1% 人口抽样调查数据推算。其余年份数据为年度全国人口变动情况抽样调查推算数据。2014–2019 年总人口、出生人口根据 2020 年第七次人口普查结果作了修订。

表 2.2.3 人口——埃及

	2014	2015	2016	2017	2018	2019	2020	2021	2022	2023
年中人口数(万人)	8830	9062	9274	9520	9715	9890	10062	10206	10361	10517
15岁以下	2760	2833	2899	3260	3326	3386	3446	3496	3550	3605
15–24岁	1760	1808	1850	1730	1767	1799	1831	1857	1886	1914
25–59岁	3700	3796	3884	3900	3976	4047	4116	4174	4236	4300
60岁以上	610	626	640	630	647	658	669	679	689	699
性别比(女性=100)	104.0	104.0	104.0	106.5	106.0	106.0	106.0	106.0	106.0	106.0
15岁以下	107.3	107.3	107.2	106.9	106.8	106.7	106.6	106.5	106.4	106.3
15–24岁	105.0	105.0	105.0	107.0	106.9	106.8	106.7	106.6	106.5	106.4
25–59岁	102.3	102.3	102.3	104.7	104.6	104.4	104.3	104.2	104.1	104.0
60岁及以上	98.3	98.3	98.3	114.3	114.2	114.1	113.9	113.8	113.7	113.6
人口预期寿命(岁)	71.1	71.5	71.9	70.6	70.9	70.9	70.3	69.6	70.9	71.3
男性平均预期寿命(岁)	69.7	70.1	70.5	68.1	68.4	68.3	67.6	66.9	68.4	68.8
女性平均预期寿命(岁)	72.5	72.9	73.3	73.0	73.4	73.5	72.9	72.3	73.4	73.8
劳动力人口数占总人口的比重(%)	48.0	46.9	46.6	45.0	43.3	42.2	41.5	42.9	42.7	43.4

表 2.2.4 人口——埃塞俄比亚

	2000	2014	2015	2016	2017	2018	2019	2020	2021	2022	2023
粗出生率(‰)	…	…	…	…	…	27.0	…	…	…	…	24.2
粗死亡率(‰)	…	…	…	…	…	6.3	…	…	…	…	5.7
人口预期寿命(岁)	…	…	…	…	…	64.5	…	…	…	…	66.5
婴儿死亡率(‰)	…	…	…	…	…	53.3	…	…	…	…	45.8
孕产妇死亡率(每10万例活产婴儿)	871	…	…	412	…	…	199	…	…	…	…

资料来源：

埃塞俄比亚统计局。

表 2.2.5 人口——印度

	2000	2014	2015	2016	2017	2018	2019	2020	2021	2022	2023
人口数(万人)[(1)]	99690	125900	127500	129110	130550	131980	133420	134860	136301	137560	138820
15岁以下	35060	…	…	36220	…	…	…	…	34999	…	…
15–24岁	19300	…	…	24900	…	…	…	…	25153	…	…
25–59岁	38490	…	…	56170	…	…	…	…	62392	…	…
60岁及以上	6840	…	…	11820	…	…	…	…	13757	…	…
性别比(女性=100)[(1)]	107.3	106.0	106.0	105.9	105.9	105.9	105.8	105.8	105.8	105.7	105.7
15岁以下	105.9	…	…	109.7	…	…	…	…	110.5	…	…
15–24岁	112.1	…	…	110.6	…	…	…	…	109.8	…	…
25–59岁	106.6	…	…	104.0	…	…	…	…	104.3	…	…
60岁及以上	105.2	…	…	94.9	…	…	…	…	94.2	…	…
粗出生率(‰)	25.8	21.0	20.8	20.4	20.2	20.0	19.7	19.5	…	…	…
粗死亡率(‰)	8.5	6.7	6.5	6.4	6.3	6.2	6.0	6.0	…	…	…
人口自然增长率(‰)	17.3	14.3	14.3	14.0	13.9	13.8	13.8	13.5	…	…	…
人口预期寿命(岁)	62.9	67.9	68.3	68.7	69	69.4	69.7	70.0	…	…	…
男性平均预期寿命(岁)	61.9	66.4	66.9	67.4	67.8	68.2	68.4	68.6	…	…	…
女性平均预期寿命(岁)	64.0	69.6	70.0	70.2	70.4	70.7	71.1	71.4	…	…	…
总和生育率	3.2	2.3	2.3	2.3	2.2	2.2	2.1	2.0	…	…	…
婴儿死亡率(‰)	68	39	37	34	33	32	30	28	…	…	…
新生儿死亡率(‰)	44	26	25	24	23	23	22	20	…	…	…
五岁以下儿童死亡率(‰)	…	45.0	43.0	39.0	37.0	36.0	35.0	32.0	…	…	…
孕产妇死亡率(每10万例活产婴儿)	327	…	…	130	122	113	103	97	…	…	…
每10万人中故意杀人案的受害者人数	…	2.8	2.6	2.5	2.3	2.3	2.2	2.2	2.2	2.1	…
男性[(2)]	…	4.0	3.7	3.4	3.2	3.2	3.1	3.2	3.1	3.0	…
女性	…	1.5	1.5	1.5	1.4	1.3	1.3	1.2	1.3	1.2	…

资料来源：

1. 印度内政部，印度注册总署。
2. 印度内政部，印度国家犯罪记录局。

脚注：

(1) 2000 年人口数据依据 1991 年人口普查结果，其余年份人口数据依据 2011 年人口普查结果。数据为 3 月 1 日数据。

(2) 男性的数据包括跨性别者。

表 2.2.6 人口——伊朗

	2000	2014	2015	2016	2017	2018	2019	2020	2021	2022	2023
年中人口数(万人)(1)	6420	7797	7894	7993	8105	8196	8271	8341	8406	8470	8533
15岁以下	…	…	…	1919	1969	1996	2004	2006	1999	1990	1977
15–24岁	…	…	…	1185	1152	1129	1116	1111	1112	1120	1135
25–59岁	…	…	…	4147	4218	4278	4328	4371	4408	4440	4468
60岁及以上	…	…	…	741	766	793	823	854	886	919	953
性别比(女性=100)(2)	103.2	102.1	102.6	103.0	102.5	102.2	102.2	102.4	101.9	102.1	102.1
15岁以下	…	…	…	105.4	105.2	105.2	105.2	105.2	105.1	105.1	105.1
15–24岁	…	…	…	103.3	103.5	103.8	104.0	104.2	104.4	104.5	104.6
25–59岁	…	…	…	102.3	102.3	102.2	102.2	102.2	102.2	102.2	102.2
60岁及以上	…	…	…	97.4	96.2	95.0	94.1	93.3	92.6	92.1	91.6
粗出生率(‰)(3)	…	…	…	19.5	18.7	17.2	15.3	14.0	14.0	…	…
粗死亡率(‰)(3)	…	…	…	5.0	…	…	…	…	…	…	…
人口预期寿命(岁)(3)	…	…	…	74.2	…	…	…	…	…	…	…
男性平均预期寿命(岁)	…	…	…	72.5	…	…	…	…	…	…	…
女性平均预期寿命(岁)	…	…	…	75.5	…	…	…	…	…	…	…
总和生育率(2)	…	…	…	2.10	2.07	1.97	1.77	1.71	1.74	…	…
粗结婚率(‰)(3)	…	…	…	8.8	…	…	…	…	…	…	…
粗离婚率(‰)(3)	…	…	…	2.3	…	…	…	…	…	…	…

脚注：

(1) 2016 年数据基于 2016 年全国人口和住房普查的结果，2017-2023 年数据基于伊朗统计中心的人口预测，2000 年和 2014 年数据是估计值。

(2) 2016 年数据基于 2016 年全国人口和住房普查的结果，2017-2023 年数据基于伊朗统计中心的人口预测。

(3) 数据基于 2016 年全国人口和住房普查的结果。

表 2.2.7 人口——俄罗斯

	2000	2014	2015	2016	2017	2018	2019	2020	2021	2022	2023
年中人口数(万人)	14660	14540	14700	14738	14770	14782	14790	14770	14720	14671	14630
15岁以下	2650	2400	2480	2532	2570	2589	2590	2590	2580	2568	2533
15–24岁	2320	1660	1570	1503	1460	1452	1460	1460	1460	1482	1512
25–59岁	6990	7640	7700	7686	7640	7570	7480	7390	7290	7201	7104
60岁及以上	2700	2840	2940	3017	3090	3172	3260	3340	3380	3420	3481
性别比(女性=100)	87.8	86.4	86.4	86.4	86.5	86.6	86.7	86.8	86.9	86.9	86.9
15岁以下	104.5	105.6	105.7	105.7	105.7	105.7	105.8	105.8	105.9	105.9	105.9
15–24岁	102.7	103.7	103.9	104.1	104.6	105.2	105.6	106.0	106.4	106.5	106.2
25–59岁	93.8	92.1	92.3	92.4	92.5	92.7	92.8	92.9	93.1	93.2	93.3
60岁及以上	53.2	54.1	54.7	55.3	55.9	56.6	57.2	57.8	58.3	58.6	58.9
粗出生率(‰)(1)	8.7	13.3	13.3	12.9	11.5	10.9	10.1	9.8	9.6	8.9	8.6
粗死亡率(‰)(1)	15.3	13.1	13.0	12.9	12.4	12.5	12.3	14.6	16.7	12.9	12.1
人口自然增长率(‰)(1)	−6.6	0.2	0.3	0.0	−0.9	−1.6	−2.2	−4.8	−7.1	−4.0	−3.5
人口预期寿命(岁)	65.3	70.9	71.4	71.9	72.7	72.9	73.3	71.6	70.2	72.7	73.4
男性平均预期寿命(岁)	59.0	65.3	66.0	66.5	67.6	67.8	68.3	66.7	65.7	65.6	68.0
女性平均预期寿命(岁)	72.3	76.4	76.7	77.0	77.6	77.7	78.1	76.4	74.5	77.8	78.7
总和生育率	1.2	1.7	1.8	1.7	1.6	1.6	1.5	1.5	1.5	1.4	1.4
婴儿死亡率(‰)	15.3	7.4	6.5	6.0	5.6	5.1	4.9	4.5	4.6	4.4	4.2
新生儿死亡率(每千例活产婴儿)	…	4.3	3.8	3.5	3.2	2.8	2.7	2.6	2.6	2.4	2.2
每10万人中故意杀人案的受害者人数(2)	28.2	9.0	8.2	7.2	6.2	5.4	5.0	4.7	4.0	3.7	3.2
男性(2)	45.2	14.7	13.3	11.7	9.9	8.7	8.1	7.7	6.6	6.1	5.3
女性(2)	13.3	4.1	3.8	3.3	2.9	2.6	2.3	2.1	1.8	1.6	1.4
五岁以下儿童死亡率(‰)	19.3	9.2	8.0	7.5	6.9	6.4	6.0	5.6	5.8	5.6	5.3
孕产妇死亡率(每10万例活产婴儿)	39.7	10.8	10.1	10.0	8.8	9.1	9.0	11.2	34.5	13.0	13.3
粗结婚率(‰)(1)	6.2	8.4	7.9	6.7	7.1	6.1	6.5	5.3	6.3	7.2	6.5
粗离婚率(‰)(1)	4.3	4.7	4.2	4.1	4.2	4.0	4.2	3.9	4.4	4.7	4.7
净迁移率(%)	0.25	0.27	0.28	0.27	0.24	0.18	0.29	0.13	0.39	0.04	0.14

资料来源:

俄罗斯联邦统计局。

脚注:

(1) 2014–2021 年数据未考虑 2020 年全国人口普查结果。

(2) 因杀人引起的死亡。

表 2.2.8 人口——南非

	2010	2014	2015	2016	2017	2018	2019	2020	2021	2022	2023
年中人口数(万人)	5140	5480	5570	5650	5740	5820	5910	6000	6060	6130	6220
15岁以下	1500	1590	1610	1630	1650	1670	1690	1700	1710	1720	1730
15–24岁	1080	1020	1000	990	980	960	960	960	960	980	1000
25–59岁	2150	2410	2480	2540	2600	2660	2720	2780	2820	2860	2900
60岁及以上	400	470	480	500	510	530	540	560	570	580	600
性别比(女性=100)											
15岁以下	101.7	101.9	101.9	102.0	102.0	102.1	102.2	102.2	102.3	102.4	102.5
15–24岁	100.3	100.2	100.2	100.3	100.4	100.6	100.8	100.9	101.0	101.0	101.0
25–59岁	92.5	94.7	95.1	95.5	95.9	96.3	96.7	97.0	97.2	97.4	97.6
60岁及以上	68.0	68.1	68.1	68.0	68.0	67.9	67.9	67.8	67.5	67.2	67.2
粗出生率(‰)	23.2	21.9	21.3	20.1	19.7	20.0	20.2	20.4	20.3	20.1	19.8
粗死亡率(‰)	11.8	9.4	9.2	9.2	9.1	8.9	8.8	8.8	11.1	10.3	8.7
人口自然增长率(‰)	11.0	12.3	11.9	10.8	10.4	10.9	11.2	11.5	9.0	9.6	11.0
人口预期寿命(岁)	58.4	63.3	63.8	64.0	64.3	64.9	65.3	65.6	62.7	63.9	66.3
总和生育率	2.7	2.5	2.5	2.3	2.3	2.3	2.4	2.4	2.4	2.4	2.4
婴儿死亡率(‰)	41.9	30.9	29.2	28.2	27.3	25.6	25.4	24.5	24.5	24.9	24.0
五岁以下儿童死亡率(‰)	50.6	37.4	36.7	36.2	35.7	33.4	32.5	31.4	31.3	31.2	30.5
粗结婚率(‰)	5.0	4.0	3.7	3.6	3.4	3.3	3.2	2.2	2.6	2.7	…
粗离婚率(‰)	0.4	0.5	0.5	0.5	0.4	0.4	0.4	0.3	0.3	0.3	…
每10万人中故意杀人案的受害者人数	10.1	10.8	13.7	14.3	14.4	14.1	13.0	9.5	…	…	…

资料来源：

南非统计局。

表 2.2.9 人口——阿联酋

	2000	2014	2015	2016	2017	2018	2019	2020	2021	2022	2023[1]
年中人口数(万人)	317	827	874	913	931	938	951	929	986	1029	1068
男性(万人)	225	540	569	593	604	606	614	598	633	660	684
女性(万人)	92	288	305	320	328	331	337	330	354	369	384
粗出生率(‰)	16.9	11.6	11.1	10.8	10.5	10.2	10.0	10.5	9.7	9.4	…
粗死亡率(‰)	1.7	1.0	1.0	1.0	0.9	0.9	1.0	1.1	1.2	1.1	…
人口预期寿命(岁)	…	…	…	79.6	79.7	79.8	79.6	80.1	81.3	83.1	…
婴儿死亡率(‰)	…	3.7	6.6	6.1	6.2	5.2	5.2	4.0	3.7	4.6	…
五岁以下儿童死亡率(‰)	…	8.6	8.9	7.0	7.6	6.8	6.5	5.1	5.0	5.8	…
孕产妇死亡率(每10万例活产婴儿)	0.0	3.1	2.1	4.0	3.0	3.0	3.0	3.7	4.6	5.0	…

资料来源：

1. 阿联酋联邦竞争力和统计中心。
2. 阿联酋卫生和预防部。

脚注：

(1) 2023 年为初步数据。

图 2.1 年中人口

（万人）

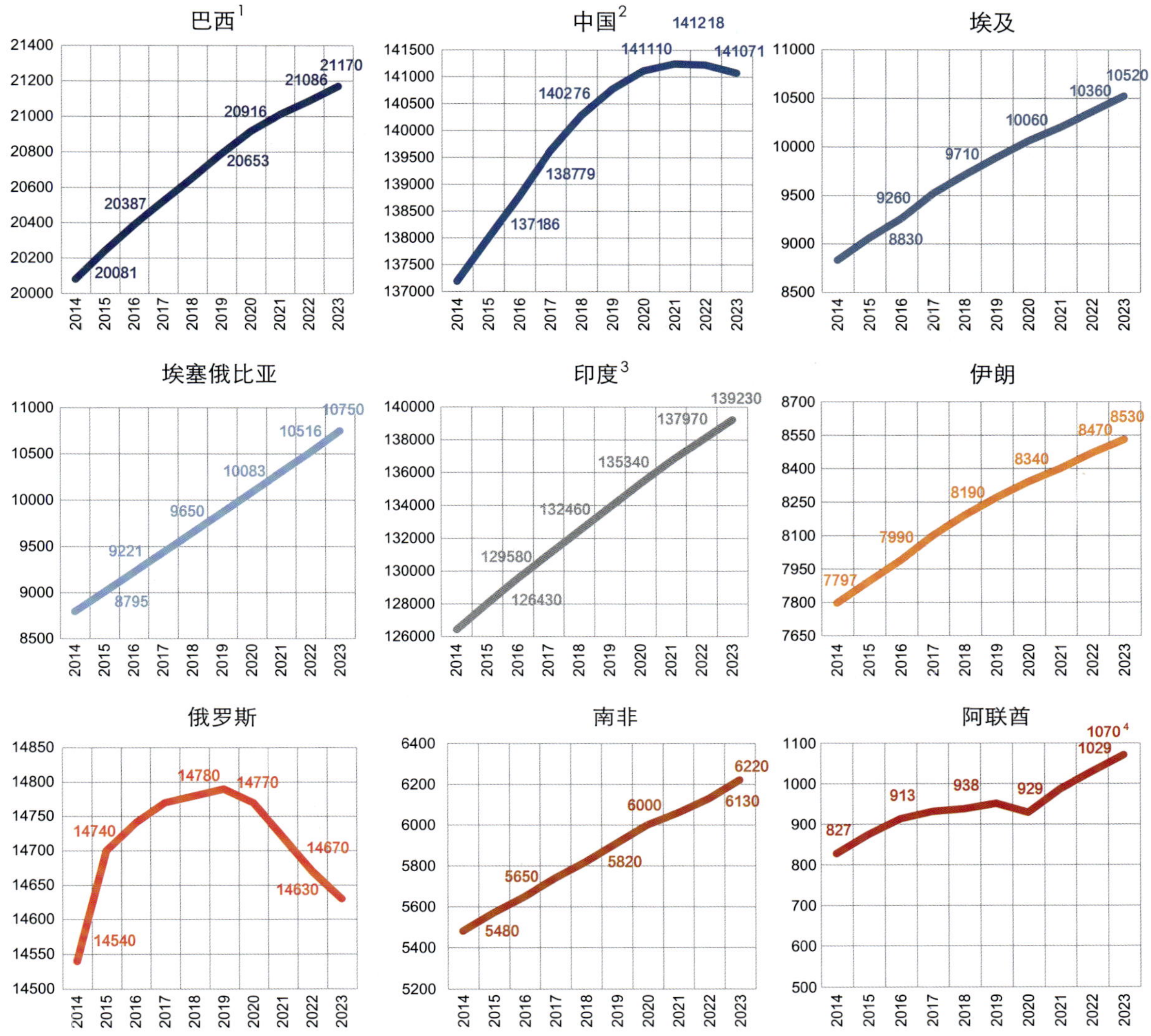

注：1. 年中人口和其他人口指标来自《巴西和联邦部门按性别和年龄划分的人口预测数，2024 年回顾》。

2. 2020 年数据为人口普查数据推算数。2015 年数据根据全国 1% 人口抽样调查数据推算。其余年份数据为年度全国人口变动情况抽样调查推算数据。2014-2019 年数据根据 2020 年人口普查数据修订，历史数据以新版为准，由于四舍五入造成的统计差异在此不作调整。

3. 数据依据 2011 年人口普查结果推算。人口数据为 7 月 1 日数据。

4. 初步数据。

主要统计指标解释

通用解释

总人口（年中） 关于年中人口的信息，该数据是由分性别、分年龄组的成分分析法得到的数据。这种方法在计算人口生育、死亡和迁移时都是独立的。

性别比 每 100 女性中男性的人数。该数据是从分年龄组的男性和女性比中得到的。

总和生育率 是指该国家或地区的妇女在育龄期间 (15-49 岁)，按该年龄段生育率计算的每个妇女平均子女生育数，从出生到育龄结束之前的死亡率不计算在内。

婴儿死亡率 是指在给定的一个地理区域和给定的时间段内（每 1000 名活产婴儿中）在一周岁内死亡的数量，一般解释为新生婴儿在生命的第一年中估计的死亡风险。

人口自然增长率 = 粗出生率 - 粗死亡率。

粗出生率 是指某一给定人口出现的新生频数，为给定年份内活产婴儿数与中期总人口数之比，以千人为单位。

粗死亡率 是指某一人口出现的死亡频数，为给定年份内死亡人数与年中人口数之比，以千人为单位。

人口预期寿命 是指按当前人口死亡率水平计算，一个新生儿平均预期可能存活的岁数。

五岁以下儿童死亡率（根据 WHO 计算方法）规定年份出生的儿童在年满 5 岁前死亡的概率，以每 1000 名活产的比率表示。

粗结婚率 该数据的计算方法是用 15 岁及以上结婚的人口数除以同年龄段的人口数，再乘 1000 得到的。

粗离婚率 指当年离婚对数占年平均人口的比重，计算公式为：

$$\text{粗离婚率} = \frac{\text{当年离婚对数}}{\text{年平均人口数}} \times 1000‰$$

总抚养比 为 0-15 岁、60 及 60 岁以上人口之和与 15-59 岁人口的比率。

人口普查 是在特定时点、对特定地区进行的旨在获取全部人口数据以及获取其他人口、社会和经济信息的全面调查。

国家解释

印度

新生儿死亡率 是指每千名活产婴儿在产后 29 天以内死亡的新生儿人数。

故意杀人案的受害者人数 故意杀人案中登记的受害者人数。

俄罗斯

出生、死亡、结婚和离婚数据 依据民事登记处的行政记录的年度整理结果。

5 岁以下儿童死亡率（根据世界卫生组织的方法）指规定年份出生的儿童在年满 5 岁前死亡的概率（表示每 1000 名活产的比率）。

第三章 劳动力人口

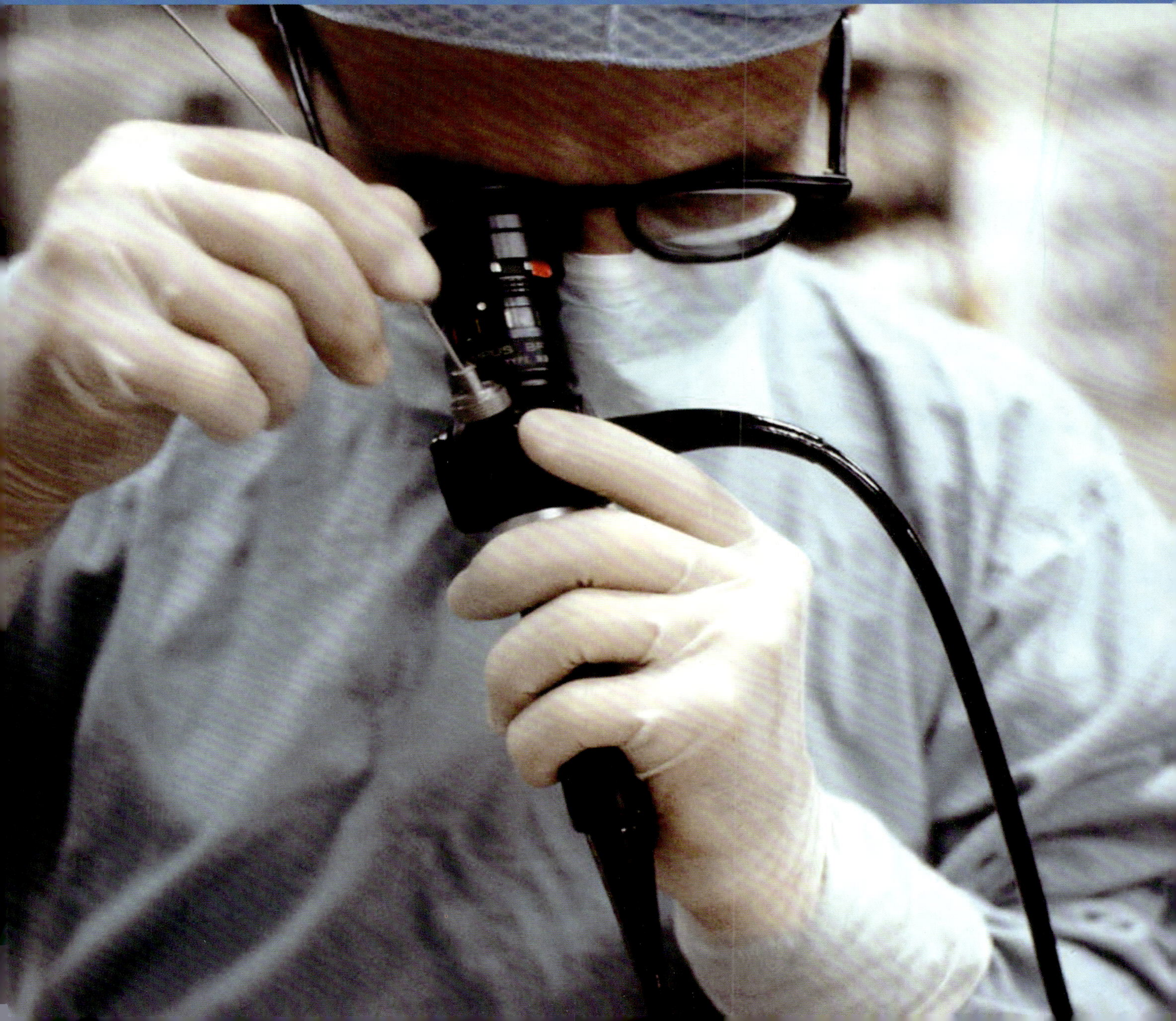

表 3.1 劳动力人口概况

		2000	2014	2015	2016	2017	2018	2019	2020	2021	2022	2023
劳动力人口数占总人口的比重(%)												
巴西[1]	总计	…	63.7	64.2	64.2	64.4	64.5	65.0	60.1	61.6	62.9	63.4
	男性	…	75.5	75.8	75.4	75.2	74.9	75.2	70.8	72.4	73.2	73.7
	女性	…	52.6	53.3	53.7	54.4	54.7	55.4	50.1	51.5	53.3	53.7
中国[2][3]	总计	56.9	55.5	55.2	54.8	54.3	53.9	53.5	53.2	52.8	52.0	52.5
	男性	…	…	…	…	…	…	…	…	…	…	…
	女性	…	…	…	…	…	…	…	…	…	…	…
埃及	总计	29.4	48.0	46.9	46.6	45.0	43.3	42.2	41.5	42.9	42.7	43.4
	男性	…	…	…	…	…	…	…	…	…	…	…
	女性	…	…	…	…	…	…	…	…	…	…	…
埃塞俄比亚	总计	…	…	…	…	…	…	…	…	…	…	…
	男性	…	…	…	…	…	…	…	…	…	…	…
	女性	…	…	…	…	…	…	…	…	…	…	…
印度[4]	总计	61.7	…	…	…	…	49.8	50.2	53.5	54.9	55.2	57.9
	男性	83.6	…	…	…	…	75.8	75.5	76.8	77.0	77.2	78.5
	女性	39.1	…	…	…	…	23.3	24.5	30.0	32.5	32.8	37.0
伊朗	总计	…	40.6	41.8	43.2	44.2	44.5	44.1	41.3	40.9	40.9	41.3
	男性	…	68.6	69.4	70.4	70.9	71.6	71.1	68.7	68.7	68.2	68.4
	女性	…	13.1	14.4	16.3	17.4	17.6	17.0	13.9	13.3	13.6	14.2
俄罗斯[5]	总计	65.5	68.9	69.1	69.5	62.8	62.8	62.2	61.9	62.3	62.2	62.8
	男性	71.5	75.1	75.5	75.8	71.2	71.1	70.3	69.8	70.2	69.9	70.6
	女性	60.0	63.3	63.4	63.8	55.8	56.0	55.5	55.4	55.7	55.8	56.3
南非	总计	…	53.3	54.6	54.7	55.6	55.1	55.2	50.5	52.0	53.5	55.0
	男性	…	60.8	62.0	62.2	62.9	62.3	62.5	57.4	59.1	60.3	61.4
	女性	…	46.4	47.6	47.6	48.7	48.4	48.5	44.1	45.4	47.1	49.0
阿联酋	总计	…	…	…	68.1	67.0	66.5	66.9	66.3	63.0	63.9	65.2
	男性	…	…	…	82.0	80.2	79.8	79.1	74.4	77.0	77.0	78.5
	女性	…	…	…	39.7	40.0	39.4	45.6	49.5	40.1	42.6	42.1
第一产业就业人口数占全部就业人口的比重(%)												
巴西[6]	总体	…	10.3	10.0	9.8	9.4	9.1	9.0	9.2	9.8	8.7	8.1
	男性	…	13.8	13.7	13.6	13.1	12.9	12.7	12.7	13.4	12.3	11.6
	女性	…	5.3	4.8	4.6	4.3	4.2	4.1	4.3	4.6	4.1	3.4
中国[3]	总体	50.0	29.3	28.0	27.4	26.7	25.7	24.7	23.6	22.9	24.1	22.8
	男性	…	…	…	…	…	…	…	…	…	…	…
	女性	…	…	…	…	…	…	…	…	…	…	…
埃及	总体	…	…	…	…	…	…	…	…	…	…	…
	男性	…	…	…	…	…	…	…	…	…	…	…
	女性	…	…	…	…	…	…	…	…	…	…	…
埃塞俄比亚	总体	…	…	72.7	…	…	…	…	…	…	…	64.9
	男性	…	…	…	…	…	…	…	…	…	…	…
	女性	…	…	…	…	…	…	…	…	…	…	…

表 3.1 劳动力人口概况

（续表 1）

		2000	2014	2015	2016	2017	2018	2019	2020	2021	2022	2023
印度[7]	总体	62.3	…	…	…	…	44.6	42.9	45.8	46.8	45.8	46.1
	男性	55.6	…	…	…	…	40.7	38.8	40.3	40.2	38.5	37.5
	女性	76.5	…	…	…	…	57.2	55.5	60.0	62.2	63.0	64.3
伊朗	总体	…	…	…	…	…	…	…	…	…	…	…
	男性	…	…	…	…	…	…	…	…	…	…	…
	女性	…	…	…	…	…	…	…	…	…	…	…
俄罗斯[5][8]	总体	14.5	6.7	6.8	6.7	5.9	5.9	5.8	6.0	5.9	5.8	5.5
	男性	17.1	8.2	8.3	8.3	7.7	7.7	7.6	7.8	7.7	7.7	7.3
	女性	11.7	5.2	5.2	5.0	4.0	4.0	4.0	4.2	3.9	3.9	3.5
南非	总体	14.5	7.4	8.5	8.4	7.9	7.7	7.8	8.2	8.3	8.2	8.1
	男性	18.3	9.9	11.1	11.1	10.5	10.1	10.3	10.7	11.1	10.7	10.7
	女性	10.0	4.3	5.1	4.7	4.5	4.6	4.6	5.0	4.7	5.0	5.0
阿联酋	总体	…	…	…	3.0	1.4	2.3	3.4	2.9	2.8	2.6	6.0
	男性	…	…	…	3.5	1.4	2.7	4.4	3.6	3.4	3.3	7.2
	女性	…	…	…	0.5	0.3	0.5	0.4	0.7	0.5	0.5	1.6
第二产业就业人口数占全部就业人口的比重(%)												
巴西[6]	总体	…	23.2	22.5	21.1	21.0	20.4	20.4	20.3	20.7	20.2	20.2
	男性	…	31.1	30.3	28.7	28.5	27.6	27.7	27.1	27.6	27.3	27.3
	女性	…	12.2	11.7	10.8	10.9	10.8	10.7	10.9	10.9	10.7	10.8
中国[3]	总体	22.5	30.2	29.7	29.3	28.6	28.2	28.2	28.7	29.1	28.8	29.1
	男性	…	…	…	…	…	…	…	…	…	…	…
	女性	…	…	…	…	…	…	…	…	…	…	…
埃及	总体	…	…	…	…	…	…	…	…	…	…	…
	男性	…	…	…	…	…	…	…	…	…	…	…
	女性	…	…	…	…	…	…	…	…	…	…	…
埃塞俄比亚	总体	…	…	6.9	…	…	…	…	…	…	…	5.2
	男性	…	…	…	…	…	…	…	…	…	…	…
	女性	…	…	…	…	…	…	…	…	…	…	…
印度[7]	总体	15.3	…	…	…	…	24.4	24.7	23.4	23.6	24.6	25.0
	男性	17.0	…	…	…	…	26.4	26.7	26.1	26.7	28.0	29.5
	女性	11.4	…	…	…	…	17.7	18.5	16.6	16.3	16.4	16.3
伊朗	总体	…	…	…	…	…	…	…	…	…	…	…
	男性	…	…	…	…	…	…	…	…	…	…	…
	女性	…	…	…	…	…	…	…	…	…	…	…
俄罗斯[5][9]	总体	29.2	27.6	27.3	27.0	26.9	26.8	26.7	26.4	26.5	26.2	25.9
	男性	35.8	38.1	37.9	37.4	37.5	37.3	37.5	37.2	37.4	37.1	36.8
	女性	22.3	16.6	16.1	16.0	15.8	15.7	15.4	15.2	15.1	14.7	14.6
南非	总体	20.6	20.6	21.0	20.5	20.6	20.6	19.8	18.5	18.1	18.5	18.0
	男性	26.8	28.1	28.8	27.8	27.8	28.2	26.6	24.6	23.9	24.7	24.5
	女性	13.1	11.0	10.9	11.1	11.5	10.9	11.1	10.8	10.5	10.5	9.8
阿联酋	总体	…	…	…	32.6	34.0	33.7	27.6	26.4	28.3	28.1	27.4
	男性	…	…	…	38.9	40.8	40.2	34.6	33.1	35.1	35.0	33.1
	女性	…	…	…	4.6	4.4	5.4	5.4	5.4	6.3	6.1	7.1

表 3.1 劳动力人口概况

（续表 2）

		2000	2014	2015	2016	2017	2018	2019	2020	2021	2022	2023
第三产业就业人口数占全部就业人口的比重(%)												
巴西	总体	…	66.5	67.5	69.1	69.6	70.4	70.5	70.4	69.5	71.0	71.7
	男性	…	55.0	56.0	57.6	58.3	59.5	59.6	60.1	58.9	60.4	61.1
	女性	…	82.5	83.4	84.6	84.8	85.0	85.2	84.8	84.4	85.2	85.8
中国(3)	总体	27.5	40.5	42.3	43.3	44.7	46.1	47.1	47.7	48.0	47.1	48.1
	男性	…	…	…	…	…	…	…	…	…	…	…
	女性	…	…	…	…	…	…	…	…		…	…
埃及	总体	…	…	…	…	…	…	…	…	…	…	…
	男性	…	…	…	…	…	…	…	…	…	…	…
	女性	…	…	…	…	…	…	…	…	…	…	…
埃塞俄比亚	总体	…	…	20.4	…	…	…	…	…	…	…	29.9
	男性	…	…	…	…	…	…	…	…	…	…	…
	女性	…	…	…	…	…	…	…	…	…	…	…
印度(7)	总体	22.5	…	…	…	…	31.0	32.4	30.8	29.6	29.7	28.9
	男性	27.5	…	…	…	…	32.8	34.5	33.6	33.1	33.5	32.9
	女性	12.0	…	…	…	…	25.2	25.9	23.5	21.5	20.7	20.4
伊朗	总体	…	…	…	…	…	…	…	…	…	…	…
	男性	…	…	…	…	…	…	…	…	…	…	…
	女性	…	…	…	…	…	…	…	…	…	…	…
俄罗斯(5)(10)	总体	56.3	65.7	66.0	66.3	67.1	67.3	67.4	67.6	67.6	68.0	68.6
	男性	47.1	53.6	53.8	54.2	54.8	55.1	54.9	55.0	54.9	55.2	55.9
	女性	66.0	78.3	78.8	79.0	80.2	80.3	80.5	80.7	81.0	81.4	81.9
南非	总体	64.9	71.9	70.5	71.1	71.5	71.6	72.4	73.2	73.5	73.3	73.8
	男性	55.0	62.0	60.1	61.0	61.6	61.6	63.1	64.7	64.9	64.6	64.8
	女性	76.9	84.7	84.0	84.1	84.0	84.4	84.2	84.1	84.8	84.5	85.2
阿联酋	总体	…	…	…	64.4	64.6	64.0	69.0	69.0	69.0	69.3	66.6
	男性	…	…	…	57.6	57.5	57.0	61.0	61.0	61.4	61.7	59.7
	女性	…	…	…	94.6	95.2	94.1	94.2	94.2	93.2	93.3	91.1
失业率(%)												
巴西		…	7.0	8.8	11.6	12.6	12.1	11.7	13.7	14.0	9.5	7.7
中国(11)		…	…	…	…	…	4.9	5.2	5.2	5.1	5.5	5.1
埃及		9.0	13.0	12.8	12.5	11.8	9.9	7.9	7.9	7.4	7.2	7.0
埃塞俄比亚		…	17.4	16.8	16.9	…	19.1	…	18.7	19.4	18.9	…
印度		2.2	…	…	…	…	6.1	5.8	4.8	4.2	4.1	3.2
伊朗		…	10.6	11.1	12.4	12.1	12.1	10.7	9.6	9.2	9.0	8.1
俄罗斯		10.6	5.2	5.6	5.5	5.2	4.8	4.6	5.8	4.8	4.0	3.2
南非		23.3	24.9	25.1	26.5	27.2	26.9	28.4	29.2	34.0	33.3	32.1
阿联酋		…	…	…	1.6	2.5	2.2	2.2	4.3	2.4	2.9	2.2

资料来源：

巴西

1. 巴西国家地理与统计局，全国住户抽样调查，2013-2023 年。
2. 国际劳工组织劳工统计数据库。

中国

1. 中国国家统计局，《中国统计年鉴》，2001-2023 年。
2. 中国国家统计局，《中国统计摘要》，2024 年。

埃塞俄比亚

埃塞俄比亚统计局。

印度

印度统计和计划执行部。

伊朗

伊朗统计中心，2013-2023 年劳动力调查。

俄罗斯

俄罗斯联邦统计局。劳动力抽样调查。

南非

南非统计局。《年中人口估计》(P0302)；《劳动力调查》(P0210)；《季度劳动力调查》(P0211)。

阿联酋

阿联酋年度劳动力调查。

脚注：

巴西

(1) 15 岁及以上人口。

(6) 包括的行业：制造业，采矿和采掘业，电、气和水供应业。

中国

(2) 就业人口占总人口的比重。

(3) 2014-2019 年的就业人口数据根据第七次全国人口普查结果进行了修订。

(11) 年末城镇调查失业率。

印度

自 2018 年起，数据基于定期劳动力调查得出，2018 年前数据基于就业和失业调查得出。

(4) 劳动力人口占总人口的比重指 15 岁及以上人口。

(7) 该数据是基于通常经济活动状态，即同时考虑了主要和次要产业活动后得出的结论。

伊朗

所有指标均指 15 岁及以上人口。

俄罗斯

(5) 2017 年之前数据指 15-72 岁人口数据，2017 年以后数据指 15 岁及以上人口数据。2013-2022 年数据根据 2020 年全国人口普查结果进行了修订。

(8) 农业、林业、畜牧业和渔业。2000 年数据依据 NACE1(欧盟标准产业分类第一版)经济活动分类标准进行统计；其他数据依据 NACE2(欧盟标准产业分类第二版)经济活动分类标准来统计。

(9) 第二产业为采矿和采掘业，制造业和电、气、水的供应业，建筑业。2000 年数据依据 NACE1(欧盟标准产业分类第一版)经济活动分类标准进行统计；其他数据依据 NACE2(欧盟标准产业分类第二版)经济活动分类标准来统计。

(10) 第三产业为除第一、二产业外的其他经济活动。2000 年数据依据 NACE1(欧盟标准产业分类第一版)经济活动分类标准进行统计；其他数据依据 NACE2(欧盟标准产业分类第二版)经济活动分类标准来统计。

表 3.2.1 劳动力人口——巴西

		2014	2015	2016	2017	2018	2019	2020	2021	2022	2023
劳动力人口数(万人)	总计	9891	10112	10253	10415	10540	10743	10037	10393	10890	10898
	男性	5665	5771	5818	5871	5914	6005	5710	5903	6115	6120
	女性	4226	4341	4435	4545	4626	4739	4327	4491	4775	4778
就业人口数(万人)	总计	9200	9218	9062	9105	9264	9482	8659	8941	9943	10057
	男性	5340	5340	5224	5234	5291	5426	5044	5231	5689	5733
	女性	3860	3877	3838	3870	3973	4056	3616	3710	4254	4325
按年龄划分的就业人口比重(%)											
15–24岁	总计	17.5	16.8	15.3	15.4	15.0	15.0	13.4	13.7	14.7	14.4
	男性	17.9	17.4	15.7	15.8	15.4	15.6	14.0	14.0	15.1	14.7
	女性	17.0	16.0	14.8	14.8	14.4	14.2	12.6	13.2	14.3	14.0
25–59岁	总计	76.7	77.1	78.3	78.0	78.1	78.0	79.7	79.4	77.8	78.0
	男性	75.4	75.7	77.0	76.6	76.8	76.5	78.2	78.2	76.6	76.8
	女性	78.5	79.0	80.1	79.9	79.9	79.9	81.8	81.1	79.5	79.6
60岁及以上	总计	5.8	6.1	6.3	6.6	6.9	7.0	6.9	6.9	7.4	7.6
	男性	6.7	6.9	7.2	7.5	7.8	8.0	7.8	7.8	8.3	8.5
	女性	4.5	5.0	5.1	5.3	5.7	5.8	5.6	5.7	6.2	6.4
按行业划分的就业人口数(万人)											
农业、林业和渔业	总计	944	921	890	853	847	856	797	875	881	812
	男性	739	734	712	687	682	690	641	702	708	664
	女性	205	188	178	165	165	166	156	172	173	147
工业[1]	总计	1345	1296	1161	1196	1202	1241	1137	1163	1277	1288
	男性	900	867	771	797	796	833	770	784	848	856
	女性	444	429	390	398	407	408	367	378	429	432
建筑业	总计	790	775	753	716	689	695	624	686	755	743
	男性	763	750	729	692	665	668	598	661	725	710
	女性	27	26	24	23	23	26	26	25	30	33

表 3.2.1 劳动力人口——巴西

（续表 1）

		2014	2015	2016	2017	2018	2019	2020	2021	2022	2023
贸易	总计	1748	1772	1757	1765	1789	1814	1671	1698	1900	1900
	男性	1010	1012	1024	1016	1026	1043	975	990	1112	1114
	女性	738	760	734	749	763	771	696	708	788	786
服务业	总计	4371	4452	4500	4570	4733	4872	4428	4516	5126	5311
	男性	1926	1978	1988	2037	2120	2189	2058	2091	2293	2386
	女性	2446	2474	2513	2533	2613	2683	2370	2425	2833	2925
其他	总计	2	1	1	5	4	4	2	3	4	4
	男性	2	1	0	4	3	3	2	2	3	3
	女性	1	1	0	1	2	1	0	1	1	2
失业人口数(万人)	总计	690	890	1190	1300	1300	1260	1380	1450	946	840
	男性	320	430	590	640	620	580	670	670	425	387
	女性	370	460	600	670	650	680	710	780	521	453
城市失业人口数(万人)	总计	630	810	1090	1200	1160	1150	1250	1320	869	773
	男性	290	390	540	570	560	520	590	610	385	351
	女性	340	430	550	620	600	600	700	700	484	422
失业率(%)	总计	7.0	8.8	11.6	12.6	12.1	11.7	13.7	14.0	8.7	7.7
	男性	5.7	7.5	10.2	10.8	10.5	9.6	11.7	11.4	7.0	6.3
	女性	8.7	10.7	13.5	14.8	14.1	14.4	16.4	17.4	10.9	9.5
城市失业率(%)	总计	7.3	9.2	12.0	13.0	12.4	12.1	14.1	14.4	8.9	7.9
	男性	6.1	7.9	10.7	11.3	10.9	10.0	12.0	11.9	7.2	6.5
	女性	8.8	10.9	13.6	15.0	14.3	14.6	16.6	17.5	11.0	9.6
25岁以下人口失业率(%)	总计	15.7	19.8	26.8	27.6	27.3	26.4	30.3	29.8	19.6	17.1
	男性	13.0	16.7	23.5	23.9	24.3	22.3	25.9	25.8	16.3	14.5
	女性	19.3	24.1	31.1	32.4	31.1	31.7	36.3	35.0	23.9	20.5

资料来源：

1. 巴西国家地理与统计局，全国住户抽样调查，2014-2023 年。
2. 国际劳工组织劳工统计数据库。

脚注：

(1) 工业活动：根据国际标准产业分类 (ISIC REV 4)，包含：A- 采矿和采石，B- 制造业，D- 电、煤气、蒸汽和空调供应，E- 供水、污水处理及废物管理和补救活动。

表 3.2.2 劳动力人口——中国

	2000	2014	2015	2016	2017	2018	2019	2020	2021	2022	2023
就业人口数(万人)(1)	72085	76349	76320	76245	76058	75782	75447	75064	74652	73351	74041
按年龄划分的就业人口比重(%) (1)											
16–24岁	15.9	10.4	9.7	8.9	8.5	8.0	7.6	6.6	6.6	5.5	5.8
25–59岁	77.8	79.7	81.2	81.3	81.5	81.9	82.1	82.1	82.2	81.7	80.8
60岁及以上	6.4	9.9	9.2	9.8	10.0	10.1	10.3	11.3	11.2	12.8	13.4
按行业划分的就业人口数(万人)(1)											
农业、林业和渔业	36043	22372	21418	20908	20295	19515	18652	17715	17072	17663	16882
工业(2)	16219	23057	22644	22295	21762	21356	21234	21543	21712	21105	21520
服务业	19823	30920	32258	33042	34001	34911	35561	35806	35868	34583	35639
城镇登记失业人数(万人)	595	952	966	982	972	974	945	1160	1040	1203	1074
城镇调查失业率 (%)(3)	…	…	…	…	…	4.9	5.2	5.2	5.1	5.5	5.1

资料来源：

1. 中国国家统计局，《中国统计年鉴》，2001-2023 年；《中国统计摘要》，2024 年。
2. 中华人民共和国人力资源和社会保障部。

脚注：

(1) 2014–2019 年就业人口数据根据第七次全国人口普查数据进行修订。

(2) 包括能源和建筑业。

(3) 年末数据。

表 3.2.3 劳动力人口——埃及

	2000	2014	2015	2016	2017	2018	2019	2020	2021	2022	2023
就业人口数(万人)											
总计	1890100	2794400	2843100	2893400	2947400	2886500	2834800	2845800	2935800	3012200	3114900
男性	1470200	2131500	2172600	2193400	2247300	2284300	2325500	2368400	2429600	2501000	2557000
女性	419900	662900	670500	700000	700100	602200	509300	477400	506300	511200	557900

表 3.2.4 劳动力人口——埃塞俄比亚

	2014	2015	2016	2017	2018	2019	2020	2021	2022	2023
劳动力人口数占10岁及以上人口的比重(%)	…	79.8	…	…	…	…	…	…	…	64.7
第一产业就业人口数占全部就业人口比重(%)	…	72.7	…	…	…	…	…	…	…	64.9
第二产业就业人口数占全部就业人口比重(%)	…	6.9	…	…	…	…	…	…	…	5.2
第三产业就业人口数占全部就业人口比重(%)	…	20.4	…	…	…	…	…	…	…	29.9
失业率(%)	17.4	16.8	16.9	…	19.1	…	18.7	19.4	18.9	…

资料来源:

埃塞俄比亚统计局。

表 3.2.5 劳动力人口——印度

		2000	2014	2015	2016	2017	2018	2019	2020	2021	2022	2023
劳动力人口数(万人)	总计	37360	…	…	…	…	…	…	…	…	…	…
	男性	25560	…	…	…	…	…	…	…	…	…	…
	女性	11800	…	…	…	…	…	…	…	…	…	…
就业人口数(万人)	总计	36540	…	…	…	…	…	…	…	…	…	…
	男性	24940	…	…	…	…	…	…	…	…	…	…
	女性	11600	…	…	…	…	…	…	…	…	…	…
按年龄划分的就业人口比重(%)[1]												
15–24岁	总计	20.7	…	…	…	…	12.0	12.1	12.4	12.9	12.5	12.6
	男性	20.9	…	…	…	…	12.6	12.7	13.1	13.9	13.4	13.4
	女性	20.5	…	…	…	…	10.2	10.0	10.6	10.4	10.5	10.9
25–59岁	总计	69.8	…	…	…	…	79.4	79.5	78.6	78.3	78.6	78.9
	男性	69.6	…	…	…	…	78.3	78.5	77.2	76.7	77.2	77.6
	女性	70.4	…	…	…	…	83.3	82.5	81.9	82.2	81.8	81.4
60岁及以上	总计	6.7	…	…	…	…	8.2	8.3	9.1	8.8	9.0	8.6
	男性	7.5	…	…	…	…	8.8	8.6	9.7	9.5	9.5	9.0
	女性	5.2	…	…	…	…	6.3	7.2	7.6	7.3	7.8	7.7
按行业划分的就业人口数(万人)												
农业、林业和渔业	总计	22560	…	…	…	…	…	…	…	…	…	…
	男性	13700	…	…	…	…	…	…	…	…	…	…
	女性	8850	…	…	…	…	…	…	…	…	…	…
采矿和采掘业	总计	210	…	…	…	…	…	…	…	…	…	…
	男性	170	…	…	…	…	…	…	…	…	…	…
	女性	40	…	…	…	…	…	…	…	…	…	…
制造业	总计	3910	…	…	…	…	…	…	…	…	…	…
	男性	2780	…	…	…	…	…	…	…	…	…	…
	女性	1140	…	…	…	…	…	…	…	…	…	…
电、气、水的供应业	总计	90	…	…	…	…	…	…	…	…	…	…
	男性	90	…	…	…	…	…	…	…	…	…	…
	女性	0	…	…	…	…	…	…	…	…	…	…
建筑业	总计	1580	…	…	…	…	…	…	…	…	…	…
	男性	1390	…	…	…	…	…	…	…	…	…	…
	女性	190	…	…	…	…	…	…	…	…	…	…

表 3.2.5 劳动力人口——印度

（续表 1）

		2000	2014	2015	2016	2017	2018	2019	2020	2021	2022	2023
贸易、住宿和餐饮业	总计	3580	…	…	…	…	…	…	…	…	…	…
	男性	3130	…	…	…	…	…	…	…	…	…	…
	女性	460	…	…	…	…	…	…	…	…	…	…
交通、仓储和通信业	总计	1290	…	…	…	…	…	…	…	…	…	…
	男性	1250	…	…	…	…	…	…	…	…	…	…
	女性	40	…	…	…	…	…	…	…	…	…	…
其他服务业	总计	3350	…	…	…	…	…	…	…	…	…	…
	男性	2460	…	…	…	…	…	…	…	…	…	…
	女性	900	…	…	…	…	…	…	…	…	…	…
失业率(%)	总计	2.2	…	…	…	…	6.1	5.8	4.8	4.2	4.1	3.2
	男性	2.4	…	…	…	…	6.2	6.0	5.1	4.5	4.4	3.3
	女性	1.7	…	…	…	…	5.7	5.2	4.2	3.5	3.3	2.9
城市失业率(%)	总计	4.7	…	…	…	…	7.8	7.7	7.0	6.7	6.3	5.4
	男性	4.5	…	…	…	…	7.1	7.1	6.4	6.1	5.8	4.7
	女性	5.7	…	…	…	…	10.8	9.9	8.9	8.6	7.9	7.5

资料来源：

印度统计和计划执行部，2000 年《全国抽样调查报告：印度就业和失业状况》（各期）。2018 年至 2022 年数据分别基于《2017-2018 年度劳动力调查报告》《2018-2019 年度劳动力调查报告》《2019-2020 年度劳动力调查报告》《2020-2021 年度劳动力调查报告》和《2021-2022 年度劳动力调查报告》。由于抽样方法的改变，上述结果与历史数据不可比。

脚注：

(1) 2018 年至 2023 年数据根据定期劳动力调查得出。

表 3.2.6 劳动力人口——伊朗[(1)]

		2014	2015	2016	2017	2018	2019	2020	2021	2022	2023
就业人口占总人口的比重(%)	总计	36.4	37.1	37.8	38.9	39.1	39.4	37.3	37.2	37.2	37.9
	男性	62.6	62.9	63.0	63.7	64.2	64.7	62.9	63.3	63.0	63.9
	女性	10.5	11.6	12.9	14.0	14.2	14.0	11.7	11.1	11.4	12.1
失业率(%)	总计	10.6	11.1	12.4	12.1	12.1	10.7	9.6	9.2	9.0	8.1
	男性	8.8	9.3	10.5	10.2	10.4	9.0	8.4	7.9	7.7	6.6
	女性	19.7	19.5	20.7	19.9	18.9	17.5	15.6	16.0	15.8	15.0
农业就业人口数占全部就业人口比重(%)	总计	17.8	17.9	17.9	17.5	17.6	17.7	17.4	16.3	14.8	14.4
	男性	17.1	17.0	17.1	16.7	17.1	17.2	17.2	16.2	15.0	14.6
	女性	21.7	22.7	21.9	21.2	19.6	19.8	18.6	17.2	13.8	13.2
制造业就业人口数占全部就业人口比重(%)	总计	33.8	32.6	31.9	32.0	32.0	32.0	33.3	33.8	33.6	33.7
	男性	35.4	34.2	33.3	33.5	33.2	33.1	34.7	35.3	34.9	35.2
	女性	24.3	23.8	25.1	25.4	26.8	26.9	25.7	25.3	26.6	25.7
服务业就业人口数占全部就业人口比重(%)	总计	48.4	49.5	50.2	50.5	50.3	50.3	49.3	49.8	51.6	51.9
	男性	47.5	48.7	49.6	49.8	49.6	49.7	48.1	48.5	50.1	50.1
	女性	54.0	53.5	53.1	53.4	53.6	53.3	55.7	57.5	59.6	61.1

资料来源：

伊朗统计中心，2000 年至 2023 年劳动力调查。

脚注：

(1) 所有指标均指 15 岁及以上人口。

表 3.2.7 劳动力人口——俄罗斯[1]

	2000	2014	2015	2016	2017	2018	2019	2020	2021	2022	2023
劳动力人口数(万人)	7280	7560	7680	7690	7670	7660	7590	7550	7600	7560	7600
男性	3760	3880	3950	3960	3940	3930	3890	3860	3890	3860	3890
女性	3510	3680	3730	3740	3720	3730	3700	3690	3710	3710	3720
就业人口数(万人)	6510	7170	7250	7270	7270	7300	7240	7110	7230	7260	7360
男性	3360	3670	3720	3730	3730	3740	3700	3630	3700	3710	3770
女性	3150	3500	3530	3540	3540	3560	3540	3480	3530	3560	3590
按年龄划分的就业人口比重(%)											
15–24岁	12.1	8.4	7.5	6.9	6.1	5.6	5.5	5.3	5.3	5.0	5.2
25–59岁	82.8	86.8	87.3	87.8	88.2	88.3	88.0	87.8	87.6	87.6	87.0
60岁及以上	5.0	4.8	5.2	5.3	5.6	6.0	6.4	6.9	7.1	7.4	7.8
按行业划分的就业人口数(万人)[2]											
农业、林业和渔业	940	480	490	490	430	430	420	430	420	420	400
工业[3]	1570	1440	1430	1440	1430	1440	1440	1410	1420	1420	1420
建筑业	330	540	550	520	530	520	500	470	490	480	490
贸易	800	1130	1140	1140	1160	1160	1130	1100	1130	1130	1130
服务业[4]	2860	3570	3640	3670	3720	3750	3750	3700	3760	3810	3920
其他[5]	0.1	2.0	3.0	3.0	3.0	3.0	2.0	1.0	1.0	1.0	2.0
失业人口数(万人)	770	390	430	420	400	370	350	440	370	300	240
男性	410	210	230	230	210	190	190	220	190	150	120
女性	360	180	200	200	190	180	160	210	180	150	120
城市失业人口数(万人)	580	250	280	280	250	240	230	300	250	200	160
城市失业率 (%)	10.7	4.3	4.8	4.8	4.3	4.1	3.9	5.2	4.2	3.5	2.7
25岁以下人口失业率 (%)	20.7	13.7	16.0	16.3	16.1	16.6	15.5	17.3	16.5	14.8	11.5

资料来源：

俄罗斯联邦统计局，劳动力抽样调查。

脚注：

(1) 2017 年之前数据指 15-72 岁人口数据，2017 年以后数据指 15 岁及以上人口数据。2014-2022 年的数据根据 2020 年全国人口普查结果进行了修订。

(2) 数据依据 NACE2(欧盟标准产业分类第二版) 经济活动分类标准进行统计，2000 年数据依据 NACE1(欧盟标准产业分类第一版) 经济活动分类标准进行统计。

(3) 包括能源。

(4) 包括：住宿和餐饮、运输和储存、信息和通信、金融和保险、房地产、专业和科技活动、行政及支援服务活动、公共行政和防务、社会保障、教育、卫生和社会工作、体育艺术娱乐和消遣、其他服务活动。

(5) 包括家庭活动和境外组织机构的活动。

表 3.2.8 劳动力人口——南非

	2000[1]	2014	2015[2]	2016	2017	2018	2019	2020	2021	2022	2023
劳动力人口数(万人)	1610	2020	2110	2150	2230	2250	2290	2130	2230	2340	2440
就业人口数(万人)	1230	1510	1570	1580	1620	1640	1630	1510	1470	1550	1650
按年龄划分的就业人口比重(%)											
15–24岁	12.9	8.3	8.7	8.1	8.0	7.5	6.9	5.8	5.3	6.5	6.7
25–59岁	84.4	89.0	88.7	89.4	89.3	89.8	90.2	91.3	91.9	90.9	90.4
60–64岁	2.8	2.6	2.6	2.5	2.7	2.8	2.8	2.9	2.7	2.5	2.9
按行业划分的就业人口数(万人)											
农业	140	70	88	87	84	85	86	82	84	86	91
采矿业	40	43	45	44	43	42	41	40	38	41	43
制造业	180	176	176	169	178	177	176	153	141	159	156
公共事业	10	12	13	12	15	15	14	10	10	11	12
建筑业	70	125	141	143	141	147	135	116	115	117	130
贸易业	290	320	316	318	325	328	336	308	293	317	335
运输业	70	93	90	91	98	98	100	92	95	95	99
金融业	100	203	220	227	240	248	252	237	239	241	277
社区和社会服务	210	349	355	357	361	369	367	348	336	374	397
私人住户部门	130	123	129	128	130	129	128	116	118	111	110
其他服务业	0	0	0	0	1	1	1	1	1	1	1
失业人口数(万人)	370	510	530	580	610	610	660	630	770	780	790
25岁以下人口失业率(15–24岁)(%)	45.0	51.3	50.1	53.3	53.4	53.4	59.3	59.3	65.2	61.5	60.1

资料来源:

南非统计局,《劳动力调查》(P0210);《季度劳动力调查》(P0211)。

脚注:

(1) 2000 年为 9 月份数据,不是全年数据,因为 3 月份举行的是试点调查。

(2) 2015 年估计值源自 2013 年的主要抽样调查。

表 3.2.9 劳动力人口——阿联酋

	2016	2017	2018	2019	2020	2021	2022	2023
劳动力人口数(万人)	757	598	587	562	544	557	554	875
男性	612	146	136	177	175	178	178	668
女性	145	744	723	739	719	734	732	207
就业人口数(万人)	745	744	723	739	719	734	732	856
男性	606	589	587	562	523	547	554	658
女性	139	146	136	177	175	178	178	198
按年龄划分的就业人口比重(%)								
15–24岁	7.9	8.9	9.0	8.5	6.3	8.2	7.2	9.0
25–59岁	89.6	89.1	88.8	88.8	90.0	89.2	90.1	90.1
60岁及以上	2.5	2.0	2.1	2.7	3.7	2.6	2.8	0.9
按行业划分的就业人口比重(%)								
农业、林业和渔业	1.6	1.1	1.8	2.9	2.3	1.9	1.8	1.5
工业	13.5	10.5	11.7	10.6	9.4	10.7	10.7	14.0
服务业	81.5	86.0	83.9	83.2	85.4	84.3	84.3	84.5

资料来源：

劳动力调查。

主要统计指标解释

通用解释

1. 劳动力人口 指在一定时期内那些正在从事某项工作（就业人员）、正在寻找工作或随时准备工作（失业人员）的人员。

2. 失业率 (UR) 为每 100 个劳动力中的失业人数，劳动力包括就业人员和失业人员。

3. 就业人员（或工人） 指从事经济活动的人员，或不管从事何种经济活动但因为生病、受伤或其他身体伤残、恶劣天气、节日、社会或宗教活动以及其他原因造成暂时离岗的人员都称之为就业人员。那些在经济活动中，例如在家庭农场和非农场帮助从事无偿劳动者也被称为就业人员。

4. 经济活动状况、劳动力、就业和失业 指的是一个人在一段特定的时期内参与经济活动和非经济活动的状况。根据这个定义，一个人在一段时期内可以处于以下三种广义活动状态中的一种或者处于混合状态中：

一是从事某种经济活动（工作状态）；二是目前没有从事经济活动，但正积极寻找工作，或者一旦有工作可以立即工作；三是没有从事经济活动，并且不准备投身到某项工作中。以上提及的前两种广义状态属于“劳动力”的范畴，即分别属于劳动力概念中的“就业人员”和“失业人员”，而最后一种状态则属于“非劳动力”的范畴。

第一产业 农业、林业、渔业、采矿业和采掘业。

第二产业 制造业、电力、天然气和水的供应与建筑业。

第三产业 经济中的其他产业。

国家解释

巴西

参照周 是指每年 9 月份最后一个完整周。

工作 以下几种经济活动状态被认为处于工作状态：

(1) 以现金、产品、货物或福利（包括住房、食品、服装等）支付报酬的从事货物和服务生产的职业。

(2) 以现金或福利（包括住房、食品和服装等）支付报酬的从事国内服务的职业。

(3) 每周至少工作 1 个小时、无报酬的、从事货物和服务生产的职业，包括：

—对从事初级产品（包括农、林、畜、植物萃取、采矿、狩猎、捕鱼和渔业养殖）有工作者、独自核算或者从事其他任何经济活动雇主的家庭成员进行帮助。

—在宗教、慈善或合作机构帮忙。

—学徒或实习生。

(4) 每周至少工作 1 小时的职业。

—为自己消费或至少 1 个家庭成员消费而从事的农、林、畜、植物萃取、捕鱼和渔业养殖业的货物生产。

—为自己使用或至少 1 个家庭成员使用的建筑物，私人道路，井和其他设施改良（不包括单单从事的修理工作）的建筑工作。

就业人员 是指在整个参考周或参考周部分时间从事了工作的人员，包括在参考周由于休假、事假或者罢工等原因而没有从事有偿工作的人员。

失业人员 是指在参考周已经设法寻找工作（包括与雇主联系、登记参加政府职位的官方考试、在就业机构或工会或类似机构进行了登记、发布或应征了求职广告、向亲属或朋友或同事寻求了帮助、采取了行动开设企业等等）但还是没有工作的人员。

新全国住户连续抽样调查 (PNAD Continuous) 原有的全国住户年度抽样调查在 2015 年被取消，取而代之以全国住户连续抽样调查，并进行了方法的更新。全国住户连续抽样调查是季度调查，从 2012 年开始，因为抽样方法不同，两种调查数据是不可比的，因此，使用新调查数据对原来调查数据进行了替代。全国住户连续抽样调查首先是从劳动力调查开始开展，同时也包含了基本人口和教育相关的信息。其他相关领域的调查信息也在不断完善和补充。根据样本轮换原则，每个住户样本调查 5 个季度，然后就被替换。在访问中，一些内容是每个季度都有涉及，而另一些内容则是在特定的季度出现。有关住房的信息在每年第一季度进行调查，有关通信信息技术的信息在第四季度进行调查。有关这两项内容的调查都是从 2016 年开始的。劳动力数据根据第 19 届国际劳工统计学家会议第 1 号决议提出的，包括根据季度家庭抽样调查结果得到的就业和失业数据。2019 年以前，新全国住户连续抽样调查年度数据根据每年四个季度首次住户样本调查得出。2020 年至 2022 年，数据根据四个季度中第五次住户样本调查得出。

中国

就业人员 指年满 16 周岁，为取得报酬或经营利润，在调查参考周内从事了 1 小时（含 1 小时）以上劳动的人员；或由于在职学习、休假、临时停工等原因在调查参考周内暂时未工作的人员。

城镇登记失业人员 指劳动年龄（年满 16 周岁（含）至依法享受基本养老保险待遇）内，有劳动能力，有就业要求，处于无业状态，并在公共就业和人才服务机构进行失业登记的城镇常住人员。

城镇调查失业率 城镇失业人口占就业人口与失业人口之和的比重，根据全国劳动力调查数据计算。

印度

印度全国抽样调查队 (NSSO) 在全国和各邦开展就业、失业和劳动力特征的调查。

该调查曾每五年进行一次，中间还进行了一些年度调查。考虑到及时提供劳动力数据的重要性，国家统计局于 2017 年启动了定期劳动力调查 (PLFS)，每季度进行一次，调查期一般是 7 月至 9 月、10 月至 12 月、1 月至 3 月和 4 月至 6 月。报告包括经常活动（参考期 365 天）、当前周活动（参考期 7 天）。

通常主要经济活动状态 通常主要经济活动状态指的是一个人在调查期前 365 天的活动状态。在过去 365 天里从事时间相对较长的活动就是此人的通常主要经济活动状态。

通常次要经济活动状态 按照主要时间标准确定了通常主要活动状态的人，在调查日之前的 365 天或较短的时间里从事了相对来说花费时间更少一些的活动（不少于 30 天），这种经济活动就被称为这个人的次要经济活动状态。

包含主要活动状态和次要活动状态的通常活动状态 通常活动状态包含了通常主要活动状态和通常次要活动状态。通常活动状态 =(ps+ss)。按照通常活动状态 (ps+ss) 的定义，工人是指从事主要经济活动或次要经济活动的人，也就是说，一个不从事主要经济活动的人在调查日之前的 365 天里从事了 30 天及以上次要活动仍被视为工人。

PS：主要经济活动状态　　　　SS：次要经济活动状态

失业人员 是指在参考周已经设法寻找工作（包括与雇主联系、登记参加政府职位的官方考试、在就业机构或工会或类似机构进行了登记、发布或应征了求职广告、向亲属或朋友或同事寻求了帮助、采取了行动开设企业等等）但还是没有工作的人员，被称作“寻找且可以工作的人”或失业人口。

俄罗斯

劳动力人口 与国际劳工组织的标准一致。劳动力人口指的是基于就业人口调查的就业和失业人口。2017 年前经济活动人口监测的是 15 至 72 岁的人口，2017 年后对 15 岁以上人口进行监测。

第四章 国民经济核算

10
CENTAVOS
2006
50
CENTAVOS
1994
CENTRAL DO BRASIL
BRASIL
5
CENTAVOS
2007
25
CENTAVO

表 4.1 国民经济核算概况

	2000	2014	2015	2016	2017	2018	2019	2020	2021	2022	2023
GDP(现价，亿美元)											
巴西(1)(2)	6553	24557	17999	17965	20633	19168	18731	14760	16706	19517	21735
中国(3)(4)	12113	104767	110600	112370	123232	138919	143004	146944	178135	179112	178888(P)
埃及(5)	…	3058	3341	3363	2347	2631	3180	3817	4234	4753	3929
埃塞俄比亚	85	571	663	743	818	843	959	1077	1113	1268	1637
印度(6)(19)	4680	20390	21040	22950	26500	27038	28350	26760	31670	33480	35680
伊朗	…	…	…	…	…	…	…	…	…	…	…
俄罗斯	2597	20815	13697	12799	15744	16607	16934	14965	18436	23006	20335
南非	1510	3811	3460	3237	3817	4048	3893	3377	4205	4065	3806
阿联酋	…	4141	3703	3693	3905	4270	4180	3495	4152	5027	5141
人均GDP (现价，美元)											
巴西(1)(2)	3771	12174	8846	8757	9977	9193	8913	6970	7831	9085	10049
中国(3)	959	7637	8015	8097	8826	9903	10158	10413	12613	12683	12681(P)
埃及(5)	…	3564	3687	3627	2465	2708	3215	3794	4148	4587	3742
埃塞俄比亚	135	656	744	815	876	882	982	1079	1092	1218	1549
印度(6)(19)	460	1610	1640	1767	2016	2038	2114	1974	2314	2421	2558
伊朗	…	…	…	…	…	…	…	…	…	…	…
俄罗斯	1772	14208	9320	8684	10661	11235	11449	10131	12523	15681	13900
南非	3466	6986	6257	5762	6689	6997	6627	5677	6991	6693	6208
阿联酋	…	47064	41423	40483	41972	45592	43968	37636	42108	48897	48141
GDP增长率 (比上年增长，%)											
巴西	4.4	0.5	−3.5	−3.3	1.3	1.8	1.2	−3.3	4.8	3.0	2.9
中国	8.5	7.4	7.0	6.8	6.9	6.7	6.0	2.2	8.4	3.0	5.2(P)
埃及	…	6.2	9.3	0.7	−30.2	12.1	20.9	20.1	10.9	12.3	−17.3
埃塞俄比亚	…	22.4	22.4	17.7	16.9	20.0	22.3	25.4	28.6	41.8	41.7
印度(19)	2.0	9.8	3.2	9.1	15.5	2.0	4.9	−5.6	18.4	5.7	6.6
伊朗	…	…	…	…	…	…	…	…	…	…	…
俄罗斯(7)	10.0	0.7	−2.0	0.2	1.8	2.8	2.2	−2.7	5.9	−1.2	3.6
南非(8)	4.2	1.4	1.3	0.7	1.2	1.6	0.3	−6.2	5.0	1.9	0.7
阿联酋(9)	…	4.2	6.8	5.6	0.7	1.3	1.1	−5.0	4.4	7.5	3.6
人均GDP增长率(比上年增长，%)											
巴西	2.9	−0.3	−4.4	−4.1	0.5	1.0	0.4	−4.0	4.0	2.3	2.2
中国	7.6	6.8	6.4	6.2	6.3	6.3	5.6	2.0	8.4	3.0	5.4(P)
埃及	…	−0.5	3.4	−1.6	−32.0	9.8	18.7	18.0	9.3	10.6	−18.4
埃塞俄比亚(10)	…	19.4	19.4	15.0	14.2	17.3	19.7	22.8	25.8	38.9	39.5
印度(19)	0.2	8.5	1.9	7.7	14.1	1.1	3.8	−6.6	17.2	4.6	5.6
伊朗	…	…	…	…	…	…	…	…	…	…	…
俄罗斯	10.5	−1.1	−2.3	−0.1	1.6	2.7	2.1	−2.5	6.2	−0.9	3.9
南非	…	…	…	…	…	…	…	…	…	…	…
阿联酋(11)	…	1.9	−12.0	−2.3	3.7	8.6	−3.6	−14.4	11.9	16.1	−1.5

表 4.1 国民经济核算概况

（续表 1）

	2000	2014	2015	2016	2017	2018	2019	2020	2021	2022	2023
第一产业占GDP的比重 (%)											
巴西(1)(2)	5.5	5.0	5.0	5.7	5.3	5.2	4.9	6.6	7.7	6.7	7.1
中国	14.7	8.6	8.4	8.1	7.5	7.0	7.1	7.7	7.2	7.3	7.1(P)
埃及	…	26.8	24.0	20.0	20.3	21.7	22.4	18.9	18.5	19.1	19.2
埃塞俄比亚	…	…	…	…	…	…	…	…	…	…	…
印度(19)	26.4	20.9	20.1	20.4	20.4	19.8	20.3	22.1	21.0	20.2	19.6
伊朗	…	…	…	…	…	…	…	…	…	…	…
俄罗斯(12)	…	3.9	4.3	4.3	3.9	3.8	3.9	4.4	4.4	4.2	3.7
南非	8.4	8.7	8.2	8.5	8.6	8.5	8.4	9.8	11.3	11.2	10.0
阿联酋(13)	…	0.6	0.7	0.8	0.8	0.7	0.7	1.0	0.9	0.7	0.7
第二产业占GDP的比重 (%)											
巴西(1)(2)	26.7	23.8	22.5	21.2	21.1	21.8	21.8	22.5	25.8	26.3	25.5
中国	45.5	43.1	40.8	39.6	39.9	39.7	38.6	37.8	39.3	39.3	38.3(P)
埃及	…	22.6	23.5	24.8	25.7	25.5	25.5	26.7	26.3	26.8	26.5
埃塞俄比亚	…	…	…	…	…	…	…	…	…	…	…
印度(19)	26.6	27.3	27.6	27.0	27.0	26.9	25.0	25.6	26.8	25.6	25.7
伊朗	…	…	…	…	…	…	…	…	…	…	…
俄罗斯(14)	…	32.1	33.2	32.4	34.0	36.4	35.8	33.0	35.0	35.4	33.7
南非	25.1	20.5	20.6	20.5	20.3	20.2	20.1	18.8	19.1	19.6	20.4
阿联酋(15)	…	43.6	33.5	31.4	33.4	38.3	35.4	32.4	38.7	43.6	39.7
第三产业占GDP的比重 (%)											
巴西(1)(2)	67.7	71.2	72.5	73.1	73.5	73.0	73.3	70.9	66.5	67.0	67.4
中国	39.8	48.3	50.8	52.4	52.7	53.3	54.3	54.5	53.5	53.4	54.6(P)
埃及	…	50.6	52.6	55.2	54.0	52.8	52.2	54.4	55.2	54.1	54.4
埃塞俄比亚	…	…	…	…	…	…	…	…	…	…	…
印度(19)	47.0	51.8	52.3	52.6	52.5	53.3	54.8	52.3	52.2	54.2	54.7
伊朗	…	…	…	…	…	…	…	…	…	…	…
俄罗斯(16)	…	64.0	62.5	63.3	62.1	59.8	60.3	62.6	60.6	60.4	62.6
南非	66.5	70.8	71.2	70.9	71.1	71.4	71.6	71.4	69.6	69.3	69.7
阿联酋(17)	…	55.8	65.8	67.8	65.8	61.0	63.8	66.6	60.4	55.7	59.6
最终消费率(%)											
巴西	83.4	82.1	83.7	84.6	84.7	84.5	85.1	83.3	79.9	81.5	81.5
中国	63.9	52.3	53.7	55.1	55.1	55.3	55.8	54.7	54.1	53.5	55.7
埃及	…	17.8	14.0	11.2	36.6	21.7	15.4	14.2	11.1	13.0	28.9
埃塞俄比亚	…	26.4	19.2	27.2	63.8	–20.6	9.8	24.4	24.5	18.2	21.6
印度(19)	75.7	68.6	69.4	69.6	69.5	70.1	71.9	72.7	71.4	71.6	71.6
伊朗	…	…	…	…	…	…	…	…	…	…	…
俄罗斯	61.3	71.5	70.1	71.8	71.0	68.1	69.7	71.5	67.8	64.9	69.5
南非	82.3	83.0	82.7	82.6	82.2	83.3	83.7	83.3	81.0	82.6	84.1
阿联酋(18)	…	46.5	53.5	54.0	53.9	50.4	52.3	61.5	55.5	54.8	58.0

表 4.1 国民经济核算概况

（续表 2）

	2000	2014	2015	2016	2017	2018	2019	2020	2021	2022	2023
资本形成率(%)											
巴西	18.9	20.5	17.4	15.0	14.6	15.1	15.5	16.1	19.5	18.1	16.1
中国	33.7	45.6	43.0	42.7	43.2	44.0	43.1	42.9	43.3	43.2	42.1
埃及	…	9.9	20.2	16.7	53.8	39.3	28.5	−12.3	2.7	32.0	−2.0
埃塞俄比亚	…	36.4	27.0	15.1	20.3	6.7	26.2	8.8	17.9	28.3	23.9
印度(19)	26.0	33.5	32.1	32.0	33.9	33.8	30.4	28.2	32.4	32.2	…
伊朗	…	…	…	…	…	…	…	…	…	…	…
俄罗斯	16.9	22.2	21.9	23.1	23.6	21.8	22.6	23.4	22.8	22.6	26.1
南非	15.1	18.5	18.6	17.0	16.6	16.2	15.8	12.3	12.8	15.4	15.6
阿联酋(18)	…	22.7	22.3	21.6	21.3	21.8	24.1	23.3	25.8	26.5	27.1

资料来源：

巴西

巴西国家地理与统计局，国民账户体系，2000-2023 年。

中国

中国国家统计局 .《中国统计年鉴》2001-2023 年，《中华人民共和国 2023 年国民经济和社会发展统计公报》。

埃及

埃及规划部，国民核算司。

埃塞俄比亚

埃塞俄比亚规划和发展部。

印度

印度统计和计划执行部。

俄罗斯

俄罗斯联邦统计局。

南非

南非统计局。

阿联酋

联邦竞争力和统计中心。

脚注：

巴西

(1) 2022 和 2023 年数据由季度 GDP 数据加工得到。

(2) 2022 和 2023 年数据为初步数据。

中国

(3) 按美元计算的 GDP 和人均 GDP 利用年平均汇率进行折算。

(4) GDP 按生产者价格计算。

(p) 初步数据。

埃及

(5) 按美元计算的 GDP 利用年度汇率进行折算。

埃塞俄比亚

(10) 人均 GDP 增长率 (比上年增长 ,%) 指人均名义 GDP 增长率。

印度

(6) 按美元计算的 GDP 利用印度储备银行公布的平均实际汇率进行折算。平均值数据基于 4 月 1 日至 3 月 31 日数据计算得出。

(9) 数据以 2011-2012 财年为基期。

俄罗斯

(7) 不变价数据。

(12) 农业、林业、畜牧业和渔业数据根据 NACE Rev.2 提供，2000 年数据根据 NACE Rev.1 提供。

(14) 采矿和采石、制造和电力、天然气和供水、建筑数据根据 NACE Rev.2 提供，2000 年数据根据 NACE Rev.1 提供。

(16) 不包括在第一和第二产业经济部门的其他经济活动数据根据 NACE Rev.2 提供，2000 年数据根据 NACE Rev.1 提供。

南非

(8) GDP 增长率 (比上年增长)(%) 按不变价计算。

阿联酋

(9) 不变价数据。

(11) 现价数据。

(13) 现价数据。包括以下活动：农业、狩猎、林业和渔业。

(15) 现价数据。包括以下活动：B(采矿和采石)、C(制造)、D(电力、天然气、蒸汽和空调供应)、E(供水；排污、废物管理和修复活动)。

(17) 现价数据。包括以下活动：F(建筑)、G(批发和零售贸易；机动车和摩托车维修)、H(运输和仓储)、I(住宿和餐饮服务活动)、J(信息和通信)、K(金融和保险活动)、L(房地产活动)、M(专业、科学和技术活动)、N(行政和支持服务活动)，O(公共行政和国防；强制性社会保障)、P(教育)、Q(人类健康和社会服务活动)、R(艺术、娱乐和休闲)、S(其他服务活动) 和 T(家庭作为雇主的活动)

(18) 现价数据。

表 4.2.1 国民经济核算——巴西

	2000	2014	2015	2016	2017	2018	2019	2020	2021	2022[(1)(2)]	2023[(1)(2)]
GDP(现价，亿雷亚尔)	11991	57790	59958	62693	65855	70041	73891	76096	90121	100797	108561
GDP物量指数(上年=100)	104.4	100.5	96.5	96.7	101.3	101.8	101.2	96.7	104.8	103.0	102.9
GDP缩减指数(上年=100)	105.6	107.8	107.6	108.1	103.7	104.5	104.2	106.5	113.0	108.6	104.7
固定资本形成总额指数(上年=100)	104.8	95.8	86.1	87.9	97.4	105.2	104.0	98.3	112.9	101.1	97.0
生产法GDP及其构成项(现价，亿雷亚尔)	11991	57790	59960	62690	65850	70040	73890	76100	90121	100797	108561
第一产业	570	2500	2590	3070	3030	3100	3110	4350	5911	5813	6776
第二产业	2759	11830	11610	11510	11980	13130	13860	14840	19938	23001	24169
第三产业	6985	35400	37360	39620	41710	43880	46600	46760	51291	58550	63921
生产税净额(亿雷亚尔)	1678	8060	8400	8500	9140	9930	10320	10150	12981	13432	13695
支出法GDP及其构成项(现价，亿雷亚尔)	11991	57790	59960	62690	65850	70040	73890	76100	90121	100797	108561
最终消费支出	9996	47450	50210	53060	55750	59190	62900	63370	72021	82115	88529
固定资本形成总额	2195	11480	10690	9730	9590	10570	11430	12600	16148	17942	17955
存货增加	72	390	−250	−350	40	0	30	−340	1446	290	−492
货物和服务净出口	−271	−1540	−690	250	470	280	−480	460	507	449	2569

资料来源：

巴西国家地理与统计局，国民账户体系，2000-2023 年。

脚注：

(1) 由季度 GDP 数据加工而得。

(2) 初步数据。

表 4.2.2 国民经济核算——中国

	2000	2014	2015	2016	2017	2018	2019	2020	2021	2022	2023[4]
GDP (现价，亿人民币)	100280	643563	688858	746395	832036	919281	986515	1013567	1149237	1204724	1260582
国民总收入(现价，亿美元)[1]	11967	104900	110078	111821	123067	138305	142612	145762	176890	177569	177406
GDP物量指数(可比价，上年=100)	108.5	107.4	107.0	106.8	106.9	106.7	106.0	102.2	108.4	103.0	105.2
生产法GDP及其构成项[2](现价，亿人民币)											
总计	100280	643563	688858	746395	832036	919281	986515	1013567	1149237	1204724	1260582
按产业分[3]											
第一产业	14717	55626	57775	60139	62100	64745	70474	78031	83217	88207	89755
第二产业	45664	277283	281339	295428	331581	364835	380671	383562	451544	473790	482589
第三产业	39899	310654	349745	390828	438356	489701	535371	551974	614476	642727	688238
按行业分[3]											
农林牧渔业	14944	57472	59853	62451	64660	67559	73577	81397	86995	92577	94463
工业	40259	233197	234969	245406	275119	301089	311859	312903	374546	395044	399103
建筑业	5534	45402	47761	51499	57906	65493	70648	72445	78741	80766	85691
批发和零售业	8160	63170	67720	73724	81157	88904	95651	96086	110147	116294	123072
交通运输，仓储和邮政业	6162	28534	30520	33029	37122	40337	42466	40583	48424	51077	57820
住宿和餐饮业	2146	11229	12306	13608	15056	16521	17903	15285	18027	17750	21024
金融业	4842	46853	56300	59964	64844	70610	76251	83618	90309	93285	100677
房地产业	4141	38086	42574	49969	57086	64623	70445	73425	77216	73766	73723
其他	14093	119619	136856	156744	179086	204145	227716	237825	264833	284160	305010
支出法GDP及其构成项(现价，亿人民币)											
总计	99799	646548	692094	745981	828983	915774	990708	1025628	1145283	1202471	1258647
最终消费支出	63749	338031	371921	410806	456518	506135	552632	560811	619688	643828	701361
固定资本形成总额	32669	282242	289970	310145	348300	393848	422451	430625	482119	504835	521112
存货增加	998	12664	7856	8054	9586	8737	4227	8925	13665	14959	9327
货物与服务净出口	2383	13611	22346	16976	14578	7054	11398	25267	29810	38850	26847
劳动生产率增长率(%)	7.4	6.9	6.6	6.5	6.6	6.6	…	…	…	…	…

资料来源：

中国国家统计局。

脚注：

(1) 按美元计算的国民总收入利用年平均汇率进行折算。

(2) 生产法 GDP 各构成项按生产者价格计算。

(3) 三次产业分类开始采用国家统计局 2018 年制定的《三次产业划分规定》，并且对历史数据进行了相应修订。中国的三次产业划分标准：第一产业是指农、林、牧、渔业（不含农、林、牧、渔专业及辅助性活动）；第二产业是指采矿业（不含开采专业及辅助性活动），制造业（不含金属制品、机械和设备修理业），电力、热力、燃气及水生产和供应业，建筑业；第三产业是指除第一产业、第二产业以外的其他行业。

(4) 初步数据。

表 4.2.3 国民经济核算——埃及

	2014	2015	2016	2017	2018	2019	2020	2021	2022	2023
按行业划分的国内生产总值(现价，按要素成本/亿埃及镑)	22056	24731	26744	36030	45637	54440	58796	63367	74571	96460
农业、林业和渔业	2415	2785	3189	4017	5054	5986	6871	7621	8584	10765
采矿和采石	3507	3141	2148	3308	4828	6185	4221	4113	5656	7727
石油	1470	1377	914	1430	1987	2428	1714	1627	2538	3757
天然气	1754	1444	868	1388	2225	3030	1687	1570	2082	2620
其他提取物	283	320	366	490	617	726	820	915	1035	1351
制造业	3573	4081	4563	6066	7630	8947	10078	10318	12525	15298
石油炼制	954	1023	1139	1246	1488	1668	2116	2200	2632	3213
其他行业	2618	3058	3424	4820	6142	7279	7962	8118	9893	12085
电力	340	392	464	696	881	1030	1087	1183	1374	1732
供水；污水处理、废物管理和补救活动	119	137	152	242	275	303	329	355	410	523
建筑业	951	1195	1454	2262	2872	3583	4201	4812	5689	7963
运输和仓储	911	1075	1259	1696	2149	2567	3002	3345	3854	4929
通讯	464	489	540	722	876	1044	1240	1480	1783	2363
信息业	64	73	84	166	201	237	260	278	312	392
苏伊士运河	372	394	412	767	970	1009	920	928	1146	2353
批发和零售贸易	2734	3200	3747	4752	6015	7163	8213	9132	10401	13477
金融	822	946	1088	1338	1663	1946	2110	2282	2541	3178
保险	161	188	216	266	330	385	416	446	498	623
住宿和餐饮服务活动	466	589	484	699	1136	1514	1406	1140	1764	3006
房地产活动	2007	2371	2799	3859	4786	5694	6595	7258	8151	9895
房地产	1417	1680	1985	2648	3264	3876	4498	4943	5498	6513
商务服务	590	692	815	1210	1522	1818	2097	2315	2652	3382
公共行政、国防、社会保障、其他公共服务	2131	2493	2765	3018	3195	3554	4035	4374	4885	5674
教育、卫生和社会工作	1019	1182	1378	2156	2776	3292	3814	4303	4998	6563
教育	374	435	505	758	957	1132	1293	1445	1700	2259
卫生	465	542	628	854	1124	1333	1542	1729	2013	2618
其他服务	181	205	244	543	695	827	978	1129	1285	1685
支出法GDP及其构成项(现价/亿埃及镑)	21300	24439	27094	36559	46662	55960	61526	66631	78425	101554
最终消费	20190	23019	25608	34972	42571	49123	56103	62342	70418	90749
固定资本形成总额	2906	3492	4075	6268	8730	11222	9841	10109	13347	13078
出口	3034	3222	2803	5489	8392	9314	7674	7037	11832	19403
进口	4830	5294	5392	10170	13031	13699	12092	12857	17172	21676

资料来源：

埃及规划部，国民核算司。

表 4.2.4 国民经济核算——埃塞俄比亚

	2000	2014	2015	2016	2017	2018	2019	2020	2021	2022	2023
GDP(现价/亿美元)	···	570717	662824	742966	817708	842693	959123	1076726	1112619	1267727	1636978
人均GDP (现价，美元)	135	656	744	815	876	882	983	1080	1092	1218	1549
工业占GDP的比重 (%)	···	16.3	19.7	23.7	25.4	29.1	26.3	24.5	23.0	23.7	25.4
资本形成率(%)	···	36.4	27.0	15.1	20.3	6.7	26.2	8.8	17.9	28.3	23.9
人均GDP增长率(%)	···	19.4	19.4	15.0	14.2	17.3	19.7	22.8	25.8	38.9	39.5
按市场价格计算的国内生产总值(现价，亿美元)	84670	570720	662820	742970	817710	842690	959123	1076720	1112620	1267730	1636980
GDP增长率(%)											
GDP增长率(现价)	···	22.4	22.4	17.7	16.9	20.0	22.3	25.4	28.6	41.8	41.7
增加值增长率(不变价，2015–2016年=100)	···	10.3	10.4	8.0	10.2	7.7	9.0	6.1	6.3	6.4	7.2
政府最终消费支出名义增长率(现价)	···	26.4	19.2	27.2	63.8	–20.6	9.8	24.4	24.5	18.2	21.6
私人最终消费支出名义增长率(现价)	···	17.0	20.3	15.7	17.0	18.5	27.9	27.9	32.6	52.0	44.4
三次产业占GDP比重(%)											
农业	···	42.3	39.6	37.5	36.3	33.3	35.7	37.7	39.6	39.3	37.1
工业	···	16.3	19.7	23.7	25.4	29.1	26.3	24.5	23.0	23.7	25.4
服务业	···	41.3	41.1	39.7	39.4	38.8	39.4	39.0	38.5	38.1	38.4

资料来源：

埃塞俄比亚规划和发展部。

表 4.2.5 国民经济核算——印度[1]

	2000	2014	2015	2016	2017	2018	2019	2020	2021	2022	2023
GDP(现价，亿卢比)[2]	213989	1246796	1377187	1539167	1709004	1889967	2010359	1985410	2359740	2694965	2953567
按要素成本计算的增加值(现价，亿卢比)	195552	1150428	1257450	1396520	1550567	1717513	1838112	1821100	2163558	2465904	2676215
国民总收入(现价，亿卢比)	211715	1232053	1361210	1521527	1690523	1869734	1991048	1958741	2331959	2657934	2910435
国内生产净值(现价，亿卢比)	192488	1112567	1232218	1380034	1532523	1691538	1793998	1751351	2093060	2380975	2612798
按基本价格计算的增加值(可比价，亿卢比)[3]	402483	971213	1049187	1132829	1203417	1273380	1323610	1268735	1387684	1480490	1587375
按基本价格计算的人均增加值(现价，卢比)	19191	90799	98009	107507	118004	129428	137070	134357	158087	178315	191843
按市场价格计算的人均GDP(现价，卢比)	21000	98405	107341	118489	130061	142424	149915	146480	172422	194879	211725
可比价GDP指数(上年=100，%)	103.8	107.4	108.0	108.3	106.8	106.5	103.9	94.2	109.7	107.0	108.2
国民净收入(现价，亿卢比)	190215	1097824	1216240	1362394	1514042	1671305	1774687	1724682	2065279	2343944	2589666
GDP增长率(可比价，%)[3]	3.8	7.4	8.0	8.3	6.8	6.5	3.9	−5.8	9.7	7.0	8.2
人均增加值增长率(基本价格)(可比价，%)	2.3	5.8	6.7	6.6	5.0	4.8	2.9	−5.2	8.3	5.6	6.3
贵重物品(现价，亿卢比)	1510	20941	20351	16733	24169	22610	19480	27882	38502	33573	43902
生产法GDP及其构成(现价，基本价格，亿卢比)[2]											
第一产业	51303	240209	252154	284547	316594	340759	372547	403061	453881	497887	525110
第二产业	51790	313971	347224	377030	419276	461414	458677	466379	580607	631936	686708
第三产业	91535	596248	658072	734943	814698	915341	1006888	951660	1129070	1336081	1464396
支出法GDP及其构成(现价，亿卢比)[2]											
最终消费支出[4]	161961	854910	956258	1071319	1187627	1325085	1445729	1443603	1685486	1930618	2089150
资本形成总额[5]	56170	417978	442266	491808	579157	639605	610641	559759	764809	867753	…
固定资本形成总额	55684	375039	395709	433867	481560	556842	572039	542500	697965	828698	910702
存货增加[6]	−2248	31270	26248	13808	23758	31823	13523	3846	21384	27712	29520
货物和服务净出口(亿卢比)[2]	−1940	−37233	−31628	−27182	−53987	−71088	−51804	−7806	−61938	−96058	−65730
国内总储蓄(现价)(亿卢比)[2]	53152	401996	428226	482511	548074	600039	594114	578693	736310	815001	…
人口(亿人)[2]	10.2	12.7	12.8	13.0	13.1	13.3	13.4	13.6	13.7	13.8	14.0
汇率(美元/卢比，年平均)[7]	45.7	61.1	65.4	67.1	64.5	69.9	70.9	74.2	74.5	80.5	82.8

资料来源：

印度统计和计划执行部。

脚注：

(1) 所有数据均指财政年度数据，即当年 4 月至下年 3 月。

(2) One Crore 等于 1000 万。

(3) 数据采用的是 2011/2012 年的基期价格。

(4) 包括私人和政府部门的最终消费支出。

(5) 包括贵重物品。

(6) 不包括贵重物品。

(7) 汇率从印度储备银行网站获得。平均值数据基于 4 月 1 日至次年 3 月 31 日数据计算得出。

表 4.2.6 国民经济核算——伊朗

	2000	2014	2015	2016	2017	2018	2019	2020	2021	2022	2023
GDP(现价，亿里亚尔)	7134003	125509600	121800161	149062573	179718712	259890061	353753650	548438778	928990598	1422489792	1936850139
GDP物量指数(2011年=100)(%)	5.4	2.3	0.0	14.2	4.8	–4.7	–4.6	3.3	5.6	5.1	5.7
GDP缩减指数(2011年=100)(%)	15.8	190.7	185.2	198.5	228.4	346.6	494.4	741.6	1189.6	1733.6	2232.8
人均GDP指数(2011年=100)(%)	…	0.3	–2.3	12.1	3.3	–6.0	–5.6	2.5	4.8	4.3	5.0
固定资本形成总额指数(2011年=100)(%)	…	9.7	–12.5	19.6	9.0	–18.0	–15.4	–7.7	4.1	2.5	4.8
生产法GDP及其构成项(现价，亿里亚尔)											
总计	7108283	125264636	120906393	147196481	177060739	257359011	351171362	545998948	927271574	1419124448	1934852522
第一产业	2527764	33442191	25389757	33183805	42712745	70386030	86984889	126998231	249658573	394968600	520155996
第二产业	1565728	31064515	28212628	36891830	44207473	65831504	95934226	163484589	277791177	430178336	521006416
第三产业	3014790	60757930	67304008	77120846	90140522	121141477	168252247	255516129	399821824	593977512	893690111
支出法GDP及其构成项(现价，亿里亚尔)											
最终消费支出	4412158	71354388	78745632	90643348	107169028	131744402	172585025	231811045	353735764	512205434	747528925
固定资本形成总额	…	11945174	10448552	12497597	13617963	11162144	9443267	8715644	9076331	9307704	9750163
存货增加	…	21235388	13491853	18460449	22881856	60836194	115870018	215589482	342925711	522885398	694668801
货物和服务净出口	…	27417679	22320273	30880966	39623478	61774024	63474728	97368855	197833220	380217468	498338913

资料来源：

伊朗统计中心。

表 4.2.7 国民经济核算——俄罗斯 [(1)]

	2000	2014	2015	2016	2017	2018	2019	2020	2021	2022	2023
GDP(现价，亿卢布)	73060	790300	830870	856160	918430	1038617	1096083	1076581	1357738	1551889	1721483
GDP物量指数(上年=100)	110.0	100.7	98.0	100.2	101.8	102.8	102.2	97.3	105.9	98.8	103.6
GDP缩减指数(上年=100)	137.6	107.5	107.2	102.8	105.3	110.0	103.3	100.9	119.1	115.7	107.0
人均GDP指数(上年=100)	110.5	98.9	97.7	99.9	101.6	102.7	102.1	97.5	106.2	99.1	103.9
固定资本形成总额指数(上年=100)	118.1	97.9	89.4	101.3	104.7	100.6	101.0	96.0	109.3	106.7	108.8
生产法GDP及其构成项(亿卢布)											
总计 [(2)]	…	687379	746205	770771	828974	928288	984872	969961	1218471	1407196	1564422
第一产业	…	26560	32180	32880	32640	35250	38695	43132	53462	59294	57645
第二产业	…	220740	247550	249780	281710	338110	352396	319929	426358	498087	527592
第三产业	…	440080	466470	488120	514620	554920	593780	606900	738651	849815	979185
支出法GDP及其构成项(亿卢布)											
最终消费支出	44770	567360	585310	613990	652900	707050	763974	769397	910581	1020156	1175355
固定资本形成总额	12320	169260	171260	187340	201890	214520	229107	232110	260729	316607	376359
存货增加	1340	7700	12770	10400	14920	13120	19282	20411	47602	37114	66020
货物和服务净出口	14630	50740	66860	44440	48730	103920	83720	54664	126394	198530	74669
劳动生产率指数(上年=100)	…	100.8	98.7	100.1	102.1	103.1	102.4	99.6	103.9	97.2	…

资料来源：

俄罗斯联邦统计局。

脚注：

(1) 数据包含以下变化：使用国际方法评估业主的住房服务的生产和消费；根据当前市场价值估算固定资本消耗；统一进出口数据和国际收支平衡表数据；更新 2011 年和 2016 年“投入产出”基准表和 2016 年农业普查结果；数据包括对家庭雇佣服务的评估、2008 年 SNA 中关于评估研发和武器系统以及使用俄罗斯联邦中央银行服务的执行情况。

(2) 以基本价格计算的按经济活动划分的增加值总额。2011 年以前的数据是依据 NACE1(欧盟标准产业分类第一版)经济活动分类标准进行统计，2011 年开始，数据是依据 NACE2(欧盟标准产业分类第二版)经济活动分类标准准进行统计。

表 4.2.8 国民经济核算——南非

	2000	2014	2015	2016	2017	2018	2019	2020	2021	2022[1]	2023[1]
GDP(现价)(亿兰特)	10531	41339	44208	47596	50782	53632	56252	55628	62202	66555	70240
GDP物量指数(2015年=100)[2]	63.9	98.7	100.0	107.7	114.9	121.3	127.2	125.8	140.7	150.6	158.9
GDP缩减指数(2015年=100)[2]	37.3	94.7	100.0	107.0	112.8	117.3	122.7	129.3	137.8	144.7	151.6
固定资本形成总额指数(2015年=100)	19.0	95.0	100.0	104.3	104.6	107.3	109.3	96.4	102.0	117.6	131.8
生产法GDP及其构成项(亿兰特)	10531	41339	44208	47596	50782	53632	56252	55628	62202	66555	70240
第一产业[3]	814	3271	3266	3665	3949	4088	4243	4949	6328	6688	6280
第二产业[4]	2435	7655	8213	8803	9307	9748	10142	9469	10689	11712	12851
第三产业[5]	6444	26462	28338	30420	32668	34460	36197	35941	39021	41436	43977
支出法GDP及其构成项(亿兰特)	10510	41339	44208	47596	50782	53632	56252	55628	62202	66431	69968
最终消费支出	8660	34315	36545	39309	41766	44687	47068	46317	50403	54867	58823
固定资本形成总额	1520	7565	7961	8301	8328	8539	8702	7676	8118	9361	10490
存货增加	70	77	276	−229	108	133	198	−808	−159	898	424
货物和服务净出口	270	−619	−574	215	581	273	285	2443	3839	1304	231

资料来源：

南非统计局。

脚注：

(1) 2022 年和 2023 年数据由季度数据加工得到。

(2) 基期为 2015 年 =100。

(3) 第一产业包括农业、采矿和林业。

(4) 第二产业包括制造业，电、气、水的生产和供应业，建筑业。

(5) 第三产业包括批发，零售和汽车贸易业，住宿和餐饮，运输、仓储和通信，金融，房地产，商务服务业，政府服务和个人服务业。

表 4.2.9 国民经济核算——阿联酋

	2014	2015	2016	2017	2018	2019	2020	2021	2022	2023
主要指标(亿美元)										
GDP(不变价)	3553	3794	4005	4034	4087	4133	3928	4099	4407	4566
GDP(现价)	4141	3703	3693	3905	4270	4180	3495	4152	5027	5141
非石油GDP(不变价)	2465	2604	2767	2882	2884	2961	2800	2983	3196	3393
非石油GDP(现价)	2780	2930	3009	3118	3176	3238	2889	3152	3536	3885
国民总收入	4148	3720	3714	3933	4285	4201	3476	4144	5028	5180
支出法GDP及其构成项(现价，亿美元)										
最终消费支出	1925	1981	1995	2106	2151	2185	2149	2303	2756	2984
资本形成总额	940	827	799	831	932	1006	815	1072	1333	1392
货物和服务出口	4027	3585	3606	3821	4002	4049	3503	4252	5219	5584
货物和服务进口	2751	2690	2707	2853	2815	3060	2972	3475	4280	4819

资料来源：

联邦竞争力和统计中心。

主要统计指标解释

通用解释

国内生产总值 国家产出是指一个国家或地区在一定时期内所生产的全部商品和服务的货币价值量，不可重复计算。由于商品和服务均有不同的测算单位，所以不能直接相加，只能按价值量测算。在封闭的经济体，这些价值之和等于国内产出（即国内生产总值）。

国民总收入 (GNI)=GDP+ 本国居民从国外获得的报酬和财产性收入 − 外国居民从国内获得的报酬和财产性收入

政府最终消费支出 政府最终消费支出包括员工报酬、政府在国内外采购货物和服务的支出。政府的雇员报酬包括工资、薪金和社会保障缴款。

国家解释

巴西

2010 年巴西国民账户体系，是根据国际推荐建议而制定的，与联合国 2008 年 SNA 新版手册一致。

支出法 GDP 支出法 GDP 指的是国内生产总值是由最终消费支出、资本形成总额和净出口构成。

固定资本形成总额 是指核算期内常住单位购置、转入和自产自用的固定资产，扣除固定资产的销售和转出后的价值。固定资本形成总额 = 核算期内常住单位购买产品的价值 − 销售或处置固定资产的价值 + 附加在固定资产上的特定服务性支出。

资本形成总额 指常住单位在一定时期内获得的减去处置的固定资产和存货的净额，包括固定资本形成总额和存货增加。

货物和服务支出 指为得到出售者提供给购买者或其指定的其他机构单位的货物或者服务，购买者向出售者支付或同意支付的价值额。

货物和服务帐户 该账户记录了作为来源的产出和进口的货物和服务（包括在产出中未包含的产品税净项）与作为使用的用于中间消耗、最终消费和资本形成与出口的同类货物和服务之间的平衡。

最终消费支出 指的是货物和服务的消费支出。

居民最终消费支出 指的是住户部门最终消费支出，包括必须间接估算的由常住居民家庭支付的货物和服务个人消费支出，包括那些按不具经济意义价格出售的货物和服务以及在国外获得商品和服务的支出。

政府最终消费支出 指的是政府部门的支出，包括必须间接估算的政府部门发生的用于个人的货物和服务支出以及集体服务消费支出。

为住户服务的非营利机构最终消费支出 为住户服务的非营利机构支出，包括必须间接估算的由常住为住户服务的非营利机构发生的用于个人消费的货物和服务支出以及可能的集体消费的支出。

存货 指的是作为生产资产的货物或服务，成形于当期或更早时间，准备在以后销售或者用于生产或其他用途。

第一产业 农业，林业，畜牧业和渔业。

第二产业 采矿业，制造业，电力，气，水和建筑业。

第三产业 经济中的其他产业。

中国

国内生产总值 (GDP) 是一个国家（或地区）所有常住单位在一定时期内生产活动的最终成果。 GDP 核算有三种方法，即生产法、收入法和支出法，三种方法从不同的角度反映国民经济生产活动成果。

人均 GDP = GDP / 年度平均人口。

中国的三次产业划分标准 第一产业是指农、林、牧、渔业（不含农、林、牧、渔服务业）；第二产业是指采矿业（不含开采辅助活动），制造业（不含金属制品、机械和设备修理业），电力、热力、燃气及水生产和供应业，建筑业；第三产业是指除第一产业、第二产业以外的其他行业。

GDP 物量指数 是用来衡量可比价 GDP 的变动。可比价 GDP 是把按当期价格计算的 GDP 换算成按某个固定期（基期）价格计算的价值，从而使两个不同时期的价值进行比较时，能够剔除价格变化的影响，以反映物量变化，反映生产活动成果的实际变动。

支出法国内生产总值 是从最终使用的角度反映一个国家（或地区）一定时期内生产活动最终成果的一种方法，包括最终消费支出、资本形成总额及货物和服务净出口三部分。计算公式为：支出法国内生产总值 = 最终消费支出 + 资本形成总额 + 货物和服务净出口

最终消费支出 指常住单位为满足物质、文化和精神生活的需要，从本国经济领土和国外购买的货物和服务的支出。它不包括非常住单位在本国经济领土内的消费支出。最终消费支出分为居民消费支出和政府消费支出。

固定资本形成总额 指常住单位在一定时期内获得的固定资产减处置的固定资产的价值总额。固定资产是通过生产活动生产出来的，且其使用年限在一年以上、单位价值在规定标准以上的资产，不包括自然资产。可分为有形固定资本形成总额和无形固定资本形成总额。有形固定资本形成总额包括一定时期内完成的建筑工程、安装工程和设备工器具购置（减处置）价值，以及土地改良、新增役、种、奶、毛、娱乐用牲畜和新增经济林木价值。无形固定资本形成总额包括矿藏的勘探、计算机软件等获得减处置。

存货增加 指常住单位在一定时期内存货实物量变动的市场价值，即期末价值减期初价值的差额，再扣除当期由于价格变动而产生的持有收益。存货增加可以是正值，也可以是负值，正值表示存货上升，负值表示存货下降。存货包括生产单位购进的原材料、燃料和储备物资等存货，以及生产单位生产的产成品、在制品和半成品等存货。

货物和服务净出口 指货物和服务出口减货物和服务进口的差额。出口包括常住单位向非常住单位出售或无偿转让的各种货物和服务的价值；进口包括常住单位从非常住单位购买或无偿得到的各种货物和服务的价值。由于服务活动的提供与使用同时发生，一般把常住单位从非常住单位得到的服务作为进口，非常住单位从常住单位得到的服务作为出口。货物的出口和进口都按离岸价格计算。

最终消费率 指最终消费支出占支出法国内生产总值的比重。

资本形成率 指资本形成总额占支出法国内生产总值的比重。

印度

印度统计和计划执行部国家统计局 (NSO) 每年都公布国民经济核算统计数据。这些数据是基于财政年来计算的，即当年的 4 月至来年的 3 月。NSO 在每年 5 月公布特定财政年度的临时预算，时间滞后两个月。此外，国家统计局还将于 2 月公布上一年的首次修订预算，以及使用详细和更全面的数据修订前两个财政年度的预算。印度国家统计局也会在财年结束的前 2 个月，发布该财年数据的预测值。印度国家统计局生产一系列的指标，包括 GDP, NDP, GNP, 要素和市场价格计算的 NNP，间接税收减补贴，固定资本消耗，国民可支配收入净值，个人可支配收入，私人最终消费支出，政府最终消费支出，进出口，资本形成净值，储蓄等等。

国内生产总值 (GDP) 印度不是封闭经济体，与其他国家有出口、进口和借贷关系，这就产生了国民和国家的概念。GDP 指的是该国境内所有常住单位的生产总值，这与国内常住单位所有的生产性活动的生产总值概念不完全相同，这是因为有些常住单位的生产性活动可能发生在国外。相反，一些在国境内的生产活动有可能来自外籍劳工的临时性或季节性劳动。GNI= GDP+ 本国居民从国外获得的报酬和财产性收入 − 外国居民从国内获得的报酬和财产性收入。

国内生产净值 (NDP)= 国内生产总值 (GDP)− 固定资本消耗 (CFC)

国民总收入 (GNI)= 国内生产总值 (GDP)+ 应收世界其他地区的员工薪酬和财产收入 − 应付世界其他地区员工薪酬和资产收入国民净收入 (NNI)= 国民总收入 (GNI)− 固定资本消耗 (CFC)

最终消费支出 包括私人最终消费支出和政府最终消费支出。

私人最终消费支出 私人最终消费支出在国民经济核算体系里指的是私人部门（包括非盈利性组织）对耐用和非耐用货物和服务的消费支出。

政府最终消费支出 包括政府雇员的报酬和政府对货物和服务的支出，也包括在海外的支出。中央政府雇员的报酬包括工资和社会保障缴款。

最终消费率 指的是按照现价计算的最终消费支出占 GDP 的比重。

资本形成率 指的是按照现价计算的资本形成总额占 GDP 的比重。

贵重物品 指生产出的具有相当价值的商品，这些商品主要不是用于生产或消费，而是用于价值储存。

印度 GDP 的计算采用以下的产业分类：

第一产业 包括农业、林业、渔业、采矿业和采石业。

第二产业 包括制造业、电力和水的供应业以及建筑业。

第三产业 包括其他经济活动。

俄罗斯

第一产业 农业、林业、畜牧业和渔业。2011 年之前年份数据根据 NACE 1 经济活动分类，2011 年以后数据根据 NACE 2 分类。

第二产业 采矿业，制造业，电力，气，水和建筑业。2011 年之前年份数据根据 NACE 1 经济活动分类，2011 年以后数据根据 NACE 2 分类。

第三产业 经济中的其他产业。2011 年之前年份数据根据 NACE 1 经济活动分类，2011 年以后数据根据 NACE 2 分类。

以市场价格计算的国内生产总值 (GDP) 为一个国家所有生产单位的生产活动成果。GDP 核算可采取以下三种方法：生产法、支出法和收入法。生产法 GDP 为全国货物和服务的总产出与中间消耗之间的差额，也就是各行业的增加值总和。支出法 GDP 为全国所有机构单位支出的总和，即最终消费支出、资本形成总额和净出口。收入法 GDP 为全国按部门划分的所有机构单位生产过程中累积的初次收入总和。

最终消费支出 包括居民最终消费支出、公共管理部门用于个人消费的货物和服务支出与集体服务消费的支出以及为住户服务的非营利机构最终消费支出。

资本形成总额 为常住单位当期生产或进口的、但不用于当期消费的货物和服务的净购买。资本形成总额包括固定资本形成总额、库存变动以及贵重物品的净购买额。

货物和服务净出口 为出口与进口之间的差额，包括俄罗斯与其他国家之间的贸易量。

南非

基期 2010 年 =100。

第一产业 农业、林业、渔业、采矿业和采石业。

第二产业 制造业、电力、天然气和水的供应与建筑业。

第三产业 批发业、零售业、汽车贸易、餐饮和住宿业、交通、存储和通信业、金融、房地产和商业服务业、一般政府和个人服务业。

阿联酋

基期 2010 年 =100。

现价国内生产总值 指当地经济中常住机构单位在特定时期（通常是一年）生产的商品和服务的总价值。

不变价国内生产总值 指当地经济中常住机构单位在特定时期（通常是一年）生产的商品和服务的总价值。按不变价格计算的国内生产总值通过消除价格上涨的影响（也称为通货膨胀）使数据可比。

资本形成总额 使用固定资本形成总额、存货增加和贵重物品获得减去处置之和来衡量。

国民总收入 (GNI) 是指国内生产总值减去生产和进口税净额，减去应付给世界其他地区的雇员报酬和财产收入，再加上自世界其他地区应收的相应项目（即国内生产总值减去应付给非常住单位的主要收入，再加上自非常住单位应收的主要收入）。

第五章 价格指数

表 5.1 价格指数概况

（比上年上涨，%）

	2000	2014	2015	2016	2017	2018	2019	2020	2021	2022	2023
居民消费价格指数											
巴西	6.0	6.4	10.7	6.3	3.0	3.8	4.3	4.5	10.1	5.8	4.6
中国	0.4	2.0	1.4	2.0	1.6	2.1	2.9	2.5	0.9	2.0	0.2
埃及	…	10.1	10.4	13.8	29.5	14.4	9.2	5.0	5.2	13.9	33.9
埃塞俄比亚	…	8.1	7.7	9.7	6.2	14.4	12.6	19.9	20.2	33.8	32.5
印度	…	6.6	4.9	4.9	3.3	3.9	3.7	6.6	5.1	6.7	5.7
伊朗	…	…	…	…	…	…	…	…	…	…	…
俄罗斯	20.8	7.8	15.5	7.1	3.7	2.9	4.5	3.4	6.7	13.8	5.9
南非	5.3	6.1	4.6	6.4	5.3	4.7	4.1	3.3	4.5	6.9	6.0
阿联酋	…	2.3	4.1	1.6	2.0	3.1	−1.9	−2.1	0.2	4.8	1.6
生产者价格指数											
巴西(1)	12.1	2.7	8.8	1.7	4.2	9.6	5.2	19.4	28.5	3.2	−5.0
中国	2.8	−1.9	−5.2	−1.4	6.3	3.5	−0.3	−1.8	8.1	4.1	−3.0
埃及	…	4.3	−3.1	8.2	36.3	20.6	5.0	−7.1	17.3	27.7	26.6
埃塞俄比亚	…	8.2	5.5	7.7	4.1	11.6	26.2	22.8	24.4	…	…
印度	…	…	…	…	…	…	…	…	…	…	…
伊朗	…	…	…	…	…	…	…	…	…	…	…
俄罗斯(2)	47.1	6.1	13.8	4.3	7.6	11.9	2.9	−2,9	24.5	11.4	4.0
南非(3)	6.6	7.5	3.6	7.0	4.8	5.6	4.6	2.6	7.1	14.4	6.7
阿联酋	…	…	…	−8.2	3.9	11.1	−4.4	−5.7	16.8	16.9	−7.9

资料来源：

巴西

巴西国家地理与统计局，扩展的全国居民消费价格指数，2000-2023 年。

中国

中国国家统计局。

埃塞俄比亚

埃塞俄比亚统计局。

印度

印度统计和计划执行部。

俄罗斯

俄罗斯联邦统计局。

南非

南非统计局。

阿联酋

联邦竞争力和统计中心。

脚注：

巴西

(1) 自 2014 年起，生产者价格指数包括采矿、采石和制造业，数据来自巴西国家地理与统计局。2014 年之前，数据来自瓦加斯基金会的批发价格指数 (WPI)，该指数收集了农业和工业的批发价格。

俄罗斯

(2) 2012 年之前工业生产指数按经济活动分类包括“采矿和采石”、“制造业”、“电力、天然气、水的生产和供应”；自 2013 年以来，工业生产指数按经济活动分类包括“采矿和采石”、“制造业”、“电力、天然气、蒸汽和空调供应”，“供水、排水、废物管理和污染清理活动”。

南非

(3) 2013 年之前生产者价格指数变化基于国内产出 (2012 年 12 月停止发布)，从 2013 年开始，基于最终制成品的生产者价格指数 (2013 年 1 月引入)。

表 5.2.1 价格指数——巴西

（上年 =100）

	2000	2014	2015	2016	2017	2018	2019	2020	2021	2022	2023
消费价格指数(总指数)	106.0	106.4	110.7	106.3	103.0	103.8	104.3	104.5	110.1	105.8	104.6
食品和饮料	103.2	108.0	112.0	108.6	98.1	104.0	106.4	114.1	107.9	111.6	101.0
住房	104.5	108.8	118.3	102.9	106.3	104.7	103.9	105.3	113.1	100.1	105.1
住房租金	97.7	109.4	107.8	105.3	101.5	101.9	103.8	102.8	107.0	108.7	103.2
燃料(家务)	120.9	104.8	121.6	102.1	115.6	105.2	102.1	108.0	136.0	107.3	94.4
住宅供电	112.7	117.1	151.0	89.3	110.4	108.7	105.0	109.1	121.2	81.0	109.5
家居用品	105.2	105.5	105.4	103.4	98.5	103.7	99.6	106.0	112.1	107.9	100.3
服装	104.1	103.6	104.5	103.6	102.9	100.6	100.7	98.9	110.3	118.0	102.9
交通	112.1	103.8	110.2	104.2	104.1	104.2	103.6	101.0	121.0	98.7	107.1
健康和个人护理	102.6	107.0	109.2	111.0	106.5	104.0	105.4	101.5	103.7	111.4	106.6
个人支出	105.7	108.3	109.5	108.0	104.4	103.0	104.7	101.0	104.7	107.8	105.4
教育	104.8	108.5	109.3	108.9	107.1	105.3	104.8	101.1	102.8	107.5	108.2
通讯	112.9	98.5	102.1	101.3	101.8	99.9	101.1	103.4	101.4	99.0	102.9
城市居民消费价格指数	106.0	106.4	110.7	106.3	103.0	103.8	104.3	104.5	110.1	105.8	104.6

资料来源：

巴西国家地理与统计局，扩展的全国居民消费价格指数，2000-2023 年。

表 5.2.2 价格指数——中国

（上年 =100）

	2000	2014	2015	2016	2017	2018	2019	2020	2021	2022	2023
居民消费价格指数(总指数)	100.4	102.0	101.4	102.0	101.6	102.1	102.9	102.5	100.9	102.0	100.2
城镇居民消费价格指数	100.8	102.1	101.5	102.1	101.7	102.1	102.8	102.3	101.0	102.0	100.3
农村居民消费价格指数	99.9	101.8	101.3	101.9	101.3	102.1	103.2	103.0	100.7	102.0	100.1
按第一种构成项划分的居民消费价格指数 (1)											
食品	…	103.1	102.3	…	…	…	…	…	…	…	…
烟酒及用品	…	99.4	102.1	…	…	…	…	…	…	…	…
衣着	…	102.4	102.7	…	…	…	…	…	…	…	…
服装	…	102.6	102.8	…	…	…	…	…	…	…	…
家庭设备用品及服务	…	101.2	101.0	…	…	…	…	…	…	…	…
医疗保健和个人用品	…	101.3	102.0	…	…	…	…	…	…	…	…
交通和通信	…	99.9	98.3	…	…	…	…	…	…	…	…
娱乐教育文化用品及服务	…	101.9	101.4	…	…	…	…	…	…	…	…
居住类	…	102.0	100.7	…	…	…	…	…	…	…	…
租金	…	103.3	102.6	…	…	…	…	…	…	…	…
电力	…	100.2	100.0	…	…	…	…	…	…	…	…
管道燃气	…	100.8	100.4	…	…	…	…	…	…	…	…
按第二种构成项划分的居民消费价格指数 (1)											
食品烟酒	…	…	…	103.8	99.6	101.9	107.0	108.3	99.7	102.4	100.3
衣着	…	…	…	101.4	101.3	101.2	101.6	99.8	100.3	100.5	101.0
居住	…	…	…	101.6	102.6	102.4	101.4	99.6	100.8	100.7	100.0
生活用品及服务	…	…	…	100.5	101.1	101.6	100.9	100.0	100.4	101.2	100.1
交通通信	…	…	…	98.7	101.1	101.7	98.3	96.5	104.1	105.2	97.7
教育文化娱乐	…	…	…	101.6	102.4	102.2	102.2	101.3	101.9	101.8	102.0
医疗保健	…	…	…	103.8	106.0	104.3	102.4	101.8	100.4	100.6	101.1
其他用品及服务	…	…	…	102.8	102.4	101.2	103.4	104.3	98.7	101.6	103.2
生产者价格指数											
按供应分类											

表 5.2.2 价格指数——中国

（续表 1）

	2000	2014	2015	2016	2017	2018	2019	2020	2021	2022	2023
工业品[(2)]	102.8	98.1	94.8	98.6	106.3	103.5	99.7	98.2	108.1	104.1	97.0
农产品[(3)]	…	99.1	98.7	100.2	100.6	100.3	103.0	104.8	103.9	104.7	99.4
按加工过程分类											
原材料[(4)]	105.1	97.8	93.9	98.0	108.1	104.1	99.3	97.7	111.0	106.1	96.4

资料来源：

中国国家统计局。

脚注：

(1) 由于 2001 年 CPI 分类做了调整，所以没有 2000 年 CPI 构成项数据。2016 年 CPI 分类做了较大调整，部分分类名称和内涵改变，和历史数据不可比。

(2) 工业品生产者价格指数是指工业生产者出厂价格指数。

(3) 农产品价格指数是指农副食品加工业价格指数。

(4) 原材料价格指数是指工业生产者购进原材料、燃料和电力价格指数。

表 5.2.3 价格指数——埃及

（上年 =100）

	2014	2015	2016	2017	2018	2019	2020	2021	2022	2023
消费价格指数(总指数)	50.0	55.4	63.4	82.8	94.4	102.5	107.8	114.0	131.0	177.4
食品和非酒精饮料	45.9	50.9	59.7	83.2	94.1	100.0	99.4	104.6	130.9	214.1
酒精饮料、烟草和麻醉剂	44.8	55.2	60.2	79.5	95.5	101.1	110.4	115.5	124.5	176.6
衣着和鞋类	55.3	59.8	66.7	82.8	96.2	102.9	105.8	107.8	118.3	144.1
住房、水、电、气和其他燃料	65.8	71.4	74.8	81.9	94.0	103.6	109.2	114.2	121.5	130.5
家具、家用设备和日常家居维护	56.2	59.0	67.7	88.0	97.7	101.0	103.7	106.1	119.5	165.1
医疗	56.2	59.1	73.9	90.8	97.4	104.7	113.8	118.6	126.9	150.5
交通	47.1	52.2	56.0	71.6	89.9	106.3	116.4	122.4	136.3	161.3
通讯	88.7	88.5	89.1	93.3	100.0	100.6	103.4	103.9	104.6	106.1
娱乐和文化	47.1	52.5	59.7	80.8	95.4	106.2	114.7	122.9	155.3	198.1
教育	50.9	61.3	68.6	78.7	93.2	110.7	142.7	178.3	200.1	211.5
餐饮和住宿	49.2	56.1	68.0	85.5	94.6	104.4	112.2	115.8	138.0	202.5
杂项商品和服务	52.8	55.0	62.4	80.4	95.9	103.2	109.2	117.3	129.1	165.0

表 5.2.4 价格指数——埃塞俄比亚

（比上年上涨，%）

	2014	2015	2016	2017	2018	2019	2020	2021	2022	2023
消费价格指数	8.1	7.7	9.7	6.2	14.4	12.6	19.9	20.2	33.8	32.5
生产者价格指数	8.2	5.5	7.7	4.1	11.6	26.2	22.8	24.4	…	…

资料来源：

埃塞俄比亚统计局。

表 5.2.5 价格指数——印度

	2000	2014	2015	2016	2017	2018	2019	2020	2021	2022	2023
消费价格指数(总指数)[3]											
食品和饮料	…	121.3	127.7	134.5	136.9	139.2	144.2	156.8	162.5	173.6	185.0
烟草和麻醉剂	…	118.4	129.4	139.0	148.3	158.3	165.3	179.1	190.7	194.8	201.8
衣着和鞋类	…	118.7	125.8	132.4	138.5	145.0	147.5	151.7	160.8	176.2	186.9
住房	…	114.7	120.2	126.5	133.7	143.8	150.7	156.0	161.6	168.1	175.4
燃料及照明	…	113.6	119.6	123.6	130.5	139.6	140.2	144.5	159.2	175.1	182.1
杂项	…	112.6	116.4	121.4	126.3	133.0	139.3	147.7	157.6	167.8	176.3
总指数	…	117.4	123.1	129.2	133.5	138.8	143.9	153.5	161.4	172.2	181.9
消费价格指数(产业工人)[1]											
食品和饮料	101.8	106.7	106.3	105.6	101.3	100.6	105.8	106.9	104.1	106.2	106.8
烟草和麻醉剂	…	109.8	111.2	107.7	108.4	107.8	103.7	105.1	108.1	105.1	106.9
衣着和鞋类	104.3	105.0	104.3	104.1	103.9	103.8	102.3	102.3	103.4	106.2	107.5
住房	106.0	105.2	106.4	105.3	103.0	118.4	118.6	106.1	102.4	103.4	103.8
燃料及照明	117.6	105.8	103.3	100.8	103.2	104.7	104.1	107.1	121.3	113.3	101.9
杂项	…	106.2	104.4	104.2	104.0	104.7	104.1	102.8	103.8	105.9	105.6
总指数	104.0	106.5	105.7	105.0	102.6	105.0	107.4	105.7	104.8	105.9	105.6
分产品的批发价格指数[2]											
所有产品	106.3	114.8	110.3	110.3	114.1	118.9	121.2	121.8	135.0	151.3	151.3
初级产品	102.7	125.2	123.9	127.9	130.2	132.9	141.2	144.7	155.1	175.4	181.1
燃料和能源	…	114.6	90.1	82.2	92.2	103.4	101.7	93.3	116.1	155.2	152.7
电力	115.9	105.1	106.3	103.7	103.8	108.7	110.0	109.8	113.7	137.6	144.9
制成品	102.7	111.2	109.7	109.8	112.9	117.2	118.1	119.6	131.7	142.1	140.6
食品	…	124.9	126.3	133.2	137.1	137.1	145.0	152.4	160.3	173.0	177.9

资料来源：

1. 印度统计和计划执行部。
2. 印度劳动与就业部劳动局。
3. 印度商工部经济顾问办公室。

脚注：

(1) 2014 年至 2020 年 8 月，产业工人的消费价格指数以 2001 年为基期。该系列自 2020 年 9 月起以 2016 年为基期。

(2) 2000 年数据以 1993-1994 财年为基期，2014 年以后数据以 2011-12 财年为基期。批发价格指数以 2011-12 财年为基期自 2017 年 4 月起启用。

(3) 2012 年 =100。

表 5.2.6 价格指数——伊朗

(2021 年 =100)

	2000	2014	2015	2016	2017	2018	2019	2020	2021	2022	2023
消费价格指数(总指数)	20.8	23.8	26.4	28.2	30.6	38.8	52.3	71.3	100.0	145.8	205.1
食品、非酒精饮料和烟草	16.7	18.2	20.0	21.5	24.1	33.3	47.5	66.0	100.0	170.5	240.8
1.食品和非酒精饮料	16.7	18.3	20.1	21.5	24.2	33.1	47.3	65.8	100.0	171.2	241.7
食物	16.8	18.4	20.2	21.7	24.4	33.4	47.5	65.9	100.0	173.2	244.3
面包和谷物	19.2	21.4	24.2	26.2	28.4	34.1	45.5	67.5	100.0	176.0	212.8
肉类和白肉	17.1	18.2	19.0	21.1	24.2	35.9	53.8	67.9	100.0	164.6	304.6
肉类和白肉制品	17.8	18.8	19.3	21.5	25.0	37.0	55.2	69.0	100.0	167.6	313.3
红肉和禽肉	13.3	15.3	17.3	18.9	19.8	29.5	46.0	61.3	100.0	138.3	227.1
鱼类和海鲜	15.9	18.1	19.8	20.9	23.0	30.8	41.7	62.3	100.0	185.8	247.8
油脂	19.3	20.9	21.7	22.9	25.0	32.9	42.8	62.1	100.0	324.0	371.4
水果和干果	15.8	17.2	20.0	19.9	22.0	33.8	45.9	68.9	100.0	144.1	213.3
蔬菜(豆类和蔬菜)	13.6	14.6	16.3	17.8	22.6	30.1	46.9	62.2	100.0	163.6	211.6
糖、果酱、蜂蜜、巧克力和糖果(糖、糖块和糖果)	16.7	18.7	20.4	22.1	23.3	29.1	44.0	62.4	100.0	160.5	218.8
未注明的其他食品	17.1	19.8	21.4	22.6	24.0	38.4	56.8	66.7	100.0	152.8	192.9
茶、咖啡、可可和果汁(非酒精饮料)	14.0	15.5	16.6	18.0	19.9	28.0	43.8	64.7	100.0	131.2	189.9
2.烟草	16.1	16.6	17.1	19.2	20.5	41.5	53.9	73.6	100.0	139.4	198.0
非食品类物品和服务	22.9	26.9	30.0	32.0	34.2	41.8	54.9	74.3	100.0	135.4	190.2
3. 衣着和鞋类	18.0	20.9	22.7	24.1	25.5	33.1	47.6	66.1	100.0	147.5	217.0
4.住房、水、电、气和其他燃料	28.3	33.4	38.2	40.6	43.5	50.9	62.9	78.8	100.0	132.3	184.3
住房	29.0	33.9	37.8	39.6	42.4	50.2	61.8	78.7	100.0	132.9	185.8
住房租金(服务)	29.2	34.1	38.0	39.8	42.5	50.4	62.0	78.8	100.0	132.8	185.4
住宅维护和维修服务	21.2	25.2	28.2	30.4	32.3	38.4	49.6	69.1	100.0	147.2	220.7
水、电和燃料	26.8	33.5	43.7	48.9	53.9	56.6	73.2	80.3	100.0	122.8	160.1
5.家具、家用设备和日常家居维护	16.8	18.7	19.8	20.7	21.8	31.2	46.6	68.2	100.0	135.2	184.7
6.卫生和医疗服务	23.1	27.9	32.2	35.1	37.7	44.1	55.5	72.1	100.0	143.2	204.5

表 5.2.6 价格指数——伊朗

（续表 1）

	2000	2014	2015	2016	2017	2018	2019	2020	2021	2022	2023
7.交通	15.7	19.4	21.3	22.4	23.5	29.9	43.9	72.8	100.0	136.3	193.3
购买车辆	…	…	…	12.9	13.5	20.7	34.0	68.5	100.0	144.8	206.9
私人交通工具使用	…	…	…	33.9	35.1	40.3	56.5	82.2	100.0	125.2	168.1
公共交通服务	…	…	…	29.1	31.5	37.7	49.7	68.2	100.0	147.2	232.5
8.通信	49.9	52.7	54.3	55.0	56.7	69.9	80.7	94.0	100.0	111.7	133.8
9.娱乐和文化	16.6	19.1	21.2	22.3	24.0	34.5	50.2	71.5	100.0	136.6	196.4
10.教育	26.9	31.4	36.6	41.3	46.0	54.0	65.8	80.0	100.0	132.5	182.0
11.餐饮和住宿	18.1	21.3	24.1	26.2	28.0	34.1	47.7	61.9	100.0	182.7	292.0
12.杂项商品和服务	19.7	21.7	23.4	25.9	27.9	37.7	51.7	71.0	100.0	133.9	188.2
消费价格指数（总指数，不含租金）	18.4	21.0	23.3	25.0	27.2	35.5	49.6	69.2	100.0	152.3	215.0
货物	16.1	18.7	20.9	22.3	24.4	32.9	47.5	68.2	100.0	155.9	219.9
服务	29.2	33.0	36.4	39.0	41.8	49.4	61.0	77.0	100.0	134.7	188.8
耐用品	…	…	…	15.0	15.8	25.0	38.9	70.7	100.0	137.4	197.5
非耐用品	…	…	…	23.9	26.4	34.9	49.5	67.8	100.0	160.4	223.9
半耐用品	…	…	…	21.7	23.1	31.3	46.3	66.9	100.0	144.9	217.9
新鲜食品	…	…	…	20.0	23.3	33.6	48.6	65.5	100.0	166.6	259.4
其他食品	…	…	…	23.9	25.8	33.0	46.2	66.3	100.0	180.9	227.0
一般商品和服务	…	…	…	52.6	55.9	58.7	73.9	88.1	100.0	113.3	134.1

表 5.2.7 价格指数——俄罗斯

（上年 =100）

	2000	2014	2015	2016	2017	2018	2019	2020	2021	2022	2023
消费价格指数(总指数)	120.8	107.8	115.5	107.1	103.7	102.9	104.5	103.4	106.7	113.8	105.9
食品[(1)]	117.5	110.1	119.1	106.0	103.0	101.7	105.1	103.9	108.4	114.9	104.4
非食品商品	122.7	105.4	114.2	108.2	104.0	103.4	103.8	103.3	107.1	115.2	104.2
服务	131.8	108.1	112.4	106.9	104.2	103.9	104.6	102.7	103.8	110.1	110.4
住房	133.8	109.7	119.5	107.7	105.1	103.6	103.9	103.3	103.5	106.6	108.7
公用事业	137.4	107.9	107.5	107.2	105.0	104.2	106.0	102.9	103.7	104.8	110.2
生产者价格指数											
农产品	136.5	107.9	114.1	103.8	97.7	99.2	108.4	100.7	118.9	105.4	97.5
工业品[(2)]	147.1	106.1	113.8	104.3	107.6	111.9	102.9	97.1	124.5	111.4	104.0

资料来源：

俄罗斯联邦统计局。

脚注：

(1) 包括含酒精饮料和餐饮。

(2) 按经济活动类别划分的综合指数“采矿和采石”、“制造业”、“电力、天然气、蒸汽和空调供应”、“供水、除水、废物管理和污染清理活动”。

表 5.2.8 价格指数——南非

（消费者价格指数 2021 年 12 月 =100）
（生产者价格指数 2020 年 12 月 =100）

	2000	2014	2015	2016	2017	2018	2019	2020	2021	2022	2023
消费价格指数(总指数)[1]	…	70.8	74.1	78.8	82.9	86.8	90.3	93.3	97.5	104.2	110.4
城市居民消费价格指数	…	70.8	74.1	78.8	82.9	86.8	90.3	93.3	97.5	104.2	110.4
农村居民消费价格指数[2]	…	71.5	74.4	80.3	84.0	86.9	90.4	93.1	97.7	105.5	113.3
按构成项划分的消费价格指数[1]											
居住[3]	…	70.2	74.4	78.9	83.0	87.0	91.3	94.7	97.7	102.1	106.9
食品[4]	…	66.1	69.5	77.0	82.4	85.1	87.7	91.9	97.8	107.1	118.8
电力[5]	…	54.4	59.5	64.9	67.9	71.5	78.2	85.2	93.8	104.2	116.4
服装	…	80.8	85.3	89.8	93.0	94.9	97.0	98.1	99.3	101.6	104.5
租金	…	76.5	80.3	84.5	88.8	92.8	96.2	98.2	99.1	101.3	103.9
生产者价格指数[6]											
按供应来源划分											
国内供应[7]	100.0	…	…	…	…	…	…	…	…	…	…
农产品[7]	100.0	…	…	…	…	…	…	…	…	…	…
最终制成品[8]	…	57.2	59.2	63.4	66.5	70.1	73.4	75.2	80.5	92.1	98.3
农业[8]	…	54.7	57.5	67.1	66.5	66.8	64.4	67.5	75.4	86.7	92.7

资料来源：

南非统计局。

脚注：

数据不连续，2008 年前的指数不是官方数据；链接因子被用来计算连续的时间序列数据。这些因子包括：所有项目，城市地区，农村地区，居住类价格指数，食品类价格指数，电力类价格指数，服装类价格指数和租金类价格指数。

(1) 基年：2021 年 12 月 =100。

(2) 2000-2008 年总指数覆盖范围为一类地区，此后覆盖一类和二类地区。

(3) 包括所有居住类指数，即房租、自有住房虚拟房租，公用事业费和维护费，但 2000-2007 年不包括电费。从 2008 年起，自有住房的计算方法有所改变。

(4) 只包括食品（不包括非酒精饮料）。

(5) 包括电费和其他固体、液体燃料费用。

(6) 基年：2023 年 12 月 =100。

(7) 2012 年 12 月前后数据不可比。

(8) 2013 年 1 月引入，时间序列数据开始于 2012 年 1 月，基年为 2023 年 12 月份 =100。

表 5.2.9 价格指数——阿联酋

(2021 年 =100)

	2014	2015	2016	2017	2018	2019	2020	2021	2022	2023
消费价格指数(总指数)	93.5	97.3	98.9	100.9	103.9	101.9	99.8	100.0	104.8	106.5
食品和饮料	91.3	92.4	93.3	94.5	97.8	96.4	100.0	100.0	107.2	111.3
烟草	48.8	49.4	49.9	59.0	92.7	94.5	100.0	100.0	99.7	96.1
纺织品、衣着和鞋类	86.5	85.1	87.8	88.0	101.3	98.7	103.4	100.0	102.9	106.1
住房、水、电、气	103.0	112.1	116.1	117.1	113.4	107.6	103.6	100.0	99.7	102.8
家具和家居用品	92.9	95.0	95.2	96.3	100.7	102.2	99.6	100.0	100.0	103.2
医疗保健	94.0	94.3	96.0	99.7	99.7	99.6	99.6	100.0	102.1	103.5
交通运输	88.7	90.5	86.8	91.5	101.6	97.5	91.9	100.0	122.9	116.1
通信	98.5	98.7	97.9	96.3	99.8	100.0	99.9	100.0	100.6	101.2
娱乐和文化	97.3	97.4	97.7	93.1	101.0	117.3	97.0	100.0	113.0	113.5
教育	82.8	85.9	89.5	93.2	97.0	98.0	99.0	100.0	101.0	102.3
餐饮和住宿	85.9	88.2	90.0	90.9	97.7	99.1	99.3	100.0	107.2	114.3
保险和金融服务	87.0	88.9	89.5	98.9	102.3	102.1	101.3	100.0	100.8	103.3
杂项商品和服务	87.0	88.9	89.5	98.9	102.3	102.1	101.3	100.0	102.2	104.6

资料来源：

阿联酋

联邦竞争力和统计中心。

主要统计指标解释

通用解释

零售价格 是指消费者为每特定单位销售量而支付的货币，包括所有让利和折扣。

消费价格指数 (CPI) 是指消费者在一定时期内购买非生产性消费的商品和服务的零售价格变动情况。它是用来测算当前一个固定篮子的商品和服务的价格相对于基期价格的比率。CPI 按月计算，是通过观察零售贸易和服务单位以及商品市场、混合市场和食品市场价格的变化以及上一年份住户消费支出结构数据计算的。

生产者价格指数 是衡量生产者价格在一定时期内平均变化的指标。它反映的是在交易的早期阶段的大宗交易。与大宗交易相关的生产者价格有多种叫法，例如农业收获价格、批发价格、收购价格、保障性价格、管制价格、进口价格、远期价格等等。反映早期阶段的交易价格的批发价格指数与生产者价格大致一致。

国家解释

巴西

巴西国家地理与统计局 (IBGE) 是巴西负责计算**扩展的全国消费价格指数 (IPCA)** 的政府机构。IPCA 是巴西主要的度量通货膨胀的官方指标，并被巴西中央银行用于监测通货膨胀目标体系。IPCA 每月发布，它反映了城市家庭情况。这些家庭的月收入在最低工资的 1-40 倍之间变动。IPCA 的覆盖范围包括巴西的 9 个大都市地区，戈亚尼亚和巴西首都巴西利亚。该项调查代表了地理范围覆盖 90% 的城市地区。

这一指标监控了巴西住户部门消费货物和服务固定购物篮的价格变动情况，是巴西消费支出调查的基础，而消费支出调查描述了巴西家庭的消费习惯。巴西国家地理与统计局在计算 CPI 时采用的权重是基于 2017/2018 年的消费支出调查。

服装 包括男装、女装和童装；鞋类及其附属品；珠宝和饰品；纤维织物和缝纫用品。

中国

居民消费价格指数 是反映一定时期内城乡居民所购买的生活消费品价格和服务项目价格变动趋势和程度的相对数，是对城市居民消费价格指数和农村居民消费价格指数进行综合汇总计算的结果。该指数可以观察和分析消费品的零售价格和服务项目价格变动对城乡居民实际生活费支出的影响程度。

工业品生产者出厂价格指数 是反映一定时期内全部工业产品出厂价格总水平的变动趋势和程度的相对数，包括工业企业第一次售给本企业以外所有单位的各种产品和直接售给居民用于生活消费的产品。该指数可以观察出厂价格变动对工业总产值及增加值的影响。

埃塞俄比亚

消费价格指数 (比上年上涨，%) 价格指数是衡量一组价格随时间变化的比例或百分比。消费价格指数 (CPI) 衡量家庭消费的商品和服务价格的变化。

生产者价格指数 (比上年上涨，%) 生产者价格指数 (PPI) 是关键的经济指标，也是政府决策的重要依据。埃塞俄比亚农业生产者价格指数 (Ag-PPI) 衡量农民农产品销售价格的平均变化。

印度

消费价格指数 从 2011 年 1 月起，印度统计和计划执行部国家统计局价格统计司开始按月编制印度及各邦农村、城市和总体消费价格指数，基准年为 2010 年 =100。2015 年 1 月，消费物价指数的基准年从 2010 年 =100 修订为 2012 年 =100，方法上也与国际惯例接轨。

批发价格指数 印度批发价格指数是由商务和工业部经济顾问办公室负责编制的。目前该指数基期为 2011/2012 年，数据发布频率为每月一次。根据国民核算总产出选择商品篮子和权重。该指数由初级产品组的“食品”和制成品组的“产品”组成。目前对于工业制成品采用的是出厂和出矿价格，对于农产品采用的一级批发市场的报价。数据的采集采用的是通信和填报的方式。不同单位通过网上填报系统报送信息。

消费价格指数 (产业工人) 在印度，消费者价格指数 (产业工人) 由劳工就业部劳工局每月编制。以 2016 年为基期。

俄罗斯

消费价格指数 (CPI) 测算了消费者为了非生产的消费目的而在一定时间内购买的货物和服务的价格变动情况，即固定篮子内主要货物和服务以当前价格计算的价值与基期价格相比的变动情况。CPI 数据每个月搜集一次，其计算既基于所监测的零售贸易、服务业、商品、食物市场的价格变动情况，亦基于两年前的家庭消费支出结构。CPI 基于城市人口计算，然后扩展到整个人口。

生产者价格指数 (PPI) 其编制基于 10000 家基础（主要）机构的代表性产品的调查价格，自 2020 年起对于超过 1200 种产品计算平均价格和价格指数。产品价格为在国内市场销售的工业品的实际价格（不包括间接税）。代表性产品的 PPI 计算是通过型号、种类、类别、经济活动部门逐级汇总的。以基期价值量计算的生产物量数据被用作权重。

南非

数据不连续，2008 年前的指数非官方数据；链接因子被用于计算连续的时间序列数据。这些因子包括：所有项目，城市地区，农村地区，居住类价格指数，食品类价格指数，电力类价格指数，服装类价格指数和租金类价格指数。

阿联酋

消费价格指数 是一种统计工具，用于衡量消费品和服务价格随时间的变化。它被广泛用作衡量通货膨胀和经济衰退趋势的准确指标。消费价格指数是衡量货币购买力变化的一种手段。价格指数通常是编制国民账户的重要工具之一，它使国民总收入不受价格变化的影响。

消费者价格 消费者为获得满足家庭需求的商品或服务而支付的价格。

分组 消费者用于家庭目的的一组商品和服务。

拉氏指数 统计学家拉斯贝尔斯开发的一个数学方程，用于通过将比较年的价格除以基准年的价格和基准年权重来计算价格指数。

价格指数 两个时间段内某种商品和服务价格的平均比例变化。

基期 与当前期间相比的时间段。指统计数据用作索引或比较基础的期间。

基期价格 与当前价格进行比较的商品和服务的价格。

相对重要性 消费者篮子中商品和服务重要性的比率。

消费者价格 消费者为获得满足家庭需求的商品或服务而支付的价格。

生产者价格指数 生产者价格指数用于监测市场上使用的国内商品价格的变化，由此确定价格趋势和市场状况。

拉氏公式 一个数学方程（由统计学家拉斯贝尔斯发明），通过使用基本数量（权重）加权的价格水平来计算指数。

第六章　居民生活水平

表 6.1 居民生活水平概况

	2000	2014	2015	2016	2017	2018	2019	2020	2021	2022	2023
每百人小汽车拥有量(辆)											
巴西[1]	8.8	4.9[32]	…	…	…	…	…	…	…	…	…
中国	…	…	7.5	9.1	9.8	10.8	11.6	12.2	13.6	14.3	16.8
城镇	0.2	9.0	10.5	12.3	13.0	13.9	14.6	15.2	16.7	17.2	19.8
农村	0.1	3.4	4.1	5.3	6.0	6.9	7.8	8.4	9.6	10.4	12.6
埃及	…	4.8	5.0	5.2	5.6	5.6	5.8	5.2	5.3	5.3	5.3
埃塞俄比亚	…	…	…	…	…	…	…	…	…	…	…
印度[2]	0.7	2.1	2.3	2.4	2.6	2.8	2.9	3.3	3.5[P]	3.6[P]	…
伊朗	…	…	…	…	…	…	…	…	…	…	…
俄罗斯[3]	13	28	29	29	30	31	31	32	32	33	33
南非[4]	…	8	8	8	8.3	8.8	9.2	8.9	8.8	9.3	9.2
阿联酋	…	…	…	…	…	…	…	…	…	…	…
实际年平均工资增长率(%)											
巴西[5][6][7]	…	3.0	−3.3	3.2	−1.1	2.7	−0.5	−1.2	−3.4	−0.4	7.0
中国[8]	11.3	7.2	8.5	6.7	8.2	8.6	6.8	5.2	8.6	4.6	5.5
埃及	…	…	…	…	…	…	…	…	…	…	…
埃塞俄比亚	…	…	…	…	…	…	…	…	…	…	…
印度	…	…	…	…	…	…	…	…	…	…	…
伊朗	…	…	…	…	…	…	…	…	…	…	…
俄罗斯	20.9	1.2	−9.0	0.8	2.9	8.5	4.8	3.8	4.5	0.3	8.2
南非	…	…	…	…	…	…	…	…	…	…	…
阿联酋	…	…	…	…	…	…	…	…	…	…	…
R&D支出占GDP比重(%)											
巴西[9]	…	0.8	…	1.3[10]	1.3[10]	…	…	…	…	…	…
中国	0.9	2.0	2.1	2.1	2.1	2.1	2.2	2.4	2.4	2.6	2.6
埃及	…	…	…	…	0.1	0.1	0.1	0.2	…	…	…
埃塞俄比亚	…	…	…	…	…	…	…	…	…	…	…
印度	0.7	0.7	0.7	0.7	0.7	0.7	0.7	0.6	…	…	…
伊朗	…	…	…	…	0.8	…	0.8	…	0.7	…	…
俄罗斯	1.1	1.1	1.1	1.1	1.1	1.0	1.0	1.1	1.0	0.9	1.0
南非	…	0.8	0.8	0.8	0.8	0.8	…	…	…	0.8	…
阿联酋	…	0.7	0.9	1.0	0.9	1.3	1.3	1.5	1.5	…	…
R&D人员全时当量(万人/年)											
巴西	…	…	…	…	…	…	…	…	…	…	…
中国	92.2	371.1	375.9	387.8	403.4	438.1	480.1	523.5	571.6	635.4	724.1
埃及	…	…	…	…	…	…	…	…	…	…	…
埃塞俄比亚	…	…	…	…	…	…	…	…	…	…	…
印度	9.4	…	28.3	…	…	34.2[11]	…	…	36.2[11]	…	…
伊朗	…	…	…	…	18.4	…	20.4	…	26.5	…	…
俄罗斯	100.7	82.9	83.4	80.2	77.8	75.8	75.4	74.9	72.9	73.7	73.6
南非	…	3.8	4	4.3	4	4	…	…	…	…	…
阿联酋	…	…	2	2	2	4	4	4	4	…	…

表 6.1 居民生活水平概况

（续表 1）

	2000	2014	2015	2016	2017	2018	2019	2020	2021	2022	2023
公共教育支出占GDP比重(%)											
巴西[12]	3.9	5.7	6.2[13]	…	…	…	…	…	5.2	…	…
中国[14]	2.9	4.1	4.3	4.2	4.1	4.1	4.0	4.2	4.0	4.0	4.0
埃及	…	3.6	3.5	3.4	2.6	2.1	1.9	2.0	2.0	2.0	…
埃塞俄比亚	…	…	…	…	…	…	…	…	…	…	…
印度[23]	…	4.3	4.4	4.4	4.4	4.4	4.5	4.7	4.3	4.5	…
伊朗	…	…	…	…	…	…	…	…	…	…	…
俄罗斯[16]	2.9	3.8	3.7	3.6	3.6	3.5	3.7	4.0	3.5	…	…
南非[17]	…	6.3	6.3	6.3	6.3	6.4	6.6	6.9	7.1	6.8	…
阿联酋	…	…	…	…	…	…	3.9	4.0	3.9	…	…
平均受教育年限(年)											
巴西[18]	…	…	…	9.4	9.5	9.7	9.8	…	…	10.1	10.2
中国[19]	…	9.3	9.4	9.4	9.6	9.6	9.7	9.9	…	10.1	10.1
埃及	…	…	…	…	…	…	…	…	…	…	…
埃塞俄比亚	…	…	…	…	…	…	…	…	…	…	…
印度[33]	8.2	12.2	12.3	12.7	12.5	11.8	11.8	12.1	12.4	13.0	12.9
伊朗	…	…	…	…	…	…	…	…	…	…	…
俄罗斯[20]	…	14.9	15.2	15.2	14.9	15.5	15.5	13.5	13.4	13.4	…
南非	…	9.4	9.8	9.9	9.9	10	10.1	10.3	10.3	10.4	10.4
阿联酋	…	…	…	…	12.06	12.48	12.69	…	12.77	12.99	…
公共医疗支出占GDP比重(%)											
巴西	3.9	…	…	…	4.0[21]	…	…	…	4.5	…	…
中国[22]	4.6	5.5	5.9	6.2	6.3	6.4	6.7	7.1	6.7	7.1	7.2
埃及	…	1.3	1.4	1.4	1.3	1.1	1.1	1.2	1.3	1.3	…
埃塞俄比亚	…	…	…	…	…	…	…	…	…	…	…
印度[23]	…	1.1	1.2	1.2	1.2	1.3	1.3	1.5	1.6	1.4	…
伊朗	…	…	…	…	…	…	…	…	…	…	…
俄罗斯[16]	2.1[24]	3.2	3.4	3.6	3.1	3.2	3.5	4.6	3.8	…	…
南非[25]	…	4.1	4.2	…	…	…	…	…	…	…	…
阿联酋	…	…	…	…	…	…	…	3.6	3.4	…	…
基尼系数											
巴西[7][26]	…	…	…	0.535	0.533	0.540	0.538[27]	…	…	0.518	0.518
中国[28]	…	0.469	0.462	0.465	0.467	0.468	0.465	0.468	0.466	0.467	0.465
埃及	0.300	…	0.300	…	…	0.300	…	0.300	…	…	…
埃塞俄比亚	…	…	…	…	…	…	…	…	…	…	…
印度[29]	…	…	…	…	…	…	…	…	…	…	…
城镇	0.342	…	…	…	…	…	…	…	…	…	0.314
农村	0.260	…	…	…	…	…	…	…	…	…	0.266
伊朗	0.432	0.379	0.385	0.390	0.398	0.409	0.399	0.401	0.394	0.388	…
俄罗斯[30]	0.395	0.414	0.411	0.411	0.410	0.414	0.412	0.406	0.409	0.398	0.405
南非[31]	0.640	…	0.648	…	…	…	…	…	…	…	…
阿联酋	…	0.325	…	…	…	…	0.295	0.295	…	…	…

资料来源：

巴西

1. 巴西国家地理与统计局，全国住户抽样调查，2014-2023 年。
2. 教育支出数据由巴西教育部国家学习与教育研究院汇编。
3. 全国汽车制造商协会，《巴西汽车工业年鉴》，2015 年。
4. 巴西国库局。
5. 联合国教科文组织统计研究所 (UIS) 数据库。
6. 世界卫生组织 (WHO) 数据库。
7. 世界银行贫困与公平数据库。

中国

1. 中国国家统计局，全国住户调查，2013-2023 年；中国城镇住户调查，2000-2012 年；中国农村住户调查，2000-2012 年。
2. 中华人民共和国教育部，《全国教育经费执行情况统计公告》，2000-2023 年。
3. 中华人民共和国国家卫生健康委员会，《中国卫生健康统计年鉴》，2001-2024 年。

印度

1. 印度道路运输及公路部。
2. 印度统计和计划执行部。
3. 印度科技部。
4. 印度教育部。

俄罗斯

1. 俄罗斯联邦统计局。
2. 俄罗斯联邦内务部。
3. 联合国教科文组织统计研究所 (UIS) 数据库。

南非

1. 南非统计局：合并后的一般政府财政统计 - 时间序列概要数据，2004/2005 - 2015/2016。
2. 南非统计局：《年度、季度和地区国内生产总值》，2017 年第四季度。
3. 南非人文科学研究理事会，《南非研究和试验发展概况统计报告，2017-2018 年》。
4. 南非统计局：合并后的一般政府财政统计 - 年度发布数据，2004/2005 - 2015/2016。

阿联酋

联邦竞争力和统计中心 (FCSC)。

脚注：

巴西

(1) 巴西的数据是指每 100 人车辆拥有量。

(5) 经最近人口估算调整后的修正数据。

(6) 就业人口是指 15 岁及以上，并获取劳动报酬的人员。

(7) 除 2020-2022 年，这些指标是根据季度住户调查对象每年第一次接受调查时填写的数据计算的；2020-2022 年，受新冠肺炎疫情的影响，这些指标是根据季度调查中第五次接受调查的数据计算的。

(9) 调查单位的的研发活动支出通常由其本身的生产所致，估值基于成本之和法（中间消费、雇员和临时工的报酬、固定资本消耗），以那些市场生产单位为补充。这些单位可以是生产自用的公共或私营单位，而研发市场生产者则都是私营的。

(10) 用于研发的国内支出总额占 GDP 的比重，数据来自联合国教科文组织统计研究所数据库。

(12) 支出类型可分为以下几组：现役人员开支和社会缴款；其他当前支出；投资和金融投资；2. 这些信息不包括以

下费用：退休金和养老金改革，奖学金和助学贷款，利息和债务负担支出，教育分期贷款，向其他私人部门的经常转移和资本转移。

(13) 政府教育支出占 GDP 的比重，数据来自联合国教科文组织统计研究所 (UIS) 数据库。

(18) 自 2016 年起，这些指标是根据第二季度的信息计算的。由于新冠肺炎疫情大流行，2020 年和 2021 年没有收集数据。

(21) 国内一般政府的卫生支出占 GDP 比重，数据来自世界卫生组织数据库。

(26) 根据家庭收入计算的基尼系数。

(27) 数据来自世界银行贫困与公平数据库。

(32) 估计数据。

中国

(8) 职工年平均工资指企业、事业和机关等单位职工在一年内平均每人所得的货币工资额。

(14) 国家财政性教育经费占 GDP 比重。

(19) 15 岁及以上人口受教育的平均年限。

(22) 为卫生总费用占 GDP 比重。

(28) 基尼系数指标按居民年人均可支配收入计算得出。

(P) 初步数据。

印度

(2) 数据是由当年 3 月 31 日注册车辆数除以总人口得到的，仅 2000 年数据是以 2001 年 3 月 31 日注册车辆数除以总人口得到 (车辆包括小汽车、出租车和吉普车)。

(11) 2017-2018 年全时当量为 2018 年 4 月 1 日数据，2020-2021 年全时当量为 2021 年 4 月 1 日数据。

(23) 印度为财政年度数据，指一般政府支出 (即中央政府和州政府的总支出)。

(29) 住户消费支出的基尼系数是根据全国抽样调查计算的。

(33) 从初等到高等教育的学校预期年限。数据来自来联合国教科文组织统计研究所 (UIS) 数据库。

(P) 初步数据。

俄罗斯

(3) 乘用车。

(16) 在俄罗斯财政部国库局数据的基础上估算。自 2005 以来，包括国家非预算资金预算。

(20) 俄罗斯为期望受教育年限，数据来自联合国教科文组织统计研究所 (UIS) 数据库。

(24) 2000 年包括卫生和体育支出。

(30) 基尼系数是在居民人均收入数据以及住户预算抽样调查数据的基础上计算得出。

(P) 初步数据。

南非

(4) 数据来源于一般住户调查 (GHS)。在该调查中，受访者被询问是否至少拥有一辆车。计算公式为：拥有在用车辆的住户总数量 / 总人口数 ×1000。

(17) 一般政府教育支出占 GDP 比重。

(25) 一般政府医疗支出占 GDP 比重。

(31) 基尼系数基于剔除税收后的人均支出计算得到。

表 6.2.1 居民生活水平——巴西

	2000	2014	2015	2016	2017	2018	2019	2020	2021	2022	2023
收入和支出											
住户人均可支配收入(雷亚尔)	6682	28270	29107	30144	31527	32965	34605	35674	41631	46500	…
住户人均生活消费支出(雷亚尔)	5722	23631	24807	26025	27167	28661	30256	30298	34279	38943	…
住户人均储蓄余额(雷亚尔)	960	4639	4300	4119	4359	4304	4349	5376	7352	7557	…
日均不足1.90美元(PPP法)的贫困人口占总人口比重(%)[1]	…	2.7	3.2	3.9	4.4	4.4	…	…	…	…	…
各组占全部收入或消费的比重(%)[2]											
最低20%人口收入占全部收入的比重(%)	…	3.4	3.4	3.1	3.0	2.9	2.9	3.4	2.8	3.4	3.6
第二个20%人口收入占全部收入的比重(%)	…	7.7	7.7	7.3	7.3	7.2	7.3	7.9	7.2	7.9	7.8
第三个20%人口收入占全部收入的比重(%)	…	12.3	12.4	12.2	12.2	12.1	12.1	12.6	12.2	12.6	12.6
第四个20%人口收入占全部收入的比重(%)	…	19.3	19.4	19.1	19.2	19.0	19.3	19.2	19.3	19.5	19.3
最高20%人口收入占全部收入的比重(%)	…	57.4	57.1	58.3	58.3	58.8	58.5	57.0	58.5	56.6	56.7
五等分高低收入比[2]	…	16.8	16.8	18.8	19.4	20.3	20.3	17.0	21.1	16.6	15.9
生活质量											
食品支出占总消费支出的比重(%)	…	18.7	18.6	19.1	19.2	18.8	18.6	19.7	…	…	…
文盲率(%)[3][4]	…	7.4	7.1	6.7	6.5	6.3	6.1	…	…	5.6	5.4
平均受教育年限(年)[3][4]	…	…	…	9.4	9.5	9.7	9.8	…	…	10.1	10.2
按房间数量划分的住房占比(%)[3]	…	…	…	100	100	100	100	…	…	100	…
1或2个房间	…	…	…	1.8	1.8	1.8	1.8	…	…	1.5	…
3个房间	…	…	…	6.1	6.1	6.1	5.9	…	…	5.7	…
4个房间	…	…	…	14.2	14.5	14.2	14.4	…	…	14.7	…
5个房间	…	…	…	30	29.5	29.2	29	…	…	30.6	…
6个房间	…	…	…	20.1	20.4	20.3	20.5	…	…	20.4	…
7个房间	…	…	…	12	12.1	12.2	12.5	…	…	12.1	…
8个房间及以上	…	…	…	15.8	15.7	16.1	16	…	…	15	…
按卧室数量划分的住房占比(%)[3]	…	…	…	100	100	100	100	…	…	100	…
1间卧室	…	…	…	36.3	37.2	38.1	38.3	…	…	37.6	…
2间卧室	…	…	…	44.9	44.7	44.3	44.1	…	…	45.4	…
3间卧室	…	…	…	16.6	16	15.7	15.6	…	…	15.1	…
4间卧室及以上	…	…	…	2.2	2.1	1.9	1.9	…	…	1.9	…
平均每个住宅居住人数(人)[3]	…	…	…	3.8	3.7	3.7	3.7	…	…	3.6	…
平均每间卧室居住人数(人)[3]	…	…	…	1.7	1.7	1.7	1.7	…	…	1.7	…

表 6.2.1 居民生活水平——巴西

（续表 1）

	2000	2014	2015	2016	2017	2018	2019	2020	2021	2022	2023
按所有权划分的住房占比(%)[3]	…	…	…	100	100	100	100	…	…	100	…
自住	…	…	…	72.8	72.3	71.2	71.2	…	…	69.8	…
出租	…	…	…	18.5	18.5	19.2	19.3	…	…	21.1	…
免房租	…	…	…	8.5	9.0	9.4	9.2	…	…	8.8	…
其他	…	…	…	0.2	0.2	0.2	0.2	…	…	0.2	…
按设备划分的住房占比(%)[3]											
电视	…	…	…	97.3	96.8	96.4	96.1	…	…	94.7	…
无线电收音机	…	…	…	…	…	…	…	…	…	…	…
计算机	…	…	…	47.6	45.1	43.9	42.3	…	…	41.5	…
互联网接入	…	…	…	44.9	43.6	43	41.7	…	…	41.2	…
电冰箱	…	…	…	98.1	98.1	98	98.1	…	…	98.4	…
至少有一个房间使用自来水占比(%)[3]	…	…	…	95.4	95.3	95.7	95.7	…	…	96.1	…
使用燃气做饭的住房占比(%)[3]	…	…	…	98.4	98.3	98.2	98.1	…	…	98.3	…
文化、教育和卫生											
家庭在教育、文化和娱乐方面的支出占比(%)	…	…	…	…	…	…	…	…	…	…	…
在校学生数(万人)[5]	5611.5	5662.9	5517.4	5683.0	…	…	…	…	…	…	…
学前教育(ISC 0)	601.2	784.0	797.2	827.9	…	…	…	…	…	…	…
小学(ISC 1)	2122.5	1663.0	1629.9	1611.8	1610.7[6]	…	…	…	…	…	…
初中(ISC 2)	1693.5	1428.5	1381.4	1367.8	1341.4[6]	…	…	…	…	…	…
高中(ISC 3)	916.2	994.0	1071.0	968.7	970.4[6]	…	…	…	…	…	…
高等教育第一阶段(ISC 5)	269.4	784.0	627.7	828.5	…	…	…	…	…	…	…
研究生及以上(ISC 6)	8.7	9.4	10.2	10.7	…	…	…	…	…	…	…
25岁及以上人口接受过高等教育的比重(%)	…	…	…	15.4	15.8	16.6	17.5	…	…	19.2	19.7
医院床位数(张/千人)	2.9	2.2[7]	2.2[7]	…	…	…	…	…	…	…	…

资料来源：

1. 巴西国家地理与统计局，《住户预算调查》，2002-2003 年和 2008-2009 年；《全国住户抽样调查》，2006-2014 年；医疗卫生援助调查；国民经济核算体系，2000-2010 年。
2. 巴西教育部国家学习与教育研究院、基础教育普查和高等教育普查，以及巴西高等教育人员促进会。
3. 巴西卫生部。
4. 世界银行发展研究组。
5. 世界银行贫困与公平数据库。
6. 联合国教科文组织统计研究所 (UIS) 数据库。
7. 世界卫生组织 (WHO) 数据库。

脚注：

(1) 数据来源于世界银行贫困与公平数据库。
(2) 人口五等分家庭人均收入占比。
(3) 修订数据，根据最新人口数据估计得到。
(4) 15 岁及以上人口。
(5) 教育：
  1) 特殊教育包括在其各自的国际教育标准分类中。
  2) 青年人教育和成人教育包括在其各自的国际教育标准分类中。
  3) 包括特殊教育。
  4) 包括青年人和成人教育。
  5) 包括职业教育。
  6) 包括 ISCED 3 的教师职业培训项目。
  7) 直至 2005 年，硕士教育包括在 ISC 6 中，2006 年以后包括在国际教育标准分类 5A 中 (第二学位或更高学位)。2013 年硕士和博士学位数据还未获得。
(6) 数据来源于联合国教科文组织统计研究所 (UIS) 数据库。
(7) 数据来源于世界卫生组织数据库。

表 6.2.2 居民生活水平——中国

	2000	2014	2015	2016	2017	2018	2019	2020	2021	2022	2023
收入与支出											
住户人均收入(人民币元)											
居民人均可支配收入	3721	20167	21966	23821	25974	28228	30733	32189	35128	36883	39218
城镇居民可支配收入	6256	28844	31195	33616	36396	39251	42359	43834	47412	49283	51821
农村居民可支配收入	2282	10489	11422	12363	13432	14617	16021	17131	18931	20133	21691
住户人均消费支出(人民币元)											
居民人均消费支出	2914	14491	15712	17111	18322	19853	21559	21210	24100	24538	26796
城镇居民消费支出	5027	19968	21392	23079	24445	26112	28063	27007	30307	30391	32994
农村居民消费支出	1714	8383	9223	10130	10955	12124	13328	13713	15916	16632	18175
住户人均储蓄余额(人民币元)(1)	5076	35477	…	…	…	…	…	…	…	…	…
人均不足1.90美元(2011年购买力平价法)的贫困人口占总人口比重(2)(%)	…	1.4	0.7	0.5	0.4	0.3	0.1	…	…	…	…
生活质量											
住户消费支出构成											
全国居民人均消费支出比重(%)	…	100.0	100.0	100.0	100.0	100.0	100.0	100.0	100.0	100.0	100.0
食品烟酒	…	31.0	30.6	30.1	29.3	28.4	28.2	30.2	29.8	30.5	29.8
衣着	…	7.6	7.4	7.0	6.8	6.5	6.2	5.8	5.9	5.6	5.5
居住	…	22.1	21.8	21.9	22.4	23.4	23.4	24.6	23.4	24.0	22.7
生活用品及服务	…	6.1	6.1	6.1	6.1	6.2	5.9	5.9	5.9	5.8	5.7
交通通信	…	12.9	13.3	13.7	13.6	13.5	13.3	13.0	13.1	13.0	13.6
教育文化娱乐	…	10.6	11.0	11.2	11.4	11.2	11.7	9.6	10.8	10.1	10.8
医疗保健	…	7.2	7.4	7.6	7.9	8.5	8.8	8.7	8.8	8.6	9.2
其他用品及服务	…	2.5	2.5	2.4	2.4	2.4	2.4	2.2	2.4	2.4	2.6
城镇居民人均消费支出比重(%)	100.0	100.0	100.0	100.0	100.0	100.0	100.0	100.0	100.0	100.0	100.0
食品烟酒	39.4	30.0	29.7	29.3	28.6	27.7	27.6	29.2	28.6	29.5	28.8
衣着	10.0	8.1	8.0	7.5	7.2	6.9	6.5	6.1	6.1	5.7	5.7
居住	11.3	22.5	22.1	22.2	22.8	24.0	24.2	25.8	24.4	25.2	23.7
生活用品及服务	7.5	6.2	6.1	6.2	6.2	6.2	6.0	6.1	6.0	5.9	5.8
交通通信	8.5	13.2	13.5	13.8	13.6	13.3	13.1	12.9	13.0	12.9	13.6
教育文化娱乐	13.4	10.7	11.1	11.4	11.6	11.4	11.9	9.6	11.0	10.0	10.9
医疗保健	6.4	6.5	6.7	7.1	7.3	7.8	8.1	8.0	8.3	8.2	8.6
其他用品及服务	3.4	2.7	2.7	2.6	2.7	2.6	2.7	2.4	2.6	2.7	2.9

表 6.2.2 居民生活水平——中国

（续表 1）

	2000	2014	2015	2016	2017	2018	2019	2020	2021	2022	2023
农村居民人均消费支出比重(%)	100.0	100.0	100.0	100.0	100.0	100.0	100.0	100.0	100.0	100.0	100.0
食品烟酒	49.1	33.6	33.0	32.2	31.2	30.1	30.0	32.7	32.7	33.0	32.4
衣着	5.7	6.1	6.0	5.7	5.6	5.3	5.4	5.2	5.4	5.2	5.1
居住	15.5	21.0	20.9	21.2	21.5	21.9	21.5	21.6	20.8	21.1	20.3
生活用品及服务	4.5	6.0	5.9	5.9	5.8	5.9	5.7	5.6	5.7	5.6	5.5
交通通信	5.6	12.1	12.6	13.4	13.8	13.9	13.8	13.4	13.4	13.4	13.6
教育文化娱乐	11.2	10.3	10.5	10.6	10.7	10.7	11.1	9.5	10.3	10.1	10.7
医疗保健	5.2	9.0	9.2	9.2	9.7	10.2	10.7	10.3	9.9	9.8	10.5
其他用品及服务	3.1	1.9	1.9	1.8	1.8	1.8	1.8	1.6	1.8	1.8	1.9
农村自来水普及率 (%)	…	…	76.0	79.0	80.0	81.0	82.0	83.0	…	…	…
城市燃气普及率 (%)(3)	45.4	94.6	95.3	95.8	96.3	96.7	97.3	97.9	98.0	98.1	…
城市人均公园绿地面积 (平方米)(3)	3.7	13.1	13.4	13.7	14.0	14.1	14.4	14.8	14.9	15.3	…
文化、教育和卫生											
家庭文教娱乐支出比重(%)	…	10.6	11.0	11.2	11.4	11.2	11.7	9.6	10.8	10.1	10.8
城镇	13.4	10.7	11.1	11.4	11.6	11.4	11.9	9.6	11.0	10.0	10.9
农村	11.2	10.3	10.5	10.6	10.7	10.7	11.1	9.5	10.3	10.1	10.7
按教育层次划分的在校学生数(万人)											
普通高等教育	556	2548	2625	2696	2754	2831	3032	3285	3496	3659	3775
普通中学	7369	6784	6686	6696	6816	7028	7241	7408	7623	7834	8047
普通小学	13013	9451	9692	9913	10094	10339	10561	10725	10780	10732	10836
特殊教育	38	40	44	49	58	67	80	88	92	92	91
学前教育	2244	4051	4265	4414	4600	4656	4714	4818	4805	4628	4093
R & D人员全时当量 (万人/年)	92.2	371.1	375.9	387.8	403.4	438.1	480.1	523.5	571.6	635.4	660.0
25岁及以上人口接受过高等教育的比重(%)	4.3	…	…	…	…	…	…	…	…	…	…
PCT专利申请量(件)(4)	…	26169	30548	44992	50674	55242	60993	72349	73434	74452	73812
执业(助理)医师数(每千人)	1.7	2.1	2.2	2.3	2.4	2.6	2.8	2.9	3.0	3.2	3.4
医院床位数(每千人)(5)	2.4	4.9	5.1	5.4	5.7	6.0	6.3	6.5	6.7	6.9	7.2
艾滋病发病率(1/10万)	0.01	3.33	3.69	3.97	4.15	4.62	5.10	4.43	4.27	3.69	4.18
肺结核发病率(1/10万)	41.68	65.63	63.42	61.00	60.53	59.27	55.55	47.76	45.37	39.76	43.49
疟疾发病率(1/10万)	1.94	0.22	0.23	0.23	0.20	0.18	0.18	0.07	0.06	0.06	0.16

资料来源：

1. 中华人民共和国教育部，《全国教育经费执行情况统计公告》，2000-2023 年。
2. 中华人民共和国国家卫生健康委员会，《中国卫生健康统计年鉴》，2001-2024 年。
3. 中华人民共和国住房和城乡建设部，年度统计资料，2000-2022 年。
4. 中国国家统计局，全国住户调查，2013-2023 年；中国城市住户调查，2000-2012 年；农村住户调查，2000-2012 年。
5. 中国人民银行，《中国金融年鉴》，2000-2022 年。
6. 中国国家统计局，《中华人民共和国 2022 年国民经济和社会发展统计公报》。
7. 世界银行《世界发展指标》数据库 (WDI)。

脚注：

(1) 2015 年及之后无数据。
(2) 世界银行《世界发展指标》数据库 (WDI)。
(3) 2000 年数据与 2012 年以后数据不可比。
(4) 指 PCT 专利申请受理量。
(5) 为每千人医疗卫生机构床位数。

表 6.2.3 居民生活水平——埃及

	2000	2014	2015	2016	2017	2018	2019	2020	2021	2022	2023
家庭年均支出(埃及镑)	10177.5	…	36709.8	…	…	51399.9	…	61907.4	…	…	…
家庭年均净收入(埃及镑)	1222.6	…	44193.8	…	…	58854.9	…	69059.5	…	…	…
国家贫困线以下人口占全部人口比重(%)	16.7	…	27.8	…	…	32.5	…	29.7	…	…	…

表 6.2.5 居民生活水平——印度

	2000	2014	2015	2016	2017	2018	2019	2020	2021	2022	2023
收入和支出											
每月人均消费支出[1]											
城市地区											
总计(卢比)	855	…	…	…	…	…	…	…	…	…	6459
食品(%)	48.1	…	…	…	…	…	…	…	…	…	39.2
燃料和照明(%)	7.8	…	…	…	…	…	…	…	…	…	6.3
服装(%)	6.1	…	…	…	…	…	…	…	…	…	4.6
教育(%)	4.3	…	…	…	…	…	…	…	…	…	5.8
医疗保健(%)	5.1	…	…	…	…	…	…	…	…	…	5.9
农村地区											
总计(卢比)	486.1	…	…	…	…	…	…	…	…	…	3773
食品(%)	59.4	…	…	…	…	…	…	…	…	…	46.4
燃料和照明(%)	7.5	…	…	…	…	…	…	…	…	…	6.7
服装(%)	6.8	…	…	…	…	…	…	…	…	…	5.2
教育(%)	1.9	…	…	…	…	…	…	…	…	…	3.3
医疗保健(%)	6.1	…	…	…	…	…	…	…	…	…	7.1
文化、教育和卫生											
在校学生人数(万人)[2]											
小学入学人数(I–V类)	11380	13050	12912	12381	12238	12023	12169	12202	12184	11242[P]	…
中学入学人数(IX–XII类)	2890	6180	6388	6145	6316	6384	6441	6593	6711	6573[P]	…
高等教育入学人数(大学及以上)	863	3420	3460	3571	3664	3740	3854	4138	4327	…	…
R&D支出占GDP比重(%)	0.7	0.7	0.7	0.7	0.7	0.7	0.7	0.6	…	…	…
R&D人员全时当量(万/人年)	9.4	28.3	…	…	…	34.2	…	…	36.2	…	…
PCT国际专利申请受理量(件)											
总计	107	816	801	693	744	764	966	1019	1054	1197	1956
个人	46	248	235	234	272	274	336	351	332	331	858
法律实体	61	568	566	459	472	490	630	668	722	866	1098
医生数(千人)[3]	556	990	1033	1082	1131	1187	1251	1300	…	1350	…
医院床位数(每千人)[3]	0.5	0.5	0.6	0.5	0.5	0.5	0.6	0.6	0.6	0.6	…
意外死亡人数(非自然原因)(万人)[4]	23.9	43.2	40.3	41.0	38.9	40.5	41.3	36.7	39.0	42.2	…
疾病致死人数(人)											
霍乱(人)	18	5	4	3	3	6	2	2	6	4[P]	…
疟疾(人)	932	562	384	331	194	96	77	93	90	83	83
登革热(人)	7	137	220	245	325	258	193	66	346	303	485
黑热病(人)	150	11	5	0	1	3	6	6	8	0	4
肺结核(人)	10463	63226	63295	62011	56277	73382	89823	76002	88060	85231	…

表 6.2.5 居民生活水平——印度

（续表 1）

	2000	2014	2015	2016	2017	2018	2019	2020	2021	2022	2023
生活质量											
按所有权划分的住房											
自有 (每千户)	…	…	…	…	…	…	…	…	…	…	…
城市	668[5]	…	…	…	…	638	..	…	…	…	…
农村	943[5]	…	…	…	…	960	…	…	…	…	…
租住 (每千户)											
城市	285[5]	…	…	…	…	328	…	…	…	…	…
农村	36[5]	…	…	…	…	28	…	…	…	…	…
其他 (每千户)											
城市	47[5]	…	…	…	…	33	…	…	…	…	…
农村	21[5]	…	…	…	…	12	…	…	…	…	…
按基础设施划分的住房(每千户)											
自来水系统											
农村	243[5]	…	…	…	…	…	…	…	…	…	777
城市	687[5]	…	…	…	…	…	…	…	…	…	…
供电设施											
农村	435[5]	…	…	…	…	…	…	…	…	…	…
城市	876[5]	…	…	…	…	…	…	…	…	…	…
厕所											
农村	219[5]	…	…	…	…	…	…	…	…	…	…
城市	737[5]	…	…	…	…	…	…	…	…	…	…
基尼系数[1][6]											
城市	0.342	…	…	…	…	…	…	…	…	…	0.314
农村	0.26	…	…	…	…	…	…	…	…	…	0.266
文盲率[1][7]											
城市(%)	20.2	14.0	…	…	…	13.3	12.6	12.5	12.2	11.7	10.1
农村(%)	44.2	29.0	…	…	…	27.2	26.1	25.7	24.4	23.7	11.1
拥有自来水的人口占比(%)	36.7	…	…	…	…	…	…	…	…	…	…
拥有天然气的人口占比(%)	17.5	…	…	…	…	…	…	…	…	…	…
每人每天热值摄入量(大卡)[1]											
农村	2149	…	…	…	…	…	…	…	…	…	…
城市	2156	…	…	…	1944	…	…	…	…	…	…
每人每天蛋白质摄入量(克)[1]											
农村	59.1	…	…	…	…	…	…	…	…	…	…
城市	58.5	…	…	…	54.8	…	…	…	…	…	…
每人每天脂肪摄入量(克)[1]											
农村	36.1	…	…	…	…	…	…	…	…	…	…
城市	49.6	…	…	…	34.0	…	…	…	…	…	…
艾滋病发病率(每千人)	0.3	0.1	0.1	0.1	0.1	0.1	0.1	0.1	0.1	0.1	0.1
肺结核发病率(1/10万)	…	…	225.0	217.0	211.0	206.0	202.0	197.0	200.0	199.0	…
疟疾发病率(每万人)	20.9	8.9	9.2	8.5	6.4	3.2	2.5	1.4	1.2	1.3	1.6

资料来源：

1. 印度统计和计划执行部。
2. 印度教育部学校教育司。
3. 印度卫生和家庭福利部。
4. 印度内政部，国家犯罪记录局。
5. 印度内政部，印度注册登记办公室。
6. 印度科技部 (DST)。
7. 印度商业和工业部，工业政策和促进司。

脚注：

(1) 根据国家抽样调查计算。

(2) 财政年度数据。

(3) 表中所示截至年度 12 月底，仅限政府医院的病床数量。

(4) 包括空难、船舶事故、建筑倒塌、溺水、触电、意外爆炸、坠落、工厂 / 机械事故、意外火灾、枪支、矿山或采石场灾难、交通事故、踩踏、猝死、怀孕期间妇女死亡、因食用非法 / 烈性酒、被动物杀死、中毒、窒息、药物过量、未知原因和自然力量以外的原因造成的死亡。

(5) 2000 年数据根据 2001 年普查得来，数据时点是 2001 年 3 月 31 日。

(6) 支出数据是 2023 年混合修订参考期数据。

(7) 文盲率适用于 7 岁及以上的人群，根据定期劳动力调查得到。

(P) 初步数据。

表 6.2.6 居民生活水平——伊朗

	2000	2014	2015	2016	2017	2018	2019	2020	2021	2022	2023
基尼系数											
全国	0.432	0.379	0.385	0.390	0.398	0.409	0.399	0.401	0.394	0.388	…
农村	0.392	0.340	0.337	0.336	0.356	0.360	0.354	0.359	0.359	0.364	…
城镇	0.411	0.361	0.368	0.373	0.379	0.394	0.383	0.384	0.376	0.370	…

表 6.2.7 居民生活水平——俄罗斯

	2000	2014	2015	2016	2017	2018	2019	2020	2021	2022	2023
收入和支出											
居民家庭每月人均可支配收入(卢布)[1]	…	21729	23141	23905	24067	25293	26835	27695	30023	33842	…
农村(卢布)	…	14397	15333	16338	16333	17446	19022	20012	21122	24590	…
城市(卢布)	…	24300	25868	26521	26734	27973	29464	30283	33017	36945	…
居民家庭每月人均生活消费支出(卢布)[2]	1157	14630	14713	16086	16770	17490	19169	18583	20506	23068	25988
农村(卢布)	732	9667	10255	11030	11658	12174	12985	13449	14959	16608	18826
城市(卢布)	1313	16350	16360	17839	18532	19304	21272	20313	22367	25225	28387
日均不足1.90美元(购买力平价法)的贫困人口占总人口比重(%)[3]	0.5	0.0	0.0	0.0	0.0	0.0	0.0	0.0	0.0	0.0	0.0
各组占全部收入或消费的比重(%)[4]	100.0	100.0	100.0	100.0	100.0	100.0	100.0	100.0	100.0	100.0	100.0
最低20%人口收入占全部收入的比重(%)	5.9	5.3	5.3	5.3	5.4	5.3	5.3	5.4	5.4	5.6	5.5
第二个20%人口收入占全部收入的比重(%)	10.4	10.0	10.1	10.1	10.1	10.0	10.0	10.2	10.1	10.4	10.2
第三个20%人口收入占全部收入的比重(%)	15.1	15.0	15.1	15.1	15.1	15.0	15.1	15.2	15.1	15.4	15.2
第四个20%人口收入占全部收入的比重(%)	21.9	22.6	22.6	22.6	22.6	22.6	22.6	22.7	22.7	22.8	22.7
最高20%人口收入占全部收入的比重(%)	46.7	47.1	46.9	46.9	46.8	47.1	47.0	46.5	46.7	45.8	46.4
五等分高低收入比[4]	7.9	8.9	8.8	8.8	8.7	8.9	8.8	8.5	8.7	8.1	8.5
生活质量											
居民家庭消费支出构成(%)[2]	…	100.0	100.0	100.0	100.0	100.0	100.0	100.0	100.0	100.0	100.0
食品[5]	…	28.5	32.1	32.3	31.2	30.2	29.7	33.2	32.2	32.9	31.5
含酒精饮料和烟草[6]	…	2.8	3.0	3.1	3.0	3.0	3.0	3.3	3.0	3.1	2.4
服装和鞋类	…	8.9	9.2	9.2	8.8	7.9	8.2	6.9	7.8	7.5	7.5
住房和社区服务，燃料	…	10.3	10.8	11.3	10.9	11.1	10.8	11.9	11.4	10.9	10.4
家庭用品，耐用消费品，住房	…	6.3	5.5	5.9	5.3	5.3	5.3	6.3	5.5	5.3	5.7
医疗卫生	…	3.6	3.7	3.6	3.8	3.7	3.8	4.0	4.2	4.0	4.1
交通和通讯[7]	…	21.2	17.7	16.6	19.1	19.8	19.2	18.3	18.7	18.7	20.0
娱乐及文化	…	7.1	6.7	6.7	6.9	7.7	8.4	5.8	5.6	5.0	5.4
教育	…	1.0	0.9	0.8	0.8	0.8	0.9	0.9	1.5	1.5	1.6
其他商品和服务	…	10.3	10.4	10.5	10.2	10.4	10.7	9.6	10.1	11.0	11.4

表 6.2.7 居民生活水平——俄罗斯

（续表 1）

	2000	2014	2015	2016	2017	2018	2019	2020	2021	2022	2023
食品支出(包括餐饮)占消费总支出的比重(%)(2)	49.4	31.9	35.4	35.5	34.3	33.5	32.9	35.3	34.7	35.7	34.3
文盲率(%)(8)	…	…	0.16	…	…	…	…	…	0.07	…	…
按房间数量划分的住房占比(%)(9)	100.0	100.0	100.0	100.0	100.0	100.0	100.0	100.0	100.0	100.0	100.0
一间	23.3	23.8	24.1	24.4	24.6	24.8	25.2	25.3	25.6	25.8	26.1
两间	41.0	39.3	39.1	39.0	38.7	38.4	38.2	38.1	38.1	38.0	37.8
三间	29.4	28.8	28.6	28.5	28.2	28.0	27.9	27.7	27.6	27.5	27.4
四间及以上	6.3	8.1	8.1	8.1	8.1	8.1	8.3	8.3	8.3	8.4	8.4
按所有权划分的住房占比(%)(9)	100.0	100.0	100.0	100.0	100.0	100.0	100.0	100.0	100.0	100.0	100.0
私有房产	65.3	86.3	90.2	90.5	91.5	91.8	92.9	93.3	93.8	94.1	94.5
国有房产	6.3	3.4	3.2	3.5	2.8	2.8	2.7	2.6	2.3	2.2	2.0
市有房产	26.5	6.7	5.7	5.3	4.9	4.7	4.4	4.1	3.9	3.7	3.5
其他	1.9	0.4	0.4	0.4	0.4	…	…	…	…	…	…
按设施配备划分的住房占比(%)(9)											
自来水	73.4	77.2	81.4	81.9	82.4	82.9	84.2	84.7	85.5	86.1	86.6
下水道	69.0	72.5	76.8	77.1	77.6	78.3	79.4	79.8	80.8	81.3	82.0
暖气	73.4	81.7	85.4	85.6	85.9	86.3	87.1	87.5	88.1	88.4	88.9
热水供应	59.4	63.9	68.1	68.7	69.2	70.1	71.7	72.8	74.0	75.0	75.9
浴缸(淋浴)	63.8	65.4	69.2	69.5	69.9	70.5	71.5	72.1	73.2	73.9	74.7
燃气(管道燃气，液化气)	70.0	65.4	66.7	66.3	66.5	66.4	66.8	66.4	65.7	65.5	65.3
城市拥有自来水的人数占比(%)(10)	95.0	97.8	…	98.4	…	98.7	…	98.6	…	99.0	…
城市拥有天然气的人数占比(%)(10)	74.0	73.7	…	71.3	…	71.5	…	72.0	…	71.4	…
人均公园和绿地面积(平方米)(11)	169.4	212.5	212.2	214.9	203.9	204.1	201.8	202.9	206.0	205.7	209.9
每人每天蛋白质摄取量(克)(2)	62	78	77	80	80	80	80	81	80	81	81
每人每天摄取热值(大卡)(2)	2394	2603	2575	2675	2655	2647	2652	2661	2577	2600	2569
每人每天脂肪摄取量(克)(2)	82	105	105	109	108	108	109	110	108	110	109
每百户彩电拥有量(2)	124	183	197	193	190	187	188	191	185(12)	184(12)	184(12)

表 6.2.7 居民生活水平——俄罗斯

（续表 2）

	2000	2014	2015	2016	2017	2018	2019	2020	2021	2022	2023
文化、教育和卫生											
居民家庭教育，文化和娱乐支出占比(%)[2]	…	8.1	7.6	7.5	7.8	8.5	9.3	6.6	3.9[13]	4.6[13]	5.2[13]
在校学生人数(万人)[14]											
小学教育(1997年版国际教育标准分类第一级)	592.0	612.7	634.3	662.9	692.8	712.3	730.7	741.5	755.4	768.1	763.4
中学教育(1997年版国际教育标准分类第二级和第三级)	1633.2	967.4	982.4	1002.2	990.0	1019.7	1049.3	1079.0	1112.4	1146.6	1181.1
高等教育(1997年版国际教育标准分类第五级至第八级)[15]	722.4	743.5	705.9	680.3	616.2	607.6	608.9	621.9	626.5	646.3	678.0
R＆D支出占GDP比重(%)	1.1	1.1	1.1	1.1	1.1	1.0	1.0	1.1	1.0	0.9	1.0
R＆D人员全时当量(万人/年)	100.7	82.9	83.4	80.2	77.8	75.8	75.4	74.9	72.9	73.7	73.6
25岁及以上人口接受过高等教育的比重(%)[8]	…	…	27.5	…	…	…	…	…	29.3	…	…
小学入学儿童性别比(男性=100)	95	96	96	93	94	94	94	94	95	94	94
发明专利申请数量(件)	28688	40308	45517	41587	36454	37957	35511	34984	30977	26922	26651
医生数量(每千人)	4.7	4.8	4.6	4.6	4.7	4.8	4.8	5.0	5.1	5.1	5.2
医院床位数(每千人)	11.5	8.6	8.3	8.1	8.0	7.9	7.9	8.1	7.9	7.8	7.8
按死亡原因划分的标准化死亡率(万分之一)[16]											
循环系统疾病	51.2	32.2	30.7	29.4	27.5	27.2	26.4	29.3	29.0	25.6	24.9
肿瘤	13.7	11.5	11.5	11.3	10.9	10.9	10.6	10.4	9.9	9.7	9.8
外部原因造成的死亡	18.6	10.2	9.4	8.8	8.0	7.6	7.1	7.2	7.2	7.9	8.6
消化系统疾病	3.2	4.2	4.3	4.1	3.8	3.8	3.8	3.7	4.3	4.1	4.3
呼吸系统疾病	5.1	3.2	2.9	2.7	2.3	2.2	2.1	2.0	3.9	2.8	2.7
传染病和寄生虫病	2.2	1.8	1.9	1.9	1.9	1.9	1.7	1.6	1.5	1.4	1.4
艾滋病发病率(每千人)	0.4	0.6	0.7	0.4	0.6	0.6	0.5	0.4	0.4	0.4	0.4
肺结核发病率(每十万人)	89.2	59.4	57.5	53.0	48.0	44.1	40.9	32.1	30.9	31.1	29.6
疟疾发病率	0.06	0.01	0.01	0.01	0.01	0.01	0.01	0.00	0.01	0.01	0.01

资料来源：

1. 俄罗斯联邦统计局。
2. 世界银行《世界发展指标》数据库。
3. 俄罗斯联邦教育科学部。
4. 俄罗斯联邦教育部。
5. 俄罗斯联邦知识产权局。
6. 联合国教科文组织统计研究所。

脚注：

(1) 为人口收入和社会项目参与样本监测结果。
(2) 根据住户预算抽样调查。
(3) 数据来自世界银行《世界发展指标》数据库和俄罗斯联邦统计局。
(4) 基于人均收入和家庭预算调查数据计算得出。
(5) 自 2021 年起包括用于生产家庭消费食品和软饮料的原材料加工服务。
(6) 自 2021 年起包括生产自用酒精的服务。
(7) 自 2021 年起指交通、信息和通讯。
(8) 数据来自 2015 年小型人口普查和 2020 年全俄人口普查。
(9) 2013 年及以后数据覆盖不完全。
(10) 2016 年以前数据来自全国住户预算抽样调查，2016 年开始，数据来自全民生活状况相关监管。
(11) 城市人口人均量。2014-2022 年，根据 2020 年全俄人口普查数据计算。
(12) 所有类型的电视，包括家庭影院。
(13) 自 2021 年以来——根据《个人家庭消费目的分类法》(COICOPHH，第 5 版)。
(14) 2015 年之前，数据根据 1997 年国际标准教育分类 (ISCED97) 给出。2015 年之前，根据 1997 版《国际教育标准分类法》分为 5 级和 6 级。
(15) 不包括准备期的学员。自 2019 年以来，包括住院医师和实习项目。
(16) 世界卫生组织死亡原因标准。

6.2.8 居民生活水平——南非

	2000	2014	2015	2016	2017	2018	2019	2020	2021	2022	2023
收入和支出											
居民家庭人均可支配收入(兰特)	6364	…	53661	…	…	…	…	…	…	…	…
居民家庭人均生活消费支出(兰特)(1)	7546	…	40874	…	…	…	…	…	…	…	…
日均不足1.25美元的贫困人口占总人口比重(%)	17.0	…	…	…	…	…	…	…	…	…	…
各组占全部收入或消费的比重(%)	…	…	100.0	…	…	…	…	…	…	…	…
最低20%人口收入占全部收入的比重(%)	…	…	4.5	…	…	…	…	…	…	…	…
第二个20%人口收入占全部收入的比重(%)	…	…	7.2	…	…	…	…	…	…	…	…
第三个20%人口收入占全部收入的比重(%)	…	…	10.1	…	…	…	…	…	…	…	…
第四个20%人口收入占全部收入的比重(%)	…	…	17.6	…	…	…	…	…	…	…	…
最高20%人口收入占全部收入的比重(%)	…	…	60.5	…	…	…	…	…	…	…	…
五等分高低收入比	…	…	24.9	…	…	…	…	…	…	…	…
生活质量											
居民家庭消费支出构成(%)	100.0	…	100.0	…	…	…	…	…	…	…	…
食品和非酒精饮料(2)	27.7	…	12.9	…	…	…	…	…	…	…	…
酒精饮料和烟草	2.6	…	0.9	…	…	…	…	…	…	…	…
服装和鞋类	5.4	…	4.8	…	…	…	…	…	…	…	…
住房，水、电、气和其他燃料	13.6	…	32.6	…	…	…	…	…	…	…	…
家具和家庭设备	8.7	…	5.2	…	…	…	…	…	…	…	…
卫生	1.5	…	0.9	…	…	…	…	…	…	…	…
交通	13.3	…	16.3	…	…	…	…	…	…	…	…
通信	3.4	…	3.4	…	…	…	…	…	…	…	…
娱乐和文化	3.7	…	3.8	…	…	…	…	…	…	…	…
教育	2.4	…	2.5	…	…	…	…	…	…	…	…
餐饮和住宿	3.6	…	2.1	…	…	…	…	…	…	…	…
其他商品和服务	14.2	…	14.7	…	…	…	…	…	…	…	…
其他未分类	0.0	…	0.1	…	…	…	…	…	…	…	…
基尼系数(不含税的人均支出)	0.650	…	0.639	…	…	…	…	…	…	…	…
识字率(%)(3)	…	15.4	15.0	14.2	13.7	13.0	12.1	10.0	10.5	10.2	9.9
成人识字率(%)(4)	…	5.1	5.1	4.3	4.4	4.2	2.1	…	…	…	…

6.2.8 居民生活水平——南非

（续表 1）

	2000	2014	2015	2016	2017	2018	2019	2020	2021	2022	2023
按房间数量划分的住房(%)											
一间	…	19.6	21.6	21.3	21.3	21.0	17.5	13.7	14.3	12.0	13.8
两间	…	9.0	9.2	9.2	9.0	8.6	8.0	8.3	9.0	8.3	9.8
三间	…	10.9	11.3	11.1	11.6	11.7	11.8	9.9	10.2	7.6	11.1
四间及以上	…	60.5	58.0	58.4	58.1	58.8	62.8	68.2	66.6	72.1	65.3
按所有权划分的住房(%)(5)											
私有房产一(6)	…	61.9	59.8	58.8	58.6	58.6	64.1	70.6	69.1	63.8	62.4
私有房产二	…	21.3	22.6	23.6	24.0	24.3	20.0	15.5	16.6	20.7	22.5
国有房产	…	13.6	13.6	14.4	14.2	14.0	13.4	11.0	11.5	13.0	13.1
市有房产	…	1.9	2.2	1.9	2.0	1.9	1.6	2.0	1.9	1.6	1.3
其他	…	1.1	1.4	1.1	1.0	1.0	0.7	0.6	0.7	0.7	0.6
按设施配备划分的住房(%)											
户内接入自来水	…	46.4	46.0	46.6	46.7	46.3	44.9	46.6	45.2	45.8	45.2
户内或庭院接入自来水	…	73.3	73.0	73.4	74.2	74.9	73.5	75.0	74.7	75.8	75.1
下水道(7)	…	59.9	60.4	60.6	61.0	61.5	60.0	60.9	60.6	60.8	60.9
城市拥有自来水的人口占比(%)(8)	…	71.9	71.1	71.3	72.3	73.0	72.6	73.4	73.0	74.4	73.9
教育、文化和娱乐											
居民家庭教育、文化和娱乐支出占比(%)	6.1	…	…	…	…	…	…	…	…	…	…
教育支出占全部预算支出的比重(%)	26.0	…	…	…	…	…	…	…	…	…	…
25岁及以上人口接受过高等教育的比重(%)	…	14.7	15.2	15.3	15.0	15.3	16.4	15.2	15.6	16.9	16.2
医疗健康支出占总支出的比重(%)	14.3	…	…	…	…	…	…	…	…	…	…

资料来源：

1. 南非统计局，《住户调查》，2002-2009 年；《收入和支出调查》，2000 年；《收入和支出调查》，2005-2006 年；《地区卫生信息系统》，2010 年；《南非卫生回顾》（各期）。
2. 南非财政部，《预算回顾》（各期）。

脚注：

(1) 不包括自住房估算的租金。
(2) 按消费者价格指数进行了调整。
(3) 指年满 20 岁但还没有完成小学教育的人（相当于 7 年级教育）。修订数据。
(4) 指不会阅读或者不能以任何一种语言书写的人。修订数据。
(5) 完全拥有或部分拥有。
(6) 完全拥有或部分拥有的住所。
(7) 根据家庭马桶是否与公共污水处理系统相连进行数据修订。
(8) 所有在住房或者院子里安装了管道或自来水管的人口，指全部人口而不仅仅指城市人口。

表 6.2.9 居民生活水平——阿联酋

	2014	2015	2016	2017	2018	2019	2020	2021	2022
基尼系数	0.325	…	…	…	…	0.295	0.295	…	…
识字率(%)	…	…	…	…	…	…	…	…	98.5
成人识字率(15岁以上)	…	…	…	…	…	…	…	…	98.3
青年识字率(15–24岁)	…	…	…	…	…	…	…	…	99.7
平均受教育年限	…	…	…	12.1	12.5	12.7	…	12.8	13.0

资料来源：

联邦竞争力和统计中心 (FCSC)。

主要统计指标解释

通用解释

国际贫困线（按购买力平价法每天 1.25 美元）以下的人口占总人口比例 每天依靠不足 2005 年国际价格（根据购买力平价折算）1.25 美元生活人口所占百分比。

20% 人口分组的收入或消费百分比份额 20% 人口分组（五等分）的累积份额。

五等分高低收入比 最富有 20% 人口的平均收入（或消费）与最贫困 20% 人口的平均收入（或消费）之比。

25 岁及以上完成高等教育的人口占比 25 岁及以上完成高等教育（根据国际教育标准分类 5 或 6）的人口占总人口百分比份额。

巴西

新全国住户连续抽样调查 (PNAD Continuous) 原有的全国住户年度抽样调查在 2015 年被取消，取而代之以全国住户连续抽样调查，并进行了方法的更新。全国住户连续抽样调查是季度调查，从 2012 年开始，因为抽样方法不同，两种调查数据是不可比的，因此，使用新调查数据对原来调查数据进行了替代。更多新全国住户连续抽样调查信息请见：https://biblioteca.ibge.gov.br/visualizacao/livros/liv101561_notas_tecnicas.pdf。全国住户连续抽样调查首先是从劳动力调查开始开展，同时也包含了基本人口和教育相关的信息。其他相关领域的调查信息也在不断完善和补充。根据样本轮换原则，每个住户样本调查 5 个季度，然后就被替换。在访问中，一些内容是每个季度都有涉及，而另一些内容则是在特定的季度出现。有关住房的信息在每年第一季度进行调查，有关通信信息技术的信息在第四季度进行调查。有关这两项内容的调查都是从 2016 年开始的。

住户人均可支配收入（雷亚尔） 住户可支配总收入除以当年 7 月 1 日的估计常住人口。

住户人均储蓄额（雷亚尔） 住户总储蓄除以当年 7 月 1 日的估计常住人口。

工资 为月度工资，为通常在参考月份即每年 9 月份领取的工资。

a) 雇员收入 为正常工作整月的情况下每个月的总收入。如果收入是变化的，那么平均月收入则为调查年份的参考月份的收入。雇员月收入统计不包括企业发给雇员的第 13 个月（第 14 个月，第 15 个月等）工资以及企业支付给工人的利润分成，另外，住房、食品、服装、交通、用餐和食品券等也不包括在雇员收入的统计范围之内。

b) 雇主及自用生产者收入 通常为每月的盈余。如果每月盈余是变化的，则指调查年份参考月的平均月度盈余。盈余为总收入减去总支出（项目费用，例如支付雇员、原材料、电费、电话费用）之后的获利。为了雇主自己消费而进行的企业生产收入不包括在内。

R & D 支出占 GDP 比重 (%) 调查单位的的研发活动支出通常由其本身的生产所致，估值基于成本之和法（中间消费、雇员和临时工的报酬、固定资本消耗），以那些市场生产单位为补充。这些单位可以是为生产自用的公共或私营单位，而研发市场生产者则都是私营的。

平均受教育年限（年） 指 15 岁及以上成人（包括普通教育和成人学历教育，不包括各种非学历教育）的平均学历教育年限。说明：该指标是反映一个国家或地区教育程度或国民素质的最重要指标之一。公式：成人平均受教育年

限 =(15 岁及以上成人接受教育的总年数 /15 岁及以上总人口)x 100%，其中，不同学历的年限换算如下：未上过学 =0，小学学历 =6 年，初中学历 =9 年，高中学历 =12 年，高等教育学历 =16 年。

中国

国家财政性教育经费 包括国家财政预算内教育经费，各级政府征收用于教育的税费，企业办学校教育经费，校办产业、勤工俭学和社会服务收入用于教育的经费。

城市燃气普及率 是报告期末使用燃气的城市人口数与城市人口总数的比率。

城市人均公园绿地面积 为城市公园绿地面积与城市人口总数的比值。城市公园绿地指向公众开放，以游憩为主要功能，兼具生态、景观、文教和应急避险等功能，有一定游憩和服务设施的绿地。

普通高等学校 指按国家规定的设置标准和审批程序批准举办的，通过全国普通高等学校统一招生考试，招收高中毕业生为主要培养对象，实施高等学历教育的全日制大学、独立设置的学院和高等专科学校、高等职业学校及其他机构（独立学院和分校、大专班）。口径上包括普通职业本专科生。

普通中学 分为普通高级中学和普通初级中学两个阶段。普通初级中学指独立设置的招收小学毕业的适龄人口进行初级中等基础教育的机构。普通高级中学指独立设置的招收初中毕业生进行高级中等基础教育的教育机构。

职业中学 包括职业初中和职业高中，是指经县级以上教育主管部门批准，招收小学和初中毕业生，提供初级或高级职业教育服务的教育机构。

普通小学 指由县或县以上教育行政部门批准，招收学龄儿童实施初等教育的教学机构。

特殊教育 指独立设置的招收盲聋哑和智残儿童，以及其他特殊需要的儿童、青少年进行普通或职业初、中等教育的教学机构。

学前教育 包括幼儿园和学前班。幼儿园是指招收三岁以上（含三岁）学龄前儿童，对其进行保育和教育的单位。设立幼儿园须经县级以上教育行政部门或乡（镇）人民政府审查合格，并予备案。学前班是指在部分不能满足学龄前幼儿三年入园的地区，组织学龄前儿童进行一年教育的一种形式。

执业（助理）医师 指具有《医师执业证》及其“级别”为“执业（助理）医师”且实际从事医疗、预防保健工作的人员，不包括实际从事管理工作的执业医师。执业（助理）医师类别分为临床、中医、口腔和公共卫生。

每千人口执业（助理）医师 =（执业医师数 + 执业助理医师数）/ 人口数 ×1000。人口数系国家统计局常住人口。

每千人口医疗卫生机构 =（医疗卫生机构床位数）/ 人口数 ×1000。人口数系国家统计局常住人口。

印度

基尼系数 是印度国家计划委员会根据全国抽样调查得到的消费支出数据计算的（消费支出数据在印度被作为测量不平等程度的基础数据）。基尼系数有单一报告期数据，也有混合报告期数据。本表采用的是混合报告期数据，即对于不同项目采用不同的回忆期。

高等教育 根据印度政府人力资源发展部高等教育司印度教育标准分类 2014(InSED)，高等教育定义如下：高等教育建立在高中教育之上，提供专业教育领域的学习活动。它针对综合且专业的高层次学习。高等教育包括通常认为的学术教育，还包括中专或职业教育。

俄罗斯

实际工资增长率 是用工资总额除以相应时间内的消费价格指数得到的。平均名义工资是用雇员总的应发工资除以年平均雇员数。雇员总应发工资包括雇主在完整或不完整的时间段内以货币或非货币形式支付给雇员的总工资，其中包括与工作条件相关的补偿性支出、罚款、额外费用、奖金、用餐、居住等费用，这些支付具有定期性的特征。从各州预算外社会基金中支付给雇员的福利不包括在工资范围之内。

国际贫困线（按购买力平价计算的每天 1.90 美元）以下的人口占总人口比例 每天依靠不足 2011 年国际价格（根据购买力平价折算）1.90 美元生活的人口所占百分比。自 2023 年起，每天依靠不足 2.15 美元生活的人口占总人口比例是指每天依靠不足 2017 年国际价格（根据购买力平价折算）2.15 美元生活的人口所占百分比。

收入五分之一群体的比率 是收入最高的 20% 人口和收入最低的 20% 人口的平均收入（或消费支出）的比率。

基尼系数 为衡量人口收入实际分布与绝对平等分配线的偏离程度的指标。

公园和绿地面积 包括公共使用的绿地面积（公园、花园、广场和公园道路）、森林公园和城市花园。

R&D 支出占 GDP 的比例 (%) 国内研发支出占 GDP 的比重。

期望受教育年限 根据联合国教科文组织的方法，指一个入学儿童达到具体受教育程度可能度过的年数。

医生总数 包括拥有高等医学教育学历，在治疗和卫生机构、社会保障机构、研究机构、个人培训机构、公共卫生管理机构和其他机构中从业的医生。

医院床位数 是指配备必需设备，并随时准备接收病人的病床。

南非

高等教育学历 包括高级证书、研究生证书、学士学位、荣誉学位、高等学位等。

第七章 资源和环境

表 7.1 资源和环境概况

	2000	2014	2015	2016	2017	2018	2019	2020	2021	2022	2023
用水总量(亿立方米)											
巴西	…	311	306	341	…	…	…	…	…	…	…
中国[1]	5531	6095	6103	6040	6043	6016	6021	5813	5920	5998	…
埃及	…	…	…	…	…	…	…	…	85	88	89
埃塞俄比亚	…	…	…	…	…	…	…	…	…	…	…
印度	…	…	…	…	…	…	…	…	…	…	…
伊朗	…	…	…	…	…	…	…	…	…	…	…
俄罗斯[2]	669	560	545	546	535	530	519	470	481	479	497
南非	…	…	…	…	…	…	…	…	…	…	…
阿联酋	…	…	…	…	…	…	…	…	…	…	…
森林面积(万公顷)											
巴西	54594	49350	49570	…	…	49953	49807	…	…	…	…
中国[3]	17491	22045	22045	22045	22045	22045	22045	22045	…	…	…
埃及	…	…	…	…	…	…	…	…	…	…	…
埃塞俄比亚	…	…	…	…	…	…	…	…	…	…	…
印度[4]	…	…	7015	…	7083	…	7123	…	7138	…	…
伊朗	…	…	…	…	…	…	…	…	…	…	…
俄罗斯[5]	87154	87184	87072	87071	87071	87074	87077	87077	87074	87075	87152
南非	133	123	122	122	121	119	120	…	…	…	…
阿联酋	…	155	161	163	167	170	169	169	172	175	…
森林覆盖率(%)											
巴西	…	…	…	…	…	…	…	…	…	…	…
中国	…	…	…	…	…	…	…	…	…	…	…
埃及	…	…	…	…	0.1	…	…	…	…	…	…
埃塞俄比亚	…	…	…	…	…	…	17.2	…	…	…	23.6
印度	…	…	21.3	…	21.5	…	21.7	…	21.7	…	…
伊朗	…	…	…	…	…	…	…	…	…	…	…
俄罗斯	51.0	53.2	53.1	53.1	53.1	53.1	53.1	53.1	53.1	53.1	52.8
南非	…	…	…	…	…	…	…	…	…	…	…
阿联酋	…	…	…	…	…	…	…	…	…	…	…
多年生作物面积(万公顷)											
巴西	625	583	578	577	…	…	…	…	538	…	…
中国[7]	1100	1602	1600	1667	1733	1800	1870	1890	1900	…	…
埃及	…	92	93	92	93	91	90	92	95	100	…
埃塞俄比亚	…	…	…	…	…	…	…	…	…	…	…
印度[8]	…	867	889	888	913	965	986	1009	1010	1037	1050
伊朗	…	…	…	…	…	…	…	…	…	…	…
俄罗斯[5]	186	183	190	190	191	191	192	192	193	192	200
南非	1668	1687	1790	1644	1833	1868	1566	…	…	…	…
阿联酋[9]	…	4	4	4	4	4	4	4	4	4	…

表 7.1 资源和环境概况

（续表 1）

	2000	2014	2015	2016	2017	2018	2019	2020	2021	2022	2023
人均二氧化碳排放量(千克)											
巴西	9952	4969	6614	…	…	…	…	…	…	…	…
中国	…	…	…	…	…	…	…	…	…	…	…
埃及	…	…	…	…	…	…	…	…	…	…	…
埃塞俄比亚	196	–5	–5	–5	–5	–5	–5	–31	–30	–29	–29
印度	1298	1824	1947	1953	1998	2007	1977	…	…	…	…
伊朗	…	…	…	…	…	…	…	…	…	…	…
俄罗斯(10)	6626	6468	6926	6671	6939	7346	7525	7036	7871	…	…
南非	9930	9470	9170	8610	8530	…	…	…	…	…	…
阿联酋	…	…	…	…	…	…	…	…	…	…	…
使用得到安全管理的饮用水服务的人口比例(%)											
巴西(11)	91.2	92.1	92.2	92.2	92.3	…	…	…	…	…	…
中国	80.4	91.1	91.7	92.3	92.8	…	…	…	…	…	…
埃及	…	…	…	…	…	…	…	…	…	…	…
埃塞俄比亚	…	84.0	61.0	65.7	49.0	52.0	56.0	58.5	62.5	67.1	69.5
印度	…	…	…	…	…	…	…	…	…	…	…
伊朗	…	…	…	…	…	…	…	…	…	…	…
俄罗斯(12)	74.7	75.5	75.6	75.7	75.8	75.9	75.9	76.0	76.1	76.2	…
南非(13)	90.1	84.2	83.4	82.6	81.9	…	…	…	…	…	…
阿联酋(14)	…	100.0	100.0	100.0	100.0	100.0	100.0	100.0	100.0	100.0	…

资料来源：

巴西

1.《2015 年全球森林资源评估》。
2. 巴西国家地理与统计局，市政农业生产调查。
3.《巴西第二次〈联合国气候变化框架公约〉全国信息通报》第 1 卷第 2 部分。
4.《全国按来源和去向划分的温室气体人为排放量》的附件部分。《1990 至 2005 年按气体种类和部门划分的温室气体排放量估计》，2010 年于巴西利亚出版。
5. 巴西国家地理与统计局调查司，1980 至 2050 年巴西按性别和年龄划分的人口预测，2010 年于巴西利亚出版。
6. 巴西国家地理与统计局《巴西可持续发展指标》。
7. 巴西科学技术创新和通信部。
8. 联合国粮食及农业组织数据库。
9. 联合国可持续发展目标指标数据库。

中国

1. 中国国家统计局，《中国统计年鉴》，2023 年。
2. 中华人民共和国生态环境部。
3. 世界银行世界发展指标数据库。
4. 联合国可持续发展目标数据库。

埃塞俄比亚

埃塞俄比亚林业发展局。

印度

1. 印度农业和农民福利部经济和统计司。
2. 印度环境、森林和气候变化部。

俄罗斯

1. 俄罗斯联邦统计局。
2. 俄罗斯联邦地理登记、地籍勘察和制图局。
3. 俄罗斯联邦水文气象和环境监测局。
4. 俄罗斯联邦水资源管理局。
5. 联合国可持续发展目标数据库。
6. 俄罗斯联邦自然资源利用监督局。

南非

1. 联合国千年发展指标。
2. 联合国可持续发展目标数据库。

阿联酋

联邦竞争力和统计中心 (FCSC)。

脚注:

巴西

(11) 城市区域。数据来源于联合国可持续发展目标数据库。

中国

(1) 淡水使用总量。

(3) 数据分别为第六次全国森林资源清查 (1999-2003)、第八次全国森林资源清查 (2009-2013)、第九次全国森林资源清查 (2014-2018) 资料。

(7) 世界银行《世界发展指标》数据库，利用土地面积乘以常年生作物占土地面积比重计算。

(11) 人均二氧化硫排放量数据是指二氧化硫排放量与当年平均人口的比率。自 2016 年以来，人均二氧化硫排放量已根据第二次全国污染源普查的数据进行了调整。

印度

(4) 森林面积数据来自《印度森林状况报告》(ISFR) 中公布的各年份森林覆盖信息。此外，森林覆盖面积的信息根据该国地理区域的森林覆盖率得出。

(8) 多年生作物包括大多数水果作物和种植作物，如腰果、槟榔、可可、椰子和一些香料作物。数据涉及农业年度 (表中所示的当年 7 月至明年 6 月)，并涉及多年生园艺作物。2023 年数据基于第一次预估值。

俄罗斯

(2) 总淡水使用量。

(5) 年末数据。

(10) 二氧化碳排放量数据参考了土地利用情况，并随着土地利用情况的变化而有所变化。森林面积数据来自依据蒙特利尔议定书进行监测的、俄罗斯 1990-2021 年按照排放源分类的人类引起的气体排放以及按照温室气体吸收分类的吸收量数据库。

(11) 数据来源于联合国可持续发展目标数据库。

南非

(13) 城市区域。数据来源于联合国可持续发展目标数据库。

阿联酋

(9) 果树。

(14) 使用改良的饮用水。

表 7.2.1 资源和环境——巴西

	2000	2014	2015	2016	2017
自然资源					
淡水资源-径流量(立方米/秒)(1)	247889	235720	235720	…	…
保护区面积(万公顷)	…	…	7960	7930	7937
主要矿产储量					
原油(亿吨)	18	22	18	…	…
天然气(亿立方米)	3608	8593	7455	…	…
石灰岩(万吨)	4546	…	…	…	…
装饰性石料(亿吨)	…	…	…	…	…
铁矿(万吨)	1128	2257	…	…	…
镁矿和白云石(万吨)	347	39	…	…	…
煤矿(万吨)	734	277	…	…	…
粘土(万吨)	181	…	…	…	…
云母(吨)(2)	104	4000	…	…	…
高岭土(万吨)	247	706	…	…	…
工业用砂(吨)	1608	…	…	…	…
铝(铝土矿)(万吨)	178	260	…	…	…
正长岩(万吨)	50	…	…	…	…
石膏(万吨)	89	40	…	…	…
滑石(万吨)	6	5	…	…	…
盐(亿吨)	…	…	…	…	…
其他装饰性石料(亿吨)	…	…	…	…	…
废水安全处理百分比(%)	52.5	70.3	73.4	…	…
城市定期回收固体废物占总废物量比重(%)	…	90.7	90.8	…	…

资料来源：

1. 奇科门德斯生物多样性保护研究所报告。网址：http://www.icmbio.gov.br/portal/images/stories/servicos/geoprocessamento/DCOL/dados_tabulares/Dados_Gerais_das_UC_fev_2015.pdf.
2. 巴西国家水利署。《巴西水资源商情报告 2013 年》。网址：http://arquivos.ana.gov.br/institucional/spr/conjuntura/PDFs%20agregados/ANA_Conjuntura_Recursos_Hidricos_Brasil_capitulos_.pdf.
3. 巴西矿产和能源部全国矿产局，国家石油管理局。2015 年 3 月报告。网址：http://www.dnpm.gov.br/dnpm/sumarios/sumario-executivo-2014/view. Accessed March 2015.
4. 巴西国家环境部，《国家登记保护区》。网址：www.mma.gov.br/cadastro_uc.
5. 巴西国家石油管理局。网址：http://www.anp.gov.br/wwwanp/images/publicacoes/Anuario_Estatistico_ANP_2016.pdf.

脚注：

(1) 直至 2012 年的历史均值为 214361(立方米 / 秒)。

(2) 2007 年云母储量定性判断为丰富。

表 7.2.2 资源和环境——中国

	2000	2014	2015	2016	2017	2018	2019	2020	2021	2022
自然资源										
淡水资源总量 (亿立方米)	27701	27267	27963	32466	28761	27463	29041	31605	29638	27088
自然保护区数(个)(1)	1227	2729	2740	2750	2750	474	474	474	474	…
自然保护区面积(万公顷)(2)	9821	14699	14703	14733	14717	9861	9811	9821	9821	…
主要矿产储量										
原油(万吨)(3)	…	343300	349600	350100	354200	357000	355000	361900	368900	380600
天然气 (亿立方米)(3)	…	49452	51940	54365	55221	57936	59666	62666	63393	65690
煤炭 (亿吨)(4)	…	2400	2440	2492	16667	17086	17183	1623	2079	2070
铁矿 (亿吨)(4)	…	207	208	201	849	852	853	109	161	162
锰矿 (万吨)(4)	…	21415	27626	31034	184600	181600	192000	21296	28169	27561
铜矿 (万吨)(4)	…	2836	2722	2621	10608	11444	11254	2701	3495	4077
铅矿 (万吨)(4)	…	1721	1739	1809	8967	9216	9833	1233	2041	2187
锌矿 (万吨)(4)	…	4034	4103	4439	18494	18756	20025	3095	4423	4608
铝土矿 (万吨)(4)	…	98322	99758	100955	508900	517000	547000	57650	71114	67553
镍矿 (万吨)(4)	…	253	287	277	1118	1188	1076	400	422	435
钨矿 (万吨)(4)	…	233	233	243	1030	1072	1120	223	295	300
锡矿 (万吨)(4)	…	111	109	116	450	453	454	72	113	100
锑矿 (万吨)(4)	…	53	48	52	320	328	344	35	64	67
金矿 (吨)(4)	…	2000	2000	2000	13000	14000	14000	2000	2964	3130
银矿 (吨)(4)	…	39000	39000	41000	316000	329000	347000	51000	71784	70340
石墨 (万吨)(4)	…	4129	5516	7322	36700	44000	53000	5232	7826	8101
环境污染治理投资占GDP比重(%)	…	1.49	1.28	1.24	1.15	0.97	0.94	0.96	0.83	0.75
城市污水处理率(%)	…	90.2	91.9	93.4	94.5	95.5	96.8	97.5	97.9	98.1
二氧化硫排放量(万吨)(5)	…	1974	1859	855	611	516	457	318	275	244
保护区面积占土地面积的比重(%)	9.9	14.8	14.8	14.9	14.9	…	…	…	…	…

资料来源：

1. 中华人民共和国生态环境部《年度统计报告》2000–2023 年。
2. 中华人民共和国水利部《年度统计报告》2000–2023 年。
3. 中国国家统计局《中国统计年鉴》2009–2023 年。
4. 世界银行世界发展指标数据库。
5. 联合国可持续发展目标指标数据库。

脚注：

(1) 2018 年之后的数据指国家自然保护区的数量。

(2) 2018 年之后的数据指国家自然保护区的面积。

(3) 2020 年开始，石油和天然气储量数据为《石油资源储量分类》(GB/T 19492–2020) 规定的储存量。2020 年之前的数据为《石油资源储量分类》(GB/T 19492–2004) 中的储存量。

(4) 2020 年固体矿产资源储量按照《固体矿产资源储量分类》(GB/T 17766–2020) 标准进行统计，未包括香港特别行政区、澳门特别行政区和台湾省的统计数据。2017–2019 年非油气矿产资源储量为剩余资源储量。

(5) 2016 年数据与之前年份数据不可比。

表 7.2.3 资源和环境——埃及

	2018	2019	2020	2021	2022	2023
自然资源						
淡水资源总量(亿立方米/年)	…	…	…	…	…	596.8
用水量(亿立方米/年)	…	…	…	…	…	816.3
保护区数量(个)	…	…	…	…	30	…
保护区面积(平方公里)	…	…	…	…	141136.7	…
自然保护区面积占国家总面积的比重(%)	…	…	…	…	14.1	…
城市废物量(万吨/天)	…	…	…	…	7.7	…
危险医疗废物处理量(万吨)	…	…	…	…	0.4	…
处理的废水量(万立方米/天)	…	1200	1200	1200	1300	…
二氧化硫年平均值(微克/立方米)						
开罗	15	12	17	19	14	…
尼罗河三角洲	12	10	13	12	12	…

表 7.2.4 资源和环境——埃塞俄比亚

	2000	2014	2015	2016	2017	2018	2019	2020	2021	2022	2023
森林利用(万吨)	…	…	…	…	180	2	13	17	165	400	600
人均二氧化碳排放量(kg)	196.2	−5.2	−5.1	−5.0	−4.9	−4.8	−4.7	−30.8	−30.0	−29.4	−28.8
森林覆盖率(%)	…	…	…	…	…	…	17.2	…	…	…	23.6

资料来源：

埃塞俄比亚林业发展局。

表 7.2.5 资源和环境——印度

	2000	2014	2015	2016	2017	2018	2019	2020	2021	2022	2023
自然资源											
淡水资源(亿立方米)(1)	18690	18690	19992	19992	19992	19992	19992	19992	19992	19992	21160
保护区数量(个)(2)	594	757	…	803	…	892	…	976	…	1003	1022(4)
国家公园(个)	87	103	…	103	…	104	…	104	…	106	106(4)
野生动植物园区(个)	478	539	…	551	…	552	…	562	…	570	573(4)
保护区面积(平方公里)(2)	154160	168840	…	170220	…	173350	…	175150	…	178050	178640(4)
国家公园(平方公里)	40220	43000	…	43000	…	43750	…	43750	…	44400	44400(4)
野生动植物园区(平方公里)	113290	123510	…	124460	…	124620	…	125760	…	126900	127200(4)
国际重要湿地(个)	6	26	26	26	26	26	37	42	56	75	75
红树林覆盖面积(平方公里)	…	…	4740	…	4921	…	4975	…	4992	…	…
森林面积											
超密林面积(平方公里)	…	…	88633	…	98158	…	99278	…	99799	…	…
中密林面积(平方公里)	…	…	312739	…	308318	…	308472	…	306890	…	…
疏林面积(平方公里)	…	…	300123	…	301797	…	304499	…	307120	…	…
灌木丛面积(平方公里)	…	…	42302	…	45979	…	46297	…	46539	…	…
非森林地区面积(平方公里)	…	…	2543672	…	2533217	…	2528923	…	2527141	…	…
保护区内陆地和淡水生物多样性重要场地所占比例(%)(3)	…	…	48	…	48	…	49	…	…	…	…
主要矿产储量(5)											
原油(万吨)	70300	64700	63600	62100	60400	59400	61900	60300	59200	65300	66900
天然气(亿立方米)	7600	11991	12519	12270	12897	13400	13810	13719	13724	11495	11417
煤(亿吨)	…	3016	3066	3088	3151	3190	3265	3440	3521	3614	3782
铁矿(亿吨)	63	…	55	…	…	…	…	64	…	…	…
锰矿(万吨)	10454	…	9348	…	…	…	…	7504	…	…	…
铜矿砂(万吨)	28958	…	20777	…	…	…	…	16389	…		…
金属铜(万吨)	301	…	274	…	…	…	…	216	…	…	…
铅金属(万吨)	134	…	248	…	…	…	…	190	…		…
锌金属(万吨)	641	…	1000	…	…	…	…	744	…	…	…
铅锌金属(万吨)	10083	…	10612	…	…	…	…	10328	…		…
铝土矿(万吨)	52410	…	65642	…	…	…	…	64649	…	…	…
金原矿石(万吨)	1009	…	1723	…	…	…	…	2373	…		…
黄金(吨)	59	…	70	…	…	…	…	93	…	…	…
银矿砂(万吨)	9198	…	15044	…	…	…	…	17045	…		…
银(吨)	3000	…	7000	…	…	…	…	8000	…	…	…
石墨(万吨)	480	…	796	…	…	…	…	856	…		…

表 7.2.5 资源和环境——印度

（续表 1）

	2000	2014	2015	2016	2017	2018	2019	2020	2021	2022	2023
产生的危险废物(万吨)	…	…	…	717	944	864	878	924	1235	160	…
产生的电子废物(万吨/每年)	…	…	…	…	70.8	77.1	101.5	134.6	160.1	…	…
产生的市政固体废物(万吨/每日)	…	14.1	10.1	11.9	4.3	15.0	15.1	16.0	20.0	…	…
产生的生物医疗废物(吨/每日)		495.3	501.5	517.7	559.1	614.7	619.1	774.0	764.0	678.0	…
产生的塑料废物(万吨/每年)	…	78.9	158.9	160.0	70.0	336.0	346.7	412.7	390.0	…	…

资料来源：

1. 印度水资源部中央水资源委员会。
2. 印度环境、森林和气候变化部。
3. 印度石油和天然气部。
4. 印度矿业部矿务局。
5. 印度煤炭部。

脚注：

(1) 数据基于中央水资源委员会进行的水资源再评估研究。(MCM= 百万立方米)。

(2) 包括国家公园、野生动物保护区、物种保护区和社区保护区，涵盖陆地和海洋保护区。

(3) 指财政年度数据。

(4) 截至 2023 年 7 月的数据。

(5) 储量数据为截至当年 4 月 1 日的数据。原油和天然气储量数据为截至 3 月 31 日的数据。

表 7.2.7 资源和环境——俄罗斯

	2000	2014	2015	2016	2017	2018	2019	2020	2021	2022	2023
自然资源											
淡水资源(亿立方米)[1]	45230	46230	46479	44410	46815	46226	42909	45650	44955	46149	43116
年径流量(亿立方米)[2]	618	506	487	487	478	474	472	427	449	444	465
保护区数量(个)[3]	135	12944	12995	11936	11939	11868	11822	11823	11880	11931	11930
保护区面积(万公顷)[3]	4006	20229	20662	21170	21204	23775	23879	24011	24213	24427	24418
生物多样性的重点保护区占土地面积的比例(%)	…	11.8	12.1	12.4	12.4	13.9	13.9	14.0	14.1	14.3	14.3
主要矿产储量[4]											
原油(亿吨)	245	294	297	297	298	299	308	314	312	315	…
天然气(万亿立方米)	63.8	70.3	70.0	69.2	73.3	73.0	72.7	71.0	67.2	64.8	…
煤矿(亿吨)	2772	2739	2746	2743	2750	2754	2755	2751	2744	2730	…
铁矿(亿吨)	1010	1090	1100	1100	1100	1130	1120	1120	1120	1180	…
锰矿(万吨)	15500	23000	23000	23000	23000	28400	28400	28400	28300	28300	…
铜矿(万吨)	8500	9200	9800	9700	9800	9900	9900	9800	10300	10200	…
铅矿(万吨)	2000	1900	1800	1800	1800	1800	1700	1700	1700	1700	…
锌矿(万吨)	6100	6000	6000	6000	5900	5900	5900	5900	5800	5900	…
铝土矿(万吨)	153950	141370	140720	140020	139340	138840	138080	137350	136626	135881	…
钨矿(万吨)	172	156	134	133	133	133	132	132	132	132	…
锡矿(万吨)	230	217	217	216	216	215	212	212	211	210	…
锑矿(万吨)	30	34	35	37	45	44	46	42	44	54	…
金矿(吨)	8600	13000	14000	15000	15000	15000	15000	15000	15000	16000	…
银矿(吨)	110000	122000	119000	123000	131000	123000	122000	123000	125000	123000	…
石墨矿(万吨)	8820	9040	10100	10100	10100	10100	10100	10100	10100	10100	…
人均氮氧化合物排放量(千克)[5][7]	12	12	12	12	13	12	12	12	13	13	13
人均一氧化碳排放量(千克)[6][7]	34	34	33	33	34	33	33	33	36	35	35
人均二氧化硫排放量(千克)[6][7]	37	28	28	27	25	24	25	24	22	23	22
二氧化硫排放量降低率(%)[6]	−1.8	−3.3	1.6	−2.1	−7.7	−2.3	1.7	−2.2	−10.3	6.3	−4.7
废水安全化处理百分比(%)	64	66	66	66	68	67	67	66	67	69	71
城市收集的固体废物量(万立方米)[8]	15200	26300	26700	26900	27400	27500	30400	33430	34900	…	…
环保支出占GDP的比重(%)	1.5	0.7	0.7	0.7	0.7	0.7	0.8	0.9	0.9	…	…

资料来源：

1. 俄罗斯联邦统计局。
2. 俄罗斯联邦水资源管理局。
3. 俄罗斯联邦地下资源利用局。
4. 俄罗斯联邦水文气象和环境监测局。
5. 俄罗斯联邦自然资源与环境部。
6. 俄罗斯联邦自然资源利用监督局。

脚注：

(1) 俄罗斯联邦水文气象和环境监测局数据，数据为地表径流总量。

(2) 数据是由俄罗斯联邦水资源管理局生产和发布的。

(3) 严格意义上的国家自然保护区和国家公园数据；自 2014 年以来 – 选择分类中的联邦、地区和地方意义上的专门自然保护区数据。

(4) 数据是由俄罗斯自然资源与环境部生产和发布的。

(5) 对固定污染源排放的氮氧化合物可以折算成二氧化氮排放量。

(6) 固定污染源排放量。

(7) 自 2018 年以来，数据由联邦自然资源利用监督局提供。

(8) 为从城市居住区清除的固体垃圾数据。

表 7.2.8 资源和环境——南非

	2000	2014	2015	2016	2017	2018	2019	2020	2021	2022	2023
自然资源											
自然保护区数(个)	1227	1410	1441	1456	1475	1511	1586	1560	1592	1602	1614
海洋保护区(个)	16	0	0	0	0	0	42	0	0	0	0
陆地保护区(个)	1211	1410	1441	1456	1475	1511	1544	1560	1592	1602	1614
自然保护区面积(万公顷)	12197	…	…	…	…	…	…	12197	…	…	…
海洋保护区(平方公里)	1902	185910	186175	186175	186232	186232	…	…	…	…	…
陆地保护区(平方公里)	85938	116182	117596	121056	121932	121977	…	…	…	…	…
主要矿产储量											
铁矿(万吨)	150000	100000	100000	100000	120000	…	…	…	…	…	…
锰矿(万吨)	65	65	65	65	77	…	…	…	…	…	…
铜矿(万吨)	400000	15000	20000	20000	20000	…	…	…	…	…	…
铅矿(万吨)	…	…	…	30	30	…	…	…	…	…	…
锌矿(万吨)	…	…	…	1500	1500	…	…	…	…	…	…
镍矿(万吨)	…	…	…	370	370	…	…	…	…	…	…
锑矿(万吨)	24	3	3	3	3	…	…	…	…	…	…
金矿(万吨)	3	3	3	3	3	…	…	…	…	…	…
环保支出占GDP的比重(%)	0.01	…	…	…	…	…	…	…	…	…	…

资料来源：

1. 南非地质调查局。
2. 南非环境事务部保护区面积数据库 :https://egis.environment.gov.za/protected_areas_database。
3. 南非环境事务部保护区面积名录库：https://egis.environment.gov.za/protected_areas_register。

表 7.2.9 资源和环境——阿联酋

	2000	2014	2015	2016	2017	2018	2019	2020	2021	2022
保护区数量	9	35	35	43	43	43	44	49	49	49
保护区面积(平方公里)	169.9	18319.3	18319.3	19961.8	19961.8	19961.8	19964.8	20018.1	20018.1	20018.1
国际重要湿地(个)	…	5	5	7	7	8	10	10	10	10
国际重要湿地面积(平方公里)	…	202.8	202.8	349.8	349.8	369.8	391.7	391.7	391.7	391.7
城市固体废物产生量(万吨)	…	522.9	606.1	521.0	534.2	550.5	561.8	532.4	456.0	461.8
城市固体废物产生量(千克/人/天)	…	1.7	1.9	1.6	1.6	1.6	1.6	1.6	1.3	1.2

资料来源：

联邦竞争力和统计中心 (FCSC)。

主要统计指标解释

通用解释

使用得到安全管理的饮用水服务的人口比例 (%) 使用改善的基本饮用水水源的人口比例。该饮用水水源位于房屋内，在需要时可用，没有粪便（和化学物质）污染。安全管理的饮用水源包括：通过管道输送到住宅，院子或小区的水；通过公共水龙头或水管运输的水源；来自于钻孔或管井；来自于受保护的挖井；来自于受保护的泉水；包装用水；输送的水和雨水。（可持续发展指标 6.1.1）。使用得到安全管理的饮用水服务的人口比例 (%)- 使用改善的基本饮用水水源的人口比例。该饮用水水源位于房屋内，在需要时可用，没有粪便（和化学物质）污染。安全管理的饮用水源包括：通过管道输送到住宅，院子或小区的水；通过公共水龙头或水管运输的水源；来自于钻孔或管井；来自于受保护的挖井；来自于受保护的泉水；包装用水；输送的水和雨水。（可持续发展指标 6.1.1）。

保护区内陆地和淡水生物多样性重要场地所占比例 (%) 是指陆地和淡水生物多样性（例如对全球生物多样性有重要贡献的区域）的重要区域被指定保护区完全覆盖的比例。指标值 = 受保护区完全覆盖的生物多样性关键区域 (KBAs) 总数 / 各国 KBAs 总数 *100。（可持续发展目标指标 15.1.2）。保护区内陆地和淡水生物多样性重要场地所占比例 (%) 是指陆地和淡水生物多样性（例如对全球生物多样性有重要贡献的区域）的重要区域被指定保护区完全覆盖的比例。指标值 = 受保护区完全覆盖的生物多样性关键区域 (KBAs) 总数 / 各国 KBAs 总数 *100。（可持续发展目标指标 15.1.2）。

巴西

淡水资源 到 2012 年巴西淡水资源径流量的历史均值为 214361 立方米 / 秒。

人均二氧化硫排放量 数据的地域范围仅限某些大都市区（累西腓、萨尔瓦多、贝洛奥里藏特、维多利亚、里约热内卢、圣保罗、库里蒂巴、阿雷格里港和联邦区），二氧化硫排放浓度值未使用人口数进行加权调整。

多年生作物面积 是几年内不需要再重新种植的长期生长作物的土地面积，如可可和咖啡。它包括花卉型的树木和灌木及苗圃，但是不包括归入森林类的树木和多年生草场和牧场。

人均二氧化碳排放量 第 3 次全国温室气体大会后，对数据进行了修订。2015 年的数据修订包含了 1970-2014 年的所有部门，不过土地的使用只修订了 1990-2014 年的数据。方法论的基础是巴西人为排放和温室气体的去除，这一估计是有巴西科学技术创新通信部发布的。第 3 次大会涉猎了农业、能源和工业加工和废弃物等部门的方法论。土地使用的变化采用了第二次大会的存量数据方法论。

中国

水资源总量 指一定区域内的水资源总量指当地降水形成的地表和地下产水量，即地表径流量与降水入渗补给量之和，不包括过境水量。

自然保护区 指保护典型的自然生态系统、珍稀濒危野生动植物种的天然集中分布区、有特殊意义的自然遗迹的区域。具有较大面积，确保主要保护对象安全，维持和恢复珍稀濒危野生动植物种群数量及赖以生存的栖息环境。

环境污染治理投资 指在工业污染源治理和城市环境基础设施建设的资金投入中，用于形成固定资产的资金。包括工业新老污染源治理工程投资、当年完成环保验收项目环保投资，以及城市环境基础设施建设所投入的资金。

多年生作物用地 指长期占用土地，每次收获后不需要重新种植的作物用地，如可可，咖啡和橡胶。此类别包括开花灌木，果树，坚果树和葡萄树用地，但不包括用于种植木材的用地。

埃塞俄比亚

人均二氧化碳排放量 (kg)= 森林部门的净排放量除以埃塞俄比亚当年的总人口。负号表示净值正在被清除（碳汇）。

森林利用面积 是指森林产品生产量。

森林覆盖率 是指森林面积占国家总面积的比重。

印度

森林覆盖率 全国森林植被被划分为 3 个密度等级：即超密林 (VDF)、中密林 (MDF)、疏林 (OF)。除上述等级以外，还对不属于森林覆盖范围的灌木丛进行了分类和绘图。

俄罗斯

多年生作物面积 指种植多年生作物（水果和浆果种植园、葡萄、茶叶、多年生缠绕草本植物等）的农业用地面积。

淡水资源 指国内可再生的淡水资源（河流径流量以及国内降水形成的地下水）。

年径流量 为年淡水取用量，没有考虑蓄水池损失。

淡水利用 包括从各种水资源（包括海水资源）中取水以满足国内用水需要的形式。但不包括循环水利用、污水处理利用和中水利用等。

废水安全处理百分比 定义为在污水处理厂规范化处理的纯净水和净化的废水占总废水（污水）排放到表层水体的比重 (%)。

第八章 工业

表 8.1 主要工业产品产量概况

	2000	2014	2015	2016	2017	2018	2019	2020	2021	2022	2023
工业生产指数(上年=100)											
巴西	106.6	97.0	91.7	93.6	102.5	101.0	98.9	95.5	103.9	99.3	100.1
中国[1]	111.4	108.3	106.1	106.0	106.6	106.2	105.7	102.8	109.6	103.6	104.6
埃及	…	103.1	103.9	107.5	112.1	114.0	116.9	101.3	109.9	112.1	101.7
埃塞俄比亚	…	…	…	…	…	…	…	…	…	…	…
印度[2]	105.0	104.0	103.3	104.6	104.4	103.8	99.2	91.6	111.4	105.2	105.9
伊朗	…	…	…	…	…	…	…	…	…	…	…
俄罗斯[3]	108.7	102.5	100.2	101.8	103.7	103.5	103.4	97.9	106.3	100.7	104.1
南非	86.1	100.1	100.1	100.8	100.1	101.1	100.0	87.7	92.9	92.6	93.2
阿联酋	…	…	…	…	…	…	…	…	…	…	…
原油产量(万吨)											
巴西	7184	13113	14172	14632	15253	15047	16196	17131	16878	17553	19757
中国	16300	21140	21456	19969	19151	18932	19163	19477	19888	20472	20903
埃及	…	…	…	3356	3133	3119	3110	3000	2850	2788	…
埃塞俄比亚	102	262	282	308	350	377	389	379	379	398	398
印度	3240	3750	3690	3600	3570	3420	3220	3050	2970	2900	2900
伊朗	…	…	…	…	…	…	…	…	…	…	…
俄罗斯[4]	32400	52600	53500	54800	54700	55600	56100	51300	52300	53500	…
南非 (万千升)[5]	2100	…	…	…	…	…	…	…	…	…	…
阿联酋[6]	10829	13913	14883	15378	14772	14980	15227	13836	13532	15258	…
原煤产量(万吨)											
巴西	679	794	635	701	482	484	541	548	666	612	649
中国	138418	387392	374654	341060	352356	369774	384600	390200	412600	455855	472270
埃及	…	63300	37500	25000	18200	29900	20400	17200	10600	…	…
埃塞俄比亚	…	…	…	…	…	…	…	…	…	…	150100
印度[13]	31370	60900	63900	65800	67500	72900	73100	71600	77800	89300	99700
伊朗	…	…	…	…	…	…	…	500	400	400	…
俄罗斯	25800	35700	37200	38600	41000	43900	43900	39800	43500	43500	43000
南非	22500	26200	25200	25100	25200	25400	25900	25000	23400	23000	23200
阿联酋	…	…	…	…	…	…	…	…	…	…	…
发电量(亿千瓦小时)											
巴西[7]	3489	5963	5866	5844	5956	6072	6330	6288	6564	6772	7081
中国	13560	57940	58150	61330	66040	71660	75030	77790	85340	88490	94564
埃及	…	…	…	1860	1900	1970	2000	1970	2050	2140	…
埃塞俄比亚	…	86.9	95.5	104.6	125.4	132.1	145.0	151.9	157.6	154.7	…
印度[10]	5610	12670	13360	14070	14830	15850	16230	15980	16940	18300	19490[11]
伊朗	…	…	…	…	…	…	…	…	…	…	…
俄罗斯	8780	10640	10680	10910	10940	11150	11210	10900	11590	11700	11810
南非	2107	2548	2504	2531	2554	2563	2526	2395	2443	2348	2244
阿联酋	…	1165	1274	1296	1346	1360	1385	137310	1491	1554	…

资料来源：

巴西

1. 巴西国家地理与统计局，2000-2023年工业生产指数。
2. 国家石油天然气和生物燃料局。
3. 巴西国家电力调度中心。
4. 巴西能源研究公司。
5. 经济合作与发展组织数据库 。
6. 国际能源署，《2019年世界能源统计年鉴》。
7. 联合国统计月报。

中国

1. 中国国家统计局，《工业统计年报》2000-2023年。
2. 中国国家统计局，《工业生产调查月报》2000-2023年。
3. 中国国家统计局，《中华人民共和国2023年国民经济和社会发展统计公报》。

埃塞俄比亚

1. 埃塞俄比亚矿业部。
2. 埃塞俄比亚水和能源部。

印度

1. 印度统计和计划执行部。
2. 印度石油和天然气部。
3. 国家电力部，中央电力局。

俄罗斯

俄罗斯联邦统计局。

南非

1. 南非石油工业协会。
2. 南非统计局，月度制造业生产和销售调查，2000-2019年。
3. 南非统计局，月度电力生产和配送调查，2000-2019年。

脚注：

巴西

(1) 数据来自经济合作与发展组织数据库。

(7) 发电量来自巴西能源研究公司。

(8) 2010年起，数据来自《2019年世界能源统计年鉴》。

中国

(1) 规模以上工业企业的覆盖范围在2011年进行了调整，即从2011年起为年主营业务收入2000万元以上工业企业，2011年之前为年主营业务收入500万元以上的工业企业。

印度

(2) 为财政年度数据。2000年数据的基期是1993-94，从2012年起的基期是2011-12。2023年的数据为临时数据。

(10) 为财政年度数据。指公用事业单位（包括火力、水力和核能）和非公用事业单位的总发电量。

(11) 估计数。

(13) 煤炭产量为财政年度数据，2023-24财年的产量为临时数据。

俄罗斯

(3) 2013年之前（包括2013年）- 按经济活动采矿业、制造业、电力、天然气和水的生产供应行业划分的综合指数；2014 年起，按采矿业、制造业、电力、燃气和空调供应，供水、废物管理和污染清洁等经济活动划分的综合指数。

(4) 自 2020 年起，脱水、脱盐和稳定石油包括液态天然气。

南非

(5) 包括汽油、飞机燃料、照明石蜡、燃料油、沥青、液化石油气。

阿联酋

(6) 原油。

表 8.2.1 主要工业产品产量——巴西

产品	2000	2014	2015	2016	2017	2018	2019	2020	2021	2022	2023
原煤产量(万吨)	679	794	635	701	482	484	541	548	666	612	649
天然气产量(亿立方米)[1]	133	319	351	379	401	409	447	392	453	453	…
铁矿石原矿产量(万吨)	21800	47600	48900	45800	46200	49500	…	40796	44512	51138	…
钢产量(万吨)	3020	4860	4500	4140	4600	5050	3220	4280	5400	4730	…
乘用车产量(万辆)	132	267	217	188	238	251	…	173	179	181	…
家用电冰箱产量(万台)	435	770	691	637	645	649	…	631	616	606	…
电视机产量(万台)	602	1410	1087	1040	1210	1438	…	1444	1174	1381	…
移动电话使用量(万部)[2]	1092	6791	5154	4614	4370	3848	…	3019	3559	4694	…
家用洗衣机产量(万台)	321	860	821	702	645	766	…	955	630	816	…
农用化肥产量(万吨)	1907	4032	3357	3901	3935	4170	…	4516	5463	5488	…
锯材产量(万立方米)	1350	2845	2776	2331	2225	2404	…	2518	3364	3638	…
机制纸及纸板产量(万吨)	…	2250	2440	2490	2630	3040	…	2740	2936	2926	…
水泥产量(万吨)	3643	8860	11306	10260	8583	8558	…	9419	10858	11131	…
棉布产量(万吨)	50	50	44	50	45	50	…	44	63	60	…
毛机织物(呢绒)产量(万套)	18	72	110	110	96	67	…	60	49	93	…
鞋产量(亿双)	…	16	15	13	14	14	…	10	12	13	…

资料来源：

巴西国家地理与统计局，年度工业调查，2000-2022 年。

脚注：

自 2005 年起，年度工业调查覆盖所有雇员人数超过 30 人的公司。

(1) 国家石油管理局。

(2) 为全国移动电话产量。

表 8.2.2 主要工业产品产量——中国

	2000	2014	2015	2016	2017	2018	2019	2020	2021	2022	2023
产品											
原煤产量(亿吨)	13.8	38.7	37.5	34.1	35.2	37.0	38.5	39.0	41.3	45.6	47.2
天然气产量(亿立方米)	272	1302	1346	1369	1480	1602	1754	1925	2076	2201	2324
铁矿石原矿产量(万吨)	22256	152672	138129	127173	122919	80157	84481	86672	98053	96787	99056
粗钢产量(万吨)	12850	82231	80383	80761	87074	92904	99542	106477	103524	101796	102886
基本型乘用车产量(万辆)	61	1248	1163	1211	1195	1217	1029	924	971	1045	1181
家用电冰箱产量(万台)	1279	8796	7993	8482	8315	8109	7904	9015	8992	8664	9942
彩色电视机产量(万台)	3936	14129	14476	15770	15933	19695	18999	19626	18497	19578	19808
移动通信手持机产量(万台)	5248	168203	181261	184846	188982	180051	169603	146962	166152	156080	155652
家用洗衣机产量(万台)	1443	7114	7275	7621	7501	7262	7433	8042	8619	9106	10529
农用化肥产量(万吨)	3186	6877	7432	6630	5892	5404	5731	5496	5544	5573	5684
锯材产量(万立方米)	634	6837	7430	7716	8602	8362	6746	7593	7952	5699	…
机制纸及纸板产量(万吨)	2487	11786	11743	12319	12542	12046	12515	12701	13584	13691	15129
水泥产量(万吨)	59700	249207	235919	241031	233084	223610	234431	239471	237724	212927	201940
棉布产量(亿米)	139.2	388.0	390.1	392.6	274.9	263.5	219.2	186.2	196.3	185.0	…
毛机织物(呢绒)产量(亿米)	2.8	6.0	6.3	4.6	4.5	4.8	4.9	2.9	2.8	3.7	…
皮革鞋靴产量(亿双)	14.7	45.0	45.6	46.2	44.8	41.3	39.5	35.4	35.2	36.3	…

资料来源：

1. 中国国家统计局，《中国统计年鉴》2023 年，《中国工业统计年鉴》2023 年，《中国统计摘要》2024 年，2023 年 12 月工业生产月度调查。
2. 中国国家林业和草原局，《2000-2022 年年度报告》。

表 8.2.4 主要工业产品产量——埃塞俄比亚

	2000	2014	2015	2016	2017	2018	2019	2020	2021	2022	2023
铁矿石产量(万吨)	1491100	19159700	5075300	795077600	14907300	915683300	…	…	…	…	…
石油产量(万吨)	102	262	282	308	350	377	389	379	379	398	3[illegible]8
原煤产量(亿吨)	…	…	…	…	…	…	…	…	…	…	[illegible]5
天然气产量(亿立方米)	…	…	…	…	…	…	2.8	2.0	…	…	…
电力生产(亿千瓦时)	…	86.9	95.5	104.6	125.4	132.1	145.0	151.9	157.6	154.7	…
初次能源产量(亿吨标准油)	…	343.9	353.1	362.5	373.1	382.3	392.0	401.1	412.7	420.9	…
能源消费(亿吨标准油)	…	351.9	363.7	375.1	389.6	400.4	412.4	428.0	432.9	443.0	…

资料来源：

1. 矿业部。
2. 水和能源部。

表 8.2.5 主要工业产品产量——印度

	2000	2014	2015	2016	2017	2018	2019	2020	2021	2022	2023
按行业分类的工业生产指数(上年=100)											
采矿业	102.8	98.6	104.3	105.3	102.3	102.9	101.6	92.2	112.2	105.8	107.5(P)
制造业	105.3	103.8	102.8	104.4	104.6	103.9	98.6	90.4	111.8	104.7	105.5(P)
电力	104.0	114.8	105.7	105.8	105.4	105.2	101.0	99.5	107.9	108.9	107.1(P)
产品											
原煤产量(亿吨)	3.10	6.09	6.39	6.58	6.75	7.29	7.31	7.16	7.78	8.93	9.97(P)
天然气产量(亿立方米)	294.8	336.6	322.5	319.0	326.5	328.7	311.8	286.7	340.2	344.5	364.4
铁矿石产量(万吨)	8060	12900	15800	19500	20100	20600	24400	20500	25400(P)	25800(P)	27700(P)
铝(万吨)	62.4	202.7	235.5	289.7	340.0	369.6	363.5	361.9	401.7	406.6(P)	415.9(P)
粗钢产量(万吨)(1)	2690	8730	8900	9550	10150	10930	11140	10030	11820	12540	14080
乘用车产量(万台)	52	257	271	275	271	216	177	185(P)	219(P)	…	…
农用化肥产量(万吨)(2)	…	1635	1737	1816	1797	1759	1866	1870	1837	1990	2208
水泥产量(所有种类)(万吨)	10400	27100	28300	28000	29900	33700	33400	30000	36019	39140	42629
棉布产量(包括针织品)(亿平方米)	197	370	384	388	401	422	400	363	404	420	448(P)

资料来源：

1. 印度道路运输和公路部。
2. 印度石油和天然气部。
3. 印度矿产部矿业局。
4. 印度钢铁部。
5. 印度化学品及化学肥料部化学肥料局。
6. 印度工商部工业和国内贸易促进司。
7. 印度纺织部纺织专员办公室。
8. 印度煤炭部。

脚注：

数据按财政年度统计，即当年 4 月至下一年 3 月。

(1) 数据按公历年统计，包括所有质量的碳、不锈钢和其他合金。

(2) 肥料包括氮肥和磷肥。

(P) 初步数据。

表 8.2.6 主要工业产品产量——伊朗

商品	单位	2020	2021	2022
氧化铝	万吨(Al_2O_3含量)	…	…	…
锑	万吨(公制)	…	0.5	1.2
石棉	万吨(公制)	…	…	…
重晶石	万吨(公制)	…	42	30
铝土矿、氧化铝和铝(铝土矿)	万吨(公制)	…	87	82
膨润土和富勒土(膨润土)	万吨(公制)	…	168	133
硼酸盐	万吨(公制)	…	0.2	0.3
铬(矿石和精矿)	万吨(公制)	…	28	27
煤(沥青)	万吨	500	400	400
铜(开采)	万吨(金属含量)	…	5931	5636
铜(精炼)	万吨(公制)	…	…	…
铜(冶炼厂)	万吨(公制)	…	…	…
硅藻土	吨(公制)	…	650	0
长石	万吨(公制)	…	324	286
铁合金(铬铁)	万吨(公制)	…	…	…
铁合金(硅铁)	万吨(公制)	…	…	…
萤石	万吨(公制)	…	12	5
黄金	公斤	…	…	…
石膏	万吨(公制)	…	1841	1809
碘	吨(公制)	…	508	329
铁矿石	万吨	10500	10900	12700
高岭土	万吨(公制)	…	265	446
铅	万吨(金属含量)	…	…	…
铅(精炼)	万吨(公制)	…	…	…
锂	万吨(公制)	…	…	…
菱镁矿和氧化镁(菱镁矿)	万吨(公制)	…	22	22
锰矿	万吨(公制)	…	21	24
水银	万吨(公制)	…	…	…
云母	万吨(公制)	…	0.8	0.2
钼	万吨(金属含量)	…	0.7	0.6
天然气	亿立方米	…	…	…
铌	万吨(公制)	…	…	…
珍珠岩	万吨(公制)	…	100	10
石油(原油)	万吨(公制)	…	…	…
磷矿石	万吨(公制)	…	18.3	0.4
生铁	万吨(公制)	…	…	…
铂族矿产	万吨(公制)	…	…	…
原铝	万吨(公制)	…	…	…
盐	万吨(公制)	…	330	396
银	公斤(金属含量)	…	…	…
钢锭和铸件	万吨(公制)	…	…	…
锶矿物	万吨(公制)	…	34	36
硫和黄铁矿(回收，碳氢化合物)	万吨(硫含量)	…	…	…
滑石	万吨(公制)	…	16	13
钽	万吨(公制)	…	…	…
白砷	万吨(公制)	…	…	…
锌	万吨(金属含量)	…	446	553
锌(板坯)	万吨(公制)	…	…	…

表 8.2.7 主要工业产品产量[1]——俄罗斯

	2000	2014	2015	2016	2017	2018	2019	2020	2021	2022	2023
按行业分类的工业生产指数(上年=100)											
采矿业	106.4	101.7	101.3	102.6	101.9	103.8	103.4	93.5	104.2	101.5	98.7
制造业	110.9	103.2	99.9	101.1	105.7	103.6	103.6	101.3	107.4	100.3	108.6
电力	104.0	101.0	99.0	102.0	100.4	102.2	99.2	97.6	107.1	100.5	100.0
产品											
原煤产量(万吨)	25800	35700	37200	38600	41000	43900	43900	39800	43500	43500	43000
天然气产量(亿立方米)[2]	5840	6420	6340	6410	6910	7260	7390	6940	7630	6760	6380
铁矿石原矿产量(万吨)[3]	8680	10200	10100	10100	9500	9610	9770	10000	10100	9510	9080
钢产量(万吨)[4]	5920	7055	6942	6964	7310	7432	7388	7380	7780	7220	7500
乘用车产量(万辆)	97	170	122	112	136	157	153	126	137	45	54
家用电冰箱产量(万台)[5]	133	369	312	329	315	342	337	356	409	253	298
电视机产量(万台)[6]	112	1626	905	838	586	667	730	767	636	416	369
家用洗衣机产量(万台)[7]	95	386	351	404	453	468	485	526	558	276	252
矿物化肥产量(万吨)[8]	1221	1972	2015	2082	2257	2296	2370	2491	2643	2356	2592
锯材产量(万立方米)[9]	2058	2153	2203	2378	2516	2852	2997	2930	3234	2983	2804
纸及纸板产量(万吨)	530	820	820	860	870	860	910	970	1040	1010	1010
水泥产量(万吨)[10]	3239	6914	6210	5494	5472	5368	5768	5617	5967	6095	6324
棉布产量(亿平方米)[11]	18	12	11	12	12	14	14	15	14	13	14
毛机织物(呢绒)产量(万平方米)	5460	1170	1100	910	984	770	760	780	660	670	535
鞋产量(万双)[12]	5651	10902	9170	9541	12007	12316	10925	9362	10465	11470	12985

资料来源：

俄罗斯联邦统计局。

脚注：

(1) 2017 年以后根据俄罗斯经济活动产品分类标准 (OKPD2)。

(2) 2010 年以后包含伴生气。

(3) 2010 年以后指精铁矿。

(4) 自 2017 年以来，钢材生产包括非合金钢、不锈钢和其他合金钢的铸锭或其他主要形式和半成品。

(5) 家用电冰箱和冷冻柜。

(6) 2017 年以后，无论电视接收器是否与广播无线电接收器或录制声音及图像设备结合在一起，由于方法的变化，数据不具有严格的可比性。

(7) 家用洗衣机。

(8) 根据 100% 养分来测算。从 2010 年开始，指的是矿物和化学肥料。

(9) 包括枕木。2010 年后的数据指的是纵向锯开或切开的、呈片状或去皮的、厚度需超过 6 毫米的木材，以及未浸染的铁路或电车轨道枕木。

(10) 从 2010 年开始，指的是硅酸盐水泥、硫酸铝水泥、熔渣水泥以及类似的水凝水泥。

(11) 包括纱布，窄织物除外。

(12) 包括橡胶和毛毡。

表 8.2.8 主要工业产品销售额——南非

（单位：亿兰特）

	2000	2014	2015	2016	2017	2018	2019	2020	2021	2022	2023
按产品分类的销售额											
钢铁产品	371	1215	1135	1153	1379	1447	1322	1036	1546	1679	1629
汽车	484	1512	1565	1763	1932	2190	2523	1978	1962	2548	3334
家用电器	54	111	116	118	113	119	129	112	133	152	164
基本化学品[1]	255	962	865	917	937	969	965	948	1096	1313	1302
锯木及刨木	38	102	119	130	134	132	129	114	126	145	174
纸和纸品	274	657	709	758	784	843	859	818	908	976	1107
非金属矿产品[2]	182	546	556	573	590	603	581	502	627	676	711
纺织品[3]	79	85	89	100	101	96	91	82	98	102	115
鞋类	33	55	55	60	60	66	73	62	81	86	99

资料来源：

南非统计局，《月度制造业生产和销售调查》，2000-2023 年。

脚注：

(1) 包括肥料。

(2) 包括水泥。

(3) 包括棉织品。

表 8.2.9 主要工业产品产量——阿联酋

	2014	2015	2016	2017	2018	2019	2020	2021	2022	2023
原油产量(万吨)	13928	13911	14884	15377	14774	14974	15227	13844	13532	15258
天然气产量(亿立方米)	546	542	602	619	541	480	551	551	545	556
制造业产值(亿美元)	1082	1063	1081	1109	1219	1285	1215	1519	1829(P)	…
制造业中间消耗(亿美元)	769	746	760	767	858	915	855	1104	1336(P)	…
制造业增加值(亿美元)	313	317	321	342	361	370	359	415	493(P)	
制造业雇员报酬(亿美元)	106	114	116	121	119	129	125	133	138(P)	..
制造业雇员人数(万人)	68.7	70.8	73.1	76.1	73.7	75.2	73.0	75.9	82.4(P)	..
制造业企业数量(万家)	3.0	3.1	3.2	3.3	3.3	3.3	3.5	3.6	3.9(P)	..

脚注：

(P) 初步数据。

主要统计指标解释

巴西

主要工业产品产量数据 为雇员人数超过 30 人的制造业单位产量数据。

移动电话使用量 反映了全国移动电话产量。

中国

工业生产指数 为使用生产者价格指数缩减法所计算的规模以上工业企业的工业增加值的发展速度。2011 年起规模以上工业企业为年主营业务收入 2000 万元以上工业企业，之前为年主营业务收入 500 万元以上的工业企业。

锯材 是指以原木为原料，利用锯木机械或手工工具将原木纵向锯成具有一定断面尺寸（宽、厚度）的木材加工生产活动而形成的木材。

埃塞俄比亚

发电量 为所有来源（水力、风力、地热和废弃物）的总发电量或净发电量。

印度

工业生产指数 是一个相关产量的简单加权算术平均值，权重与年度工业调查所取得的工业部门产值成正比。在行业层级，权重按各行业总产值比例分配。

俄罗斯

工业生产指数 2014 年以前工业生产指数按经济活动进行分类包括采矿和采掘业、制造业、电气水的生产和供应业，2014 年开始，包括采矿和采掘业、制造业、电、煤气、蒸汽和空调供应、供水、排水、废物管理和排污清理活动。 工业生产指数 2014 年以前工业生产指数按经济活动进行分类包括采矿和采掘业、制造业、电气水的生产和供应业，2014 年开始，包括采矿和采掘业、制造业、电、煤气、蒸汽和空调供应、供水、排水、废物管理和排污清理活动。工业生产指数 2014 年以前工业生产指数按经济活动进行分类包括采矿和采掘业、制造业、电气水的生产和供应业，2014 年开始，包括采矿和采掘业、制造业、电、煤气、蒸汽和空调供应、供水、排水、废物管理和排污清理活动。

钢材 在 2017 年 1 月 1 日推出全俄产品分类 OK 034-2014(KPES 2008)--OKPD2 之后，正在开发以下类型的产品：钢或其他初级形态的非合金钢以及非合金钢半成品；钢或其他初级形态的不锈钢以及不锈钢半成品；钢或其他初级形态的其他合金钢以及其他合金钢半成品。

第九章　能源

表 9.1 能源概况

	2000	2014	2015	2016	2017	2018	2019	2020	2021	2022	2023
一次能源生产总量(万吨标准油当量)											
巴西[1]	15340	27354	28713	29586	30418	30960	32767	34254	33952	35460	39100
中国[2]	97000	253500	253500	242200	251200	265200	278100	285100	299000	324700	338100
埃及	…	…	…	7525	7690	8491	9513	9136	9192	9358	…
埃塞俄比亚	…	…	…	…	…	…	…	…	…	…	…
印度[3]	20400	37100	37900	38400	38600	40900	40800	39300	42600	47600(P)	…
伊朗	…	…	…	…	…	…	…	…	…	…	…
俄罗斯	101600	130225	131467	134660	138048	144325	145736	139219	145097	…	…
南非	15300	16700	16300	16400	18100	16400	16500	17600	…	…	…
阿联酋	…	21661	23674	24404	22982	22802	23748	22385	22720	25296	…
能源总消费量(万吨标准油当量)											
巴西[4]	19010	30612	30040	28928	29465	29117	29546	28951	30364	30316	31391
中国[2]	102900	299800	303900	309000	319100	330300	341200	248800	368100	378700	400400
埃及	…	…	…	5120	5219	5281	5285	5295	5362	5876	…
埃塞俄比亚	…	…	…	…	…	…	…	…	…	…	…
印度[5]	…	44500	46700	47400	49900	53600	53300	50700	51600	55200(P)	…
伊朗	…	…	…	…	…	…	…	…	…	…	…
俄罗斯	99703	117245	115227	115495	116844	120237	120152	116463	122019	…	…
南非	9100	6800	6700	7100	6800	8200	7500	7100	…	…	…
阿联酋	…	…	…	…	…	…	…	…	…	…	…
人均能源消费量(千克标准油当量)											
巴西[6]	1088	1511	1470	1404	1419	1391	1401	1362	1418	1406	1447
中国[7]	815	2185	2202	2227	2286	2355	2424	2472	2607	2682	2838(P)
埃及	…	…	…	…	…	…	…	…	…	…	…
埃塞俄比亚	…	…	…	…	…	…	…	…	…	…	…
印度[8]	…	536	540	546	563	588	579	525	575	607(P)	…
伊朗	…	…	…	…	…	…	…	…	…	…	…
俄罗斯	6801	8000	7839	7837	7909	8132	8127	7887	8287	…	…
南非	1799	…	…	…	…	…	…	…	…	…	…
阿联酋	…	…	…	…	…	…	…	…	…	…	…
能源净进口量占能源消费总量的比重(%)											
巴西	22.0	12.4	7.3	2.1	0.4	−1.4	−5.0	−10.8	−3.7	−7.6	−14.0
中国	3.4	16.3	15.6	17.7	19.2	20.6	21.5	22.5	21.2	20.0	…
埃及	…	…	…	…	…	…	…	…	…	…	…
埃塞俄比亚	…	…	…	…	…	…	…	…	…	…	…
印度	…	61.8	63.9	64.8	65.0	65.3	68.9	64.9	65.0	66.8	…
伊朗	…	…	…	…	…	…	…	…	…	…	…
俄罗斯	8.8	7.6	7.6	3.0	5.5	4.3	1.2	2.8	2.2	…	…
南非	21.0	33.0	37.0	28.0	32.0	47.0	50.0	49.0	…	…	…
阿联酋	…	275.9	249.0	506.2	616.5	516.8	257.0	234.8	657.3	613.1	…

表 9.1 能源概况

（续表 1）

	2000	2014	2015	2016	2017	2018	2019	2020	2021	2022	2023
电力出口(亿千瓦小时)											
巴西	0.1	0.0	2.2	5.2	1.6	0.0	2.0	4.0	0.4	49.8	71.9
中国	98.8	181.6	186.5	189.1	194.7	209.1	216.5	217.9	201.8	200.9	…
埃及	…	…	…	0.5	0.7	0.8	0.7	1.0	1.7	1.0	…
埃塞俄比亚	…	…	…	…	…	…	…	…	…	…	…
印度	2.0	44.3	51.5	67.1	72.0	84.7	94.9	95.7	92.5	137.9	113.6
伊朗	…	…	…	…	…	…	…	…	…	…	…
俄罗斯	228.5	81.2	161.2	160.5	115.9	120.9	129.2	79.1	267.1	…	…
南非[9]	40.1	138.4	146.1	165.5	152.0	143.9	149.8	136.5	137.1	122.7	112.6
阿联酋	…	2.8	2.5	5.1	6.2	5.2	2.6	2.3	6.6	6.1	…
电力进口(亿千瓦小时)											
巴西	443.5	337.8	346.4	413.1	365.1	349.8	251.6	251.1	231.5	178.9	222.9
中国	15.5	67.5	62.1	61.9	64.2	56.9	48.6	47.5	59.4	71.4	…
埃及	…	…	…	7.5	3.3	4.3	6.4	9.8	15.9	15.9	…
埃塞俄比亚	…	…	…	…	…	…	…	…	…	…	…
印度	15.0	50.1	52.4	56.2	50.7	44.0	63.5	95.5	79.7	76.4	66.5
伊朗	…	…	…	…	…	…	…	…	…	…	…
俄罗斯	88.0	88.7	88.1	34.9	64.1	51.3	14.7	32.8	26.5	…	…
南非[10]	47.2	111.8	130.6	105.6	85.7	96.9	98.0	98.3	101.4	107.6	107.1
阿联酋	…	2.5	2.3	11.4	5.1	4.9	2.4	2.1	8.7	5.0	…
电力消费(亿千瓦小时)											
巴西	3318	5383	5302	5269	5343	5442	5521	5477	5731	5861	6163
中国	13472	57830	58020	61205	65914	71508	74866	77620	85200	88358	92238[P]
埃及	…	…	…	1563	1516	1576	1519	1485	1542	1640	…
埃塞俄比亚	…	…	…	…	…	…	…	…	…	…	…
印度	3683	9485	10012	10612	11234	12100	12481	12302	13168	14403	15430
伊朗	…	…	…	…	…	…	…	…	…	…	…
俄罗斯	8637	10650	10598	10779	10891	11081	11101	10850	11354	11536	11723
南非	1957	2336	2309	2285	2297	2318	2273	2160	2210	2148	2062
阿联酋	…	973	1089	1106	1145	1164	1199	1182	1290	1346	…
人均电力消费(千瓦小时)											
巴西[11]	2251	3110	3040	3035	3043	3068	3119	3075	3174	3201	3333
中国	1067	4215	4205	4410	4721	5098	5318	5501	6032	6257	6538[P]
埃及	…	…	…	1735	1646	1637	1549	1487	1519	…	…
埃塞俄比亚	…	…	…	…	…	…	…	…	…	…	…
印度	366	1010	1075	1122	1149	1181	1208	1161	1255	1331	1395
伊朗	…	…	…	…	…	…	…	…	…	…	…
俄罗斯[12]	5892	7269	7211	7314	7374	7497	7505	7346	7712	7863	8013
南非[13]	4587	4297	4182	4080	4041	4019	3884	3639	3686	3544	…
阿联酋	…	11762	12468	12116	12291	12410	12608	12727	13085	13083	…

资料来源：

巴西

1. 巴西矿业和能源部，《2016 年巴西能源平衡表》。
2. 国际能源署，《2019 年电力信息》。
3. 联合国统计司数据库。

中国

中国国家统计局，《中国能源统计年鉴》，2000-2023 年。

埃及

1. 埃及能源平衡表 (CAPMAS)。
2. 埃及《电力与能源统计年鉴》(CAPMAS)。

埃塞俄比亚

埃塞俄比亚水和能源部。

印度

1. 印度统计和计划执行部。
2. 印度电力部中央电力局。

俄罗斯

1. 俄罗斯联邦统计局，《能源平衡短表》。
2. 联合国统计司数据库。

南非

1. 南非统计局：统计发布 P4141：发电量和可供配电的电力以及能源账户。
2. 南非能源部。

脚注：

巴西

(1) 一次能源生产总量包括不合格的和未使用的天然气。

(4) 能源总消费量包括部门最终能源消费量和转换、分配和存储过程中的损耗以及能源部门最终消费量。

(6) 人均能源消费量 = 总消费量 / 人口数。

(11) 人均用电量不包括能源部门的能源消耗和损失。

中国

(2) 一次能源生产总量和能源消费总量中的电力、热力按等价热值折算。

(7) 人均能源消费量按年平均人口计算。

印度

数据为财政年度数据。

(3) 一次能源包括煤炭、褐煤、原油、天然气和电力。

(5) 包括煤炭、褐煤、原油（按炼油厂原油吞吐量计算的原油）、天然气和电力（水电、核能和其他可再生能源电力）。

(8) 年中人口已按 10 月 1 日计算。

(P) 临时数据。

俄罗斯

(12) 基于俄罗斯 2020 年人口普查结果。

南非

(9) 指南非边境计量系统测量的流出南非的能源。

(10) 指南非边境计量系统测量的流入南非的能源。

(13) 人均电力消费 = 电力消费总量 / 年中人口估计数。

表 9.2.1 能源概况——巴西

	2000	2014	2015	2016	2017	2018	2019	2020	2021	2022	2023
一次能源总产量(万吨标准油)											
不可再生能源	8076	15392	16580	17254	17948	17842	19264	20306	20384	21111	23560
石油和石油产品	6385	11670	12613	13037	13591	13407	14430	15263	15039	15640	17604
天然气	1318	3166	3487	3761	3981	4056	4440	4630	4846	4997	5428
煤和焦炭	260	306	246	264	193	193	216	208	264	231	236
冶金煤	1	0	0	0	0	0	0	0	0	0	0
铀–U_3O_8	13	68	51	0	0	0	0	21	34	52	108
其他不可再生能源	98	181	183	192	183	186	178	184	201	191	134
可再生能源	7264	11962	12133	12332	12470	13118	13503	13948	13568	14349	15540
水力发电	2618	3212	3094	3276	3190	3345	3422	3409	3120	3673	3664
木柴和木炭	2305	2522	2507	2350	2486	2625	2641	2646	2741	2727	2710
甘蔗制品	1989	4927	5040	5066	4972	5089	5286	5560	5064	4774	5540
风电	0	105	186	288	364	417	481	491	622	702	824
太阳能[(1)]	6	54	60	67	78	106	139	179	237	359	543
其他可再生能源	346	1141	1245	1286	1378	1535	1534	1664	1784	2114	2259
总计	15340	27354	28713	29586	30418	30960	32767	34254	33952	35460	39100
国内能源供应											
不可再生能源	11277	18472	17588	16279	16683	15777	15832	14859	16653	15958	15978
石油和石油产品	8674	11998	11160	10517	10607	9941	10090	9525	10363	10807	11022
天然气	1026	4137	4097	3557	3794	3591	3591	3382	4005	3174	3018
煤和焦炭	1299	1752	1763	1592	1679	1642	1544	1395	1694	1400	1369
铀–U_3O_8	181	404	386	421	419	417	429	373	390	383	385
其他不可再生能源	98	181	183	192	183	186	178	184	201	191	184
可再生能源	7733	12139	12452	12649	12783	13341	13714	14092	13712	14358	15414
水力发电(*)	2999	3502	3390	3627	3502	3646	3636	3621	3319	3784	3793
木柴和木炭	2306	2522	2507	2350	2486	2625	2641	2646	2741	2727	2710
甘蔗制品	2076	4817	5062	5032	4976	5009	5284	5493	5010	4673	5285
风电	0	105	186	288	364	417	481	491	622	702	824
太阳能[(1)]	6	54	60	67	78	106	139	179	237	359	543
其他可再生能源	346	1139	1246	1286	1375	1538	1533	1662	1783	2113	2258

表 9.2.1 能源概况——巴西

（续表 1）

	2000	2014	2015	2016	2017	2018	2019	2020	2021	2022	2023
总计	19010	30612	30040	28928	29465	29117	29546	28951	30364	30316	31391
可再生能源占最终能源消费总量比重(%)	40.7	39.7	41.5	43.7	43.4	45.8	46.4	48.7	45.2	47.4	49.1
人均能源消费量(千克标准油当量)	1088.3	1511.0	1470.3	1404.4	1419.0	1391.0	1400.6	1362.2	1418.4	1406.4	1446.7
单位GDP能耗(吨标准油/万美元)(5)	1.0	1.0	1.0	1.0	1.0	1.0	1.0	1.0	1.0	1.0	1.0
能源净进口占能源消费比重(%)	22.0	12.4	7.3	2.1	0.4	−1.4	−5.0	−10.8	−3.7	−7.6	−14.0
石油和天然气产品(万吨标准油)											
生产	8296	11157	10611	9876	9476	9245	9243	9602	9675	10299	10970
进口	1397	2445	2124	2235	2803	2509	2776	2274	2838	2973	2725
出口	−862	−1262	−1232	−1126	−1143	−1388	−1431	−1866	−1667	−1881	−2194
存货变动、损失和调整(*)	−18	−16	41	−11	−47	51	−70	−47	−69	−220	−65
总消费量	8813	12324	11545	10974	11089	10417	10519	9963	10777	11171	11436
发电量(亿千瓦时)	3489	5963	5866	5844	5956	6072	6330	6288	6564	6772	7081
不可再生能源	367	1635	1555	1186	1286	1119	1176	1058	1485	833	779
天然气	41	838	826	606	705	593	656	595	870	419	386
动力煤	77	184	191	170	163	142	153	119	176	80	88
柴油	56	157	120	66	59	57	59	66	79	61	46
燃料油	80	181	152	67	79	48	23	24	95	10	11
瓦斯焦炭	6	13	10	10	16	15	15	14	17	15	13
其他二次能源	17	32	33	28	27	29	32	30	29	31	32
其他不可再生能源	31	76	76	81	79	79	76	69	74	72	58
UO_2中的铀	60	154	147	159	157	157	161	141	147	146	145
可再生能源	3123	4328	4312	4658	4670	4953	5154	5229	5079	5939	6302
木材	8	20	22	20	21	24	23	24	22	22	22
甘蔗渣	37	326	340	352	357	354	368	388	346	323	365
黑液	30	105	111	120	129	141	130	145	151	173	151
生物柴油	0	7	6	3	3	4	4	6	7	4	4
其他可再生能源	4	14	18	18	19	21	24	26	33	28	35
风电	0	122	216	335	424	485	560	571	723	816	958
太阳能	0	0	1	1	8	35	67	107	168	301	506
水力发电	3044	3734	3597	3809	3709	3890	3979	3964	3628	4271	4260

表 9.2.1 能源概况——巴西

（续表 2）

	2000	2014	2015	2016	2017	2018	2019	2020	2021	2022	2023
可再生能源发电占发电总量比重(%)	89	73	73	80	78	82	81	83	77	88	89
电力消费量(亿千瓦时)(3)	3318	5383	5302	5269	5343	5442	5521	5477	5731	5861	6133
能源部门	105	369	372	353	359	373	388	383	391	358	359
居民部门	836	1323	1312	1329	1344	1378	1431	1488	1511	1556	1697
商业部门	475	906	914	889	902	906	946	848	903	971	1040
公共部门	292	429	434	433	433	454	462	428	427	446	456
农业和畜牧业	129	266	268	282	287	304	304	325	343	323	338
运输部门	13	20	21	20	21	20	16	20	20	20	19
工业部门	1469	2070	1980	1962	1997	2008	1973	1984	2135	2187	2245
电力出口(亿千瓦时)	0.1	0.0	2.2	5.2	1.6	0.0	2.0	4.0	0.4	49.8	71.9
电力进口(亿千瓦时)	443	338	346	413	365	350	252	251	231	179	223
人均用电量(千瓦时)	2251	3110	3040	3035	3043	3068	3119	3075	3174	3201	3333

资料来源：

巴西能源调查局。

表 9.2.2 能源概况——中国

	2000	2014	2015	2016	2017	2018	2019	2020	2021	2022	2023
按部门分类的原油消费量(万吨)											
总计	21232	51597	54788	57126	59402	63004	67268	69477	72299	70023	…
工业	21052	51552	54752	57104	59394	62996	67259	69477	72298	70022	…
交通运输、仓储和邮政业	178.4	44.9	35.9	22.3	8.7	8.8	9.2	0.6	0.6	0.6	…
批发、零售业和住宿、餐饮业	0.2	…	…	…	…	…	…	…	…	…	…
其他	1.4	…	…	…	…	…	…	…	…	…	…
按部门分类的汽油消费量(万吨)											
总计	3505	9776	11369	11866	12296	13055	13628	12767	14242	13277	…
农、林、牧、渔、水利业	89	217	231	224	230	243	253	257	281	278	…
工业	682	489	477	436	382	297	262	184	194	307	…
建筑业	116	331	409	437	452	505	500	508	563	544	…
交通运输、仓储和邮政业	1528	4665	5307	5511	5699	6068	6245	5574	6223	5846	…
批发、零售业和住宿、餐饮业	70	218	243	241	245	276	288	273	303	287	…
其他	793	1738	2109	2046	2075	2164	2241	2253	2503	2249	…
生活消费	228	2119	2593	2970	3214	3504	3839	3718	4175	3766	…
电力消费量(亿千瓦时)											
总计	13472	57830	58020	61205	65914	71508	74866	77620	85200	88358	92238(P)
农、林、牧、渔、水利业	533	1013	1040	1092	1175	1243	1336	1422	1597	1757	…
工业	10005	42249	41550	42997	46053	49095	50698	52353	56622	57413	…
建筑业	160	722	699	726	789	888	991	1011	1133	1091	…
交通运输、仓储和邮政业	281	1059	1126	1252	1418	1609	1752	1751	1993	2041	…
批发、零售业和住宿、餐饮业	419	1996	2122	2324	2527	2900	3187	3169	3870	4043	…
其他	623	3615	3919	4395	4881	5717	6264	6517	7707	8077	…
生活消费	1452	7176	7565	8421	9072	10058	10637	11397	12279	13936	…
电力生产量(亿千瓦时)											
火电	11142	44001	42842	44371	47546	50963	52201	53302	58059	58888	62657
水电	2224	10729	11303	11840	11979	12318	13044	13552	13390	13522	12858
核电	167	1325	1708	2133	2481	2944	3484	3663	4075	4178	4347
非化石能源占能源消费总量比重(%)(1)	7.3	11.3	12	13	13.6	14.5	15.3	15.9	16.7	17.6	17.9(P)
单位GDP能耗(千克标准油/GDP)(2)	0.85	0.29	0.27	0.28	0.26	0.24	0.24	0.24	0.21	0.21	0.22(P)

资料来源：

1. 中国国家统计局《中国能源统计年鉴》2000-2023 年。
2. 中国国家统计局《中华人民共和国 2023 年国民经济和社会发展统计公报》。

脚注：

(1) 包括转换损耗和其他损耗。

(2) GDP 为现价数据。

(p) 初步数据。

表 9.2.3 能源概况——埃及

	2017	2018	2019	2020	2021	2022
按用途分类的已售能源(亿千瓦时)						
工业	415	436	444	411	421	457
农业	67	71	72	74	79	86
公用事业	64	67	66	65	69	71
公共照明	51	49	53	47	55	59
政府机构	86	86	77	69	75	91
生活	641	668	601	615	624	629
商店及其他	186	192	197	190	200	227

资料来源：

《电力与能源统计年鉴》(CAPMAS)。

表 9.2.5 能源概况——印度

	2000	2014	2015	2016	2017	2018	2019	2020	2021	2022	2023
原油消费量(万吨)(1)	11402	22324	23286	24536	25193	25720	25439	22177	24170	25523	…
电力消费量(亿千瓦时)(2)	3683	9485	10012	10612	11234	12100	12481	12302	13168	14403	15430(3)
国内	756	2174	2389	2558	2735	2882	3087	3308	3398	3532	3750(3)
商用	225	784	860	898	938	982	1060	870	971	1172	1250(3)
工业电力	1593	4183	4235	4402	4686	5192	5328	5088	5565	5939	6450(3)
公共照明	34	87	89	94	97	97	94	91	95	85	95(3)
铁路、电车	82	162	166	157	174	188	191	147	219	300	330(3)
农业	847	1689	1732	1912	1992	2134	2113	2213	2285	2439	2550(3)
公共用水和污水排放	70	188	201	194	209	223	230	236	265	310	350(3)
其他	74	217	339	397	403	400	376	350	370	627	655(3)
电力生产(亿千瓦时)(2)	5608	12671	13360	14074	14832	15849	16230	15980	16938	18298	19490
公用事业(4)	5012	11051	11676	12354	13035	13718	13834	13732	14845	16179	17344
热电	4099	8779	9430	9935	10371	10723	10428	10326	11148	12064	13265(3)
水电	744	1292	1214	1224	1261	1349	1558	1503	1516	1621	1341(3)
核电	169	361	374	379	383	378	465	430	471	459	479(3)
可再生能源	…	618	658	815	1018	1268	1383	1472	1709	2036	2258
非公用事业	596	1621	1684	1720	1798	2131	2396	2248	2093	2119	2146
可再生能源发电装机(人均瓦特)	1270	39950	47091	58558	70651	79412	88255	95803	109885	125160	143645

资料来源:

1. 印度统计和计划执行部。
2. 能源部，中央电力局。

脚注:

为财政年度数据。

(1) 原油是指炼油厂的炼油吞吐量。

(2) 包括公共和非公共部门。

(3) 估计数据。

(4) 由可再生能源、水电、核能和热能组成。

表 9.2.6 能源概况——伊朗

	2000	2014	2015	2016	2017	2018	2019	2020	2021
一次能源供应(万吨原油当量)	22630	23740	23230	24570	25440	26310	28480	29420	23970
最终能源消费总量(万吨原油当量)	15140	15510	15320	16200	16330	17390	18420	17830	19690
发电量(亿千瓦时)	2624	2744	2806	2891	3083	3092	3265	3425	3570
原油产量(万吨原油当量)	16170	16570	16420	21500	22270	…	…	…	…
天然气产量(万吨原油当量)	13580	15380	16220	17680	19070	19870	20800	22420	22570
煤炭产量(万吨原油当量)	70	70	80	90	110	110	100	110	120
易燃的可再生资源(万吨原油当量)	110	120	120	120	120	120	120	10	10
水电(万吨原油当量)	120	110	110	130	120	130	250	180	110
风能和太阳能(万吨原油当量)	<>	<>	<>	<>	<>	10	10	10	10
核能(万吨原油当量)	110	110	70	160	180	180	160	130	110

脚注：

<> 小于 5。

表 9.2.7 能源概况——俄罗斯

	2000	2014	2015	2016	2017	2018	2019	2020	2021	2022	2023
原油消费量(万吨)(1)	18294	29893	28925	29275	29382	29477	29118	28113	28915	…	…
汽油消费量(万吨)	2326	3590	3563	3503	3390	3444	3464	3281	3139	…	…
电力消费量(亿千瓦小时)	8637	10650	10598	10779	10891	11081	11101	10850	11354	11536	11723
发电量(亿千瓦小时)	8778	10642	10675	10911	10942	11151	11215	10897	11594	11698	11810
火电	5817	7075	7012	7068	7028	7162	7139	6556	7148	7383	7529
水电	1654	1753	1699	1866	1871	1930	1965	2144	2161	1993	2025
核电	1307	1808	1955	1966	2031	2046	2090	2160	2225	2237	2177
可再生能源	…	7	9	11	11	14	21	37	60	86	79
可再生能源占最终能源消费总量比重(%)(2)	3.5	3.3	3.2	3.4	3.2	3.2	3.2	3.7	3.5	…	…
单位GDP能耗(3)	12.1	7.8	7.8	8.0	8.0	8.1	8.1	8.2	8.5	…	…
可再生能源发电装机(人均瓦特)(4)	…	…	…	…	344	345	354	365	372	376	381

资料来源：

1. 俄罗斯联邦统计局。
2. 联合国统计司数据库。

脚注：

(1) 2020 年起，脱水、脱盐和稳定石油包括液态天然气。

(2) 来源于联合国统计司可持续发展目标指标数据库。

(3) 单位 GDP 能耗反映一次能源和 GDP 的关系。等于能源总供给与 GDP 之比（每美元 GDP 消耗的百万焦耳能源，其中 GDP 以 2011 年可比价购买力平价计算），来源于联合国统计司可持续发展目标指标数据库。

(4) 基于 2020 年俄罗斯人口普查。

表 9.2.8 能源概况—— 南非

	2000	2014	2015	2016	2017	2018	2019	2020	2021	2022	2023
电力消费量(亿千瓦时)	1957	2336	2309	2285	2297	2318	2273	2160	2210	2148	2062
发电量(亿千瓦时)	2107	2548	2504	2531	2554	2563	2526	2395	2443	2348	2244
向贫困家庭提供免费电力基础服务的城市数量(个)											
自我定位	…	198	210	215	194	194	205	210	209	211	…
基础广泛	…	8	3	3	2	4	2	0	0	0	…
其他	…	16	11	9	8	12	1	2	4	2	…
每省提供免费基础替代能源的城市数量(个)											
煤炭	…	0	0	0	0	0	0	0	0	0	…
液化石油气	…	0	0	1	1	2	4	0	0	0	…
石蜡	…	18	20	19	20	17	18	12	11	11	…
蜡烛	…	5	6	7	7	4	6	0	0	0	…
家用太阳能系统	…	23	22	22	22	26	17	19	20	21	…
胶状燃料	…	7	9	10	10	5	7	7	7	7	…
其他	…	7	7	7	6	3	9	9	9	9	…
每省获得免费基础替代能源的贫困家庭数量(家)											
煤炭	…	0	0	0	0	0	0	0	0	0	…
液化石油气	…	0	0	55	104	5604	3000	0	0	0	…
石蜡	…	56314	84237	58830	86522	60991	46017	25233	24217	22421	…
蜡烛	…	7201	8447	8768	13694	10819	1110	0	0	0	…
家用太阳能系统	…	87104	75738	98160	113197	129250	130996	141526	135844	149919	…
胶状燃料	…	21095	19813	19528	19607	8814	4819	9561	9329	9702	…
其他	…	3164	7671	31849	4151	529	3988	10876	11009	11248	…

资料来源：

南非统计局。

表 9.2.9 能源概况—— 阿联酋

	2014	2015	2016	2017	2018	2019	2020	2021	2022
发电量(亿千瓦时)	1165	1274	1296	1346	1360	1385	1373	1491	1554
电力装机容量(万千瓦)	2897	2889	2904	3095	3167	3304	3490	3568	3790
电力出口(亿千瓦时)	3	2	5	6	5	3	2	7	6
电力进口(亿千瓦时)	2	2	11	5	5	2	2	9	5
最终电力消费(亿千瓦时)	973	1089	1106	1145	1164	1199	1182	1290	1346
可再生能源发电量(亿千瓦时)	3	3	3	7	12	37	52	63	78
可再生能源电力装机容量(万千瓦)	12.8	12.9	13.3	35.1	59.7	193.1	232.8	299.8	360.0
太阳能光伏	2.7	2.8	3.2	25.0	49.6	183.0	222.7	289.7	329.0
聚光太阳能	10.0	10.0	10.0	10.0	10.0	10.0	10.0	10.0	30.0
风力发电机	0.0	0.0	0.0	0.0	0.0	0.0	0.0	0.0	0.0
垃圾填埋气体	0.1	0.1	0.1	0.1	0.1	0.1	0.1	0.1	0.1
废弃物转化能源	0.0	0.0	0.0	0.0	0.0	0.0	0.0	0.0	0.8

主要指标解释

国家解释

巴西

原油消费量 炼油厂原油投入量。

汽油消费量 仅指车用汽油，不包括乙醇和生物柴油。

从火电生产的能源产量 包括从石油产品、天然气、工业煤气、煤和生物质能获得的能源。

一次能源生产总量 包括不合格的和未使用的天然气。

出口 包括国际燃料舱能源。

能源总消费量 包括部门最终能源消费量和转换、配送和存储过程中的损耗以及能源部门最终消费量。

固体 矿物和煤的衍生品（不包括焦炉煤气）、柴禾和木炭、甘蔗渣、固体酒精、生物质（其他可再生的）和其他主要残剩物。

液体 石油及其衍生品、糖浆、甘蔗汁、乙醇、植物油（其他可再生的）和液化天然气（其他非可再生的）。

气体 天然气、焦炉煤气、沼气（其他可再生的）和工业用气（其他非可再生的）。

电力 水力发电和火力发电、铀 (U_3O_8) 和衍生品、风力发电。

可再生能源占最终能源消费总量的比重 可再生能源除以初次能源总量，初次能源包括最终能源总消费量、能源加工和转换过程中的损耗、能源部门消费量和统计误差。

中国

一次能源生产总量 是指一定时期内，全国一次能源生产量的总和。该指标是观察全国能源生产水平、规模、构成和发展速度的总量指标。一次能源生产量包括原煤、原油、天然气、水电、核能及其他动力能（如风能、地热能等）发电量，不包括低热值燃料生产量、生物质能、太阳能等的利用和由一次能源加工转换而成的二次能源产量。

能源消费总量 是指一定时期内，全国各行业和居民生活消费的各种能源的总和。该指标是观察能源消费水平、构成和增长速度的总量指标。能源消费总量包括原煤和原油及其制品、天然气、电力，不包括低热值燃料、生物质能和太阳能等的利用。能源消费总量分为终端能源消费量、能源加工转换损失量和能源损失量三部分。

埃塞俄比亚

一次能源生产量 是指使用自然资源直接生产的能源。因此一次能源包括可再生能源生物质能和煤炭发电。

能源消费量 指一个国家消费的能源总量；地区或部门给定时间的能耗也通过能源消费量指标来衡量。

发电量 指所有来源（水力、风能、地热和废弃物）的总发电量或净发电量。

印度

一次能源生产总量 一次能源不包括火电。

人均电力消费量 =（总发电量 + 净进口量）/ 年中人口数。

可再生能源消费占最终能源消费总量比重是根据以下假设提供的：

1. 生产的所有可再生能源都在源头消费，即可再生能源输配电损失为零。

2. 可再生能源项目的辅助消耗为零。

公用事业 其主要目的是生产、传输和分配电能的机构。这些机构可能是私营公司、合作组织、地方或地区当局、国有企业或政府组织。

非公用事业 一家独立的电力生产商，不是公用事业机构，但拥有发电设施，可出售给公用事业机构和最终用户。它们可能是私人持有的设施、公司、合作社，如农村太阳能或风能生产商，以及能够向系统提供多余能源的非能源工业企业。

可再生能源 (RES) 包括风能、小型水电项目、生物质气化炉、生物质发电、城镇和工业废物发电以及太阳能。

俄罗斯

发电量 指总发电量。

南非

总体说明 本章中数据来源于当年度南非能源平衡表。能源产品的定义、标准都符合国际标准，即《能源统计标准》和国际能源署的《能源统计手册》。

技术说明：

电、气和蒸汽生产 假定包含液体燃料。

核能 数据来源于核电站的电力生产数据，并且按照 33% 的效率估算。

私人消费总量 假设为常住部门和因不能明确分类而列入其他部门的消费总量。

制造业 各产业总和减去商业和建筑业。

第十章 农业、林业、牧业和渔业

表 10.1 农业、林业、牧业和渔业概况

	2000	2014	2015	2016	2017	2018	2019	2020	2021	2022	2023
农业生产指数(比上年上涨，%)											
巴西	1.7	3.5	7.8	−11.3	28.4	−4.6	6.8	5.0	−0.5	4.2	19.6[P]
中国	…	…	…	…	…	…	…	…	…	…	…
埃及	…	…	…	…	…	…	…	…	…	…	…
埃塞俄比亚	…	…	…	…	…	…	…	…	…	…	…
印度	…	−4.3	−3.4	9.9	5.0	−0.9	5.4	5.9	2.5	4.6	−3.3
伊朗	…	…	…	…	…	…	…	…	…	…	…
俄罗斯	6.2	4.1	2.1	4.8	2.9	−0.2	4.3	1.3	−0.7	11.3	−0.3[P]
南非	…	…	…	…	…	…	…	…	…	…	…
阿联酋	…	…	…	…	…	…	…	…	…	…	…
耕地面积(万公顷)											
巴西[1]	5182	7623	7695	7734	7899	7859	8121	8338	8661	9130	9600[P]
中国[2]	12824	13506	13500	13492	13500	…	12786	12744	12752	12758	…
埃及	324	375	382	382	384	386	392	397	403	410	…
埃塞俄比亚	764	1015	987	1022	1023	1036	1048	1054	1490	1830	2390
印度[3]	15600	15500	15500	15500	15400	15400	15400	15400	15400	…	…
伊朗	…	…	…	…	…	…	…	…	…	…	…
俄罗斯[4]	12400	12200	12300	12300	12300	12300	12300	12269	12300	12300	12600
南非	…	…	…	…	…	…	…	…	…	…	…
阿联酋	…	8	8	8	8	8	9	9	9	9	…
谷物产量(万吨)											
巴西[5]	4518	9832	10309	8164	11472	9964	11709	12143	10781	13086	15082[P]
中国	40522	59602	61818	61667	61521	61004	61370	61674	63276	63324	64143
埃及	…	10300	10400	11000	11800	10400	11900	11500	11100	10800	…
埃塞俄比亚	929	2361	2313	2538	2678	2776	2967	3021	3540	4600	6130
印度[3]	18574	23487	23522	25198	25960	26313	27448	28528	28831	30363[6]	30436[6]
伊朗	…	…	…	…	…	…	…	…	…	…	…
俄罗斯	6542	10521	10473	12068	13554	11326	12120	13346	12140	15761	14496
南非[7]	1384	1657	1185	1011	1881	1492	1328	1817	1915	1799	1895
阿联酋	…	0	0	1	2	1	3	3	2	2	…

表 10.1 农业、林业、牧业和渔业概况

（续表 1）

	2000	2014	2015	2016	2017	2018	2019	2020	2021	2022	2023
肉类产量(万吨)											
巴西[8]	986	2183	2213	2237	2311	2346	2401	2430	2499	2607	2758[6]
中国	6014	8818	8750	8628	8654	8625	7759	7748	8990	9328	9748
埃及	71	94	97	97	86	86	72	67	73	80	…
埃塞俄比亚	…	41	41	48	45	47	43	43	43	54	60
印度[9]	185	669	702	739	766	811	860	880	929	977	…
伊朗	…	…	…	…	…	…	…	…	…	…	…
俄罗斯[10]	445	903	952	985	1032	1063	1087	1122	1135	1174	1200
南非[11]	167	310	315	331	319	310	324	332	343	343	345
阿联酋	…	…	…	…	…	…	…	…	…	…	…
木材生产量(万立方米)											
巴西	7172	12388	12387	13541	13874	14644	13091	14334	14855	15828	…
中国	4724	8233	7218	7776	8398	8811	10046	10257	11589	12193	…
埃及	…	…	…	…	…	…	…	…	…	…	…
埃塞俄比亚	0	21	29	92	1439	78	430	4184	4011	…	…
印度	…	…	…	…	…	…	…	…	…	…	…
伊朗	…	…	…	…	…	…	…	…	…	…	…
俄罗斯[12]	9500	12300	12700	13700	14000	14900	14300	14300	14800	13100	12800
南非[13]	1700	1700	1800	1600	1800	1900	1600	…	…	…	…
阿联酋	…	…	…	…	…	…	…	…	…	…	…

资料来源：

巴西

1. 巴西国家地理与统计局，《市政农业生产调查》，2000-2019 年，《2016 年农业生产调查》2021 年 5 月，《木产品活动》，2000-2019 年和《季度牲畜屠宰调查》，2000-2020 年。
2. 2008 至 2011 年渔业数据来自巴西渔业和水产养殖部。
3. 2000 至 2007 年渔业数据来自巴西环境与可再生自然资源管理局。
4. 联合国粮食及农业组织统计数据库。

中国

1. 中国国家统计局，《中国统计年鉴》，2000-2023 年，《中华人民共和国 2023 年国民经济和社会发展统计公报》。
2. 中华人民共和国自然资源部。

埃塞俄比亚

1. 埃塞俄比亚统计局。

2. 埃塞俄比亚农业部。

印度

1. 印度农业和农民福利部。
2. 印度渔业、畜牧业和乳制品部。

俄罗斯

1. 俄罗斯联邦统计局。
2. 俄罗斯联邦登记、地籍和制图局。
3. 俄罗斯联邦渔业局。

南非

1. 南非统计局。
2. 南非农业、土地改革和农村发展部。
3. 南非森林、渔业和环境部。

脚注：

巴西

(1) 收获面积，包括谷物和其他作物。

(5) 指主要谷物（玉米、稻谷和小麦）。

(8) 指主要肉类（牛肉、鸡肉和猪肉）。

(p) 初步数据，可能会修改。

中国

(2) 2016 年以前耕地面积数据来自年度全国土地变更调查，2019 年数据来自第三次全国国土调查。

印度

(3) 此处的年度数据为农业年度数据，一个农业年度指从当年 7 月至下年 6 月。

(6) 2023/2024 年为第三次预估值。

(9) 指当年 3 月至下一年 2 月的数据。2007/2008 财年后的数据来自商业性家禽养殖场的肉产量。

俄罗斯

(4) 数据由俄罗斯联邦登记、地籍和制图局生产和发布。为年末数据。

(10) 畜禽屠宰量。

(12) 2010 年以后指原木。

(p) 初步数据。

南非

(7) 主要谷物（玉米、小麦、大麦和高粱）。

(11) 主要肉类（牛肉及小牛肉、绵羊肉、山羊肉、猪肉和禽肉）。

(13) 立方米数据由南非农业、林业和渔业部的吨数转换而得，吨数数据来自南非商业木材资源和一次圆木加工报告。

表 10.2.1 农业、林业、牧业和渔业——巴西

	2000	2014	2015	2016	2017	2018	2019	2020	2021	2022	2023(P)
农作物收获面积(万公顷)											
总计	5020	7540	7600	7550	7820	7790	8060	8310	8580	9040	9230
按品种划分的主要农产品收获面积占比(%)(1)											
大豆	27.2	40.2	42.4	44	43.4	44.7	44.5	47.7	45.6	45.3	4[illegible].2
玉米	23.7	20.5	20.3	19.8	22.3	20.7	21.7	22.0	22.2	23.4	22.1
甘蔗	9.6	13.8	13.3	13.5	13.0	12.9	12.5	12.0	11.6	10.9	9.0
豆类	8.6	4.2	3.8	3.4	3.6	3.6	3.2	3.2	3.0	2.9	2.6
稻谷	7.3	3.1	2.8	2.6	2.6	2.4	2.1	2.0	2.0	1.8	1.5
咖啡	4.5	2.7	2.6	2.6	2.3	2.4	2.3	2.3	2.1	2.1	1.9
小麦	2.3	3.8	3.3	2.9	2.4	2.7	2.6	2.9	3.2	3.5	3.4
木薯	3.4	2.1	2.0	1.9	1.6	1.6	1.5	1.5	1.4	1.3	1.2
棉花	1.6	1.5	1.4	1.3	1.2	1.5	2.0	2.0	1.6	1.8	1.7
桔子	1.7	0.9	0.9	0.9	0.8	0.8	0.7	0.7	0.7	0.6	0.6
腰果	1.3	0.8	0.8	0.8	0.6	0.6	0.5	0.5	0.5	0.5	0.4
高粱	1.1	1.1	1.0	0.7	1.0	1.0	1.0	1.1	1.1	1.2	1.3
可可	1.4	0.9	0.9	1.0	0.8	0.7	0.7	0.7	0.7	0.7	0.7
香蕉	1.0	0.6	0.6	0.6	0.6	0.6	0.6	0.5	0.5	0.5	0.6
烟草	0.6	0.6	0.5	0.5	0.5	0.5	0.4	0.4	0.4	0.4	0.5
椰子	0.5	0.3	0.3	0.3	0.3	0.3	0.2	0.2	0.2	0.2	0.3
燕麦	0.4	0.3	0.4	0.4	0.5	0.6	0.6	0.6	0.6	0.6	0.5
剑麻	0.4	0.2	0.3	0.3	0.1	0.1	0.1	0.1	0.1	0.1	0.1
蓖麻籽	0.4	0.1	0.1	0.1	0.1	0.1	0.1	0.1	0.1	0.1	0.1
主要农产品产量(万吨)											
大豆	3282	8676	9747	9640	11473	11791	11427	12182	13494	12070	15196
玉米	3232	7988	8528	6419	9791	8237	10114	10399	8846	10942	13170
甘蔗	32612	73611	75029	76859	75865	74706	75290	75607	71566	72444	71329
豆类	306	330	309	262	305	292	291	304	290	284	295
稻谷	1114	1218	1230	1062	1247	1181	1037	1109	1166	1078	1028
咖啡	381	280	265	302	269	355	301	371	299	317	342
小麦	173	626	551	683	434	547	560	634	783	1034	775
木薯	2304	2325	2306	2104	1850	1788	1750	1820	1813	1765	19[illegible]3
棉花	202	424	401	346	384	496	689	707	571	642	7[illegible]3
桔子	1700	1693	1695	1698	1749	1684	1707	1672	1622	1693	1548

表 10.2.1 农业、林业、牧业和渔业——巴西

（续表 1）

	2000	2014	2015	2016	2017	2018	2019	2020	2021	2022	2023(P)
主要农产品单产(公斤/公顷)											
大豆	2403	2866	3029	2905	3378	3390	3185	3275	3445	2951	3437
玉米	2718	5176	5535	4288	5618	5108	5773	5695	4650	5201	5958
甘蔗	67878	70646	74203	75176	74456	74606	74657	75636	71774	73393	79505
豆类	705	1034	1078	1013	1087	1028	1115	1130	1110	1090	1153
稻谷	3038	5201	5753	5464	6213	6307	6063	6611	6903	6638	6939
咖啡	839	1404	1339	1515	1489	1906	1650	1952	1630	1694	1782
小麦	1516	2209	2228	3155	2279	2629	2658	2608	2863	3266	2288
木薯	13482	14828	15245	15067	14609	14702	14724	14992	15009	14938	15480
棉花	2472	3751	3880	3477	4141	4310	4236	4329	4171	3895	4430
桔子	24906	24883	24955	26441	27638	28577	28978	29205	28051	29799	26966
水果产量(万吨)(2)	3546	4174	4207	4110	4209	4235	4272	4240	4249	4321	4480
牲畜存栏数(万头，万只)											
牛	16988	21237	21522	21819	21500	21381	21469	21784	22460	23435	…
鸡	65925	109684	110447	112755	118577	122078	121014	122565	127463	132660	…
蛋鸡	18350	22391	22199	22008	24089	24486	24756	25277	25340	25945	…
绵羊	1479	1761	1841	1840	1861	1895	1997	2062	2055	2151	…
猪	3156	3793	3980	4005	4138	4123	4056	4121	4255	4439	…
肉类产量(万吨)(3)											
牛肉	390	806	749	736	768	799	822	783	746	801	896
鸡肉	461	1057	1121	1130	1160	1152	1166	1199	1263	1288	1332
猪肉	134	319	343	371	383	395	413	448	490	519	530
奶类产量(万吨)(4)											
牛奶	1919	3410	3360	3270	3234	3292	3386	3429	3416	3360	…
单位耕地面积农药使用量(千克/公顷)	3.2	6.7	6.8	7.0	6.8	7.0	7.6	8.3	…	…	…

资料来源：

1. 巴西国家地理与统计局，《市政农业生产调查》(2000–2022)、《市政牲畜调查》(2000–2023) 和《季度牲畜屠宰调查》(2000–2023)；农业生产系统调查。
2. 巴西环境和可再生自然资源局 -IBAMA；网址 < http://www.ibama.gov.br/areas-tematicas-qa/relatorio-de-comercializacao-de-agrotoxicos/pagina-3>。

脚注：

(1) 根据农作物收获面积按主要物种划分的农产品面积结构（市政农业生产调查）。
(2) 水果产量包括以下水果：桔子、香蕉、葡萄、菠萝、木瓜、西瓜、苹果、椰子、百香果、芒果、柑橘、柠檬、甜瓜、番石榴、桃子、柿子、鳄梨、腰果、无花果、梨、坚果和榅桲。从 2015 年起还包括巴西莓产量。从 2015 年开始，包括制作阿萨伊果。菠萝和椰子数据以 1000 个水果单位发布。换算：1 个菠萝 =1.5 千克，1 个椰子 =1.5 千克。
(3) 以屠体 / 屠宰重量计量的肉类生产（每季度牲畜屠宰调查）。
(4) 1 千克等于 1.03 升。
(p) 初步数据，可能会修订。

表 10.2.2 农业、林业、牧业和渔业——中国

	2000	2014	2015	2016	2017	2018	2019	2020	2021	2022	2023
农业生产指数及其分类(1)(2)											
总指数	103.6	104.3	104.0	103.5	104.0	103.5	102.8	103.4	107.9	104.4	104.2
种植业	101.4	104.9	105.4	104.2	104.7	103.9	104.6	104.1	104.5	104.0	103.6
林业	105.4	106.4	106.1	108.2	106.9	106.5	105.2	104.3	104.4	105.7	106.2
畜牧业	106.3	102.6	100.5	101.1	102.1	101.7	97.9	102.0	115.6	104.5	104.5
渔业	106.5	104.0	104.3	102.9	102.8	102.7	102.5	102.2	104.1	103.8	104.5
农作物播种面积或收获面积(万公顷)											
总计	15630	16520	16680	16690	16630	16590	16590	16750	16870	16999	17163
按品种划分的农作物播种面积或收获面积占比(%)											
稻谷	19.2	18.6	18.5	18.4	18.5	18.2	17.9	18.0	17.7	17.3	16.9
小麦	17.1	14.8	14.7	14.8	14.7	14.6	14.3	14.0	14.0	13.8	13.8
玉米	14.8	26.0	27.0	26.5	25.5	25.4	24.9	24.6	25.7	25.3	25.8
大豆	6.0	4.3	4.1	4.6	5.0	5.1	5.6	5.9	5.0	6.0	6.1
薯类	6.7	4.6	4.4	4.3	4.3	4.3	4.3	4.3	4.3	4.2	4.1
油料	9.9	8.1	8.0	7.9	7.9	7.8	7.8	7.8	7.8	7.7	8.1
花生	3.1	2.6	2.6	2.7	2.8	2.8	2.8	2.8	2.8	2.8	2.8
油菜籽	4.8	4.3	4.2	4.0	4.0	3.9	4.0	4.0	4.1	4.3	4.5
芝麻	0.5	0.2	0.2	0.1	0.1	0.2	0.2	0.2	0.2	0.2	0.2
棉花	2.6	2.5	2.3	1.9	1.9	2.0	2.0	1.9	1.8	1.8	1.6
麻类	0.2	0.0	0.0	0.0	0.0	0.0	0.0	0.0	0.1	0.0	0.0
糖料	1.0	1.1	0.9	0.9	0.9	1.0	1.0	0.9	0.9	0.9	0.8
甘蔗	0.8	1.0	0.9	0.8	0.8	0.8	0.8	0.8	0.8	0.8	0.7
甜菜	0.2	0.1	0.1	0.1	0.1	0.1	0.1	0.1	0.1	0.1	0.1
烟草	0.9	0.8	0.8	0.7	0.7	0.6	0.6	0.6	0.6	0.6	0.6
蔬菜	9.7	11.6	11.8	11.7	12.0	12.3	12.6	12.8	13.0	13.2	13.3
其他	12.1	7.5	7.7	8.2	8.5	8.6	9.0	9.1	9.2	9.1	8.8
主要农产品产量(万吨)											
谷类	40522	59602	61818	61667	61521	61004	61370	61674	63276	63324	64143
棉花	442	630	591	534	565	610	589	591	573	598	562
花生	1444	1590	1596	1636	1709	1733	1752	1799	1831	1833	1923
油菜籽	1138	1391	1386	1313	1327	1328	1349	1405	1471	1553	1632
芝麻	81	44	45	35	37	43	47	46	46	44	45
马铃薯	1326	1683	1645	1699	1770	1798	1778	1798	1791	1788	1804
甘蔗	6828	11579	10706	10322	10440	10810	10939	10812	10666	10338	10457
甜菜	807	510	509	855	938	1128	1227	1198	785	893	916
烟草	255	285	268	257	239	224	215	213	213	219	230
茶	68	205	228	231	246	261	278	293	316	334	354
水果	12436	23303	24525	24405	25242	25688	27401	28692	29970	31296	32744

表 10.2.2 农业、林业、牧业和渔业——中国

（续表 1）

	2000	2014	2015	2016	2017	2018	2019	2020	2021	2022	2023
前五种水果的面积(万公顷)											
柑桔	127	216	223	233	244	249	262	283	292	300	306
苹果	225	197	198	195	195	194	198	199	198	196	193
梨	102	96	97	93	92	94	94	97	92	92	89
葡萄	28	69	72	72	71	73	73	71	70	71	70
香蕉	25	37	36	35	35	33	33	33	33	33	32
前五种水果的产量(万吨)											
苹果	2043	3735	3890	4039	4139	3923	4243	4407	4597	4757	4960
柑桔	878	3362	3618	3592	3817	4138	4585	5122	5596	6004	6434
梨	841	1582	1653	1596	1641	1608	1731	1782	1888	1927	1985
香蕉	494	1062	1063	1094	1117	1122	1166	1151	1172	1178	1170
葡萄	328	1173	1316	1263	1308	1367	1420	1431	1500	1538	1617
前三种香料的产量(万吨)											
花椒	…	28	29	32	34	35	42	53	56	62	66
八角	…	15	16	17	17	18	18	21	23	26	27
桂皮	…	…	…	…	…	…	…	…	…	…	…
主要农产品单产(公斤/公顷)											
谷物	4753	5896	5989	6004	6105	6120	6272	6296	6316	6379	6419
棉花	1093	1508	1565	1671	1769	1819	1764	1865	1893	1993	2015
花生	2973	3639	3640	3678	3709	3752	3781	3803	3810	3913	4008
油菜籽	1519	1944	1972	1982	1995	2027	2048	2077	2104	2141	2091
芝麻	1034	1443	1495	1529	1610	1645	1651	1564	1596	1620	1618
马铃薯	2806	3428	3438	3537	3641	3780	3805	3862	3865	3943	4049
甘蔗	57626	70682	72528	73638	76132	76891	78655	79890	81047	80191	82652
甜菜	24518	51533	52751	55630	53843	52174	56057	56307	55639	54855	61540
烟草	1776	2037	2134	2130	2115	2118	2098	2105	2100	2097	2119
年末牲畜存栏数(万头)											
猪	41634	47160	45803	44209	44159	42817	31041	40650	44922	45256	43422
牛	12353	9007	9056	8834	9039	8915	9138	9562	9817	10216	10509
绵羊和山羊	27948	30391	31174	29931	30232	29714	30072	30655	31969	32627	32233
肉类产量(万吨)	6014	8818	8750	8628	8654	8625	7759	7748	8990	9328	9748
奶类产量(万吨)	919	3276	3295	3174	3149	3177	3298	3530	3778	4026	4281
牛奶	827	3160	3180	3064	3039	3075	3201	3683	3679	3932	4197
禽蛋产量(万吨)	2182	2930	3046	3161	3096	3128	3309	3468	3409	3456	3563
鱼类捕获量(万吨)	1161	1251	1293	1288	927	863	821	…	737	732	737

表 10.2.2 农业、林业、牧业和渔业——中国

（续表 2）

	2000	2014	2015	2016	2017	2018	2019	2020	2021	2022	2023
农用拖拉机和收割-脱粒机年底拥有量(万台)(3)	2264	2492	2485	2507	2503	2446	2437	2424	2397	…	…
化肥施用量(千克/公顷)	265	363	361	359	352	341	326	314	308	299	293
单位耕地面积农药使用量(千克/公顷)	…	10.9	10.7	10.4	10	9.1	8.4	7.8	7.4	7.0	6.8

资料来源：

中国国家统计局，《中国农村统计年鉴》2000-2023 年，《中国统计年鉴》2000-2023 年；《中华人民共和国 2023 年国民经济和社会发展统计公报》。

脚注：

(1) 2003 年以前的农业生产指数以 1990 年可比价格计算；2003 年起执行新国民经济行业分类标准，总产值包括农林牧渔服务业产值。

(2) 初步数据。上年 =100。

(3) 农用拖拉机和收割 - 脱粒机年底拥有量包括大中型拖拉、小型拖拉机和联合收获机。2014 年起不包括脱粒机。

表 10.2.3 农业、林业、牧业和渔业——埃及

	2000	2014	2015	2016	2017	2018	2019	2020	2021	2022
鱼类产量										
总计(万吨)	72	148	152	171	182	193	204	201	200	199
内陆鱼(万吨)	8	7	7	7	8	7	8	8	7	…
海鱼(万吨)	13	11	10	10	11	10	10	10	10	…
牲畜数量										
奶牛(万头)	353	476	488	501	439	438	281	275	281	309
水牛(万头)	338	395	370	344	343	345	143	135	143	157
绵羊(万头)	447	550	546	556	531	483	208	194	194	213
山羊(万头)	343	419	405	426	397	357	98	93	113	124
牲畜总数(万头)	1480	1840	1809	1827	1710	1613	730	695	731	804
奶类产量(万吨)	382	560	525	509	540	517	523	558	617	671
牛奶(万吨)	165	255	273	263	296	288	397	428	479	521
鸡蛋(亿枚)	44	93	104	96	102	101	135	151	164	153
农作物收获面积(万公顷)										
总计	320	370	380	380	380	390	390	400	400	410
耕地面积(万公顷)										
大豆	…	1	1	1	1	2	1	1	2	4
玉米	…	104	106	103	110	110	100	114	103	91
甘蔗	…	14	14	14	14	14	13	22	14	14
豆类	…	4	4	4	5	4	3	4	5	4
大米	…	57	51	57	55	36	55	50	46	48
小麦	…	143	146	141	123	133	127	143	144	144
蔬菜	…	89	89	83	79	80	79	83	82	92
橘子	…	13	13	12	13	13	12	18	14	15
水果	…	55	57	58	63	62	61	61	70	73
主要农产品产量(万吨)										
大豆	…	4	5	5	4	5	4	4	6	12
玉米	…	806	780	782	854	835	759	759	804	686
甘蔗	…	1606	1590	1556	1538	1582	1633	1586	1596	1557
豆类	…	17	15	14	20	16	14	19	22	18
大米	…	547	482	531	496	312	480	444	424	430
蔬菜	…	2182	2135	2004	1946	1984	2046	2123	2135	2371
小麦	…	928	961	934	842	835	856	910	984	962
水果	…	1053	1115	1113	1201	1195	1167	1159	1163	1299
橘子	…	314	335	294	315	309	307	310	317	316

表 10.2.3 农业、林业、牧业和渔业——埃及

（续表 1）

	2000	2014	2015	2016	2017	2018	2019	2020	2021	2022
主要农产品人均产量(千克/年)										
大豆	…	0.2	0.1	0.5	0.2	0.7	1.0	1.0	0.9	1.0
玉米	…	56.0	57.5	54.3	52.2	52.1	89.0	90.7	87.1	81.9
甘蔗	…	6.9	5.8	5.6	5.3	5.1	5.8	5.5	5.6	6.7
豆类	…	3.4	3.4	4.8	4.5	7.5	7.6	5.6	4.2	4.8
大米	…	43.4	39.1	34.7	38.7	36.8	26.7	29.6	28.5	26.9
蔬菜	…	100.5	93.1	86.3	80.3	77.1	77.5	73.6	72.5	78.7
小麦	…	133.6	141.1	137.8	163.9	155.2	153.3	156.1	150.0	137.7
橘子	…	14.5	13.3	9.8	10.4	8.5	6.3	9.2	8.1	9.0
水果	…	57.5	63.6	62.9	63.0	62.7	62.9	58.5	59.1	65.3
自给率(%)										
大豆	…	9.2	21.7	5.4	8.9	0.0	1.0	0.8	0.9	1.5
玉米	…	65.1	56.2	56.3	47.0	50.5	51.1	44.8	45.0	48.5
甘蔗	…	100.0	100.0	100.1	100.0	100.0	100.0	100.0	100.1	100.1
豆类	…	33.8	31.0	20.0	30.7	12.4	10.5	17.3	22.8	21.9
大米	…	100.4	102.6	99.7	94.2	90.7	76.2	98.3	93.6	97.4
蔬菜	…	103.1	102.6	103.4	102.1	102.7	105.5	103.7	106.9	108.3
小麦	…	52.1	49.1	47.7	34.5	35.5	40.3	41.4	48.2	50.6
橘子	…	99.1	158.6	183.7	177.0	208.2	275.1	186.9	213.4	199.8
水果	…	138.8	96.2	98.4	99.3	100.7	99.0	100.6	98.8	103.2

资料来源：

1. 作物种植面积和植物产量年报。
2. 农产品生产动态、对外贸易和供给年报。
3. 鱼类生产统计年报。
4. 动物和家禽财富统计年报。

表 10.2.4 农业、林业、牧业和渔业——埃塞俄比亚

	2000	2014	2015	2016	2017	2018	2019	2020	2021	2022	2023
木材产量(万立方米)	0.3	21.4	29.4	91.7	1439.4	77.6	430.4	4183.8	4010.8	…	…
谷物产量(万吨)	929	2361	2313	2538	2678	2776	2967	3021	3540	4600	6130
水果和蔬菜(万吨)	…	360	74	160	152	172	172	91	265	…	…
耕地面积(万公顷)	764	1015	987	1022	1023	1036	1048	1054	1490	1830	2390
肉类产量(万吨)	…	41	41	48	45	47	43	43	43	54	60

埃塞俄比亚

1. 埃塞俄比亚统计局 -ESS。
2. 埃塞俄比亚农业部。

表 10.2.5 农业、林业、牧业和渔业——印度

	2000	2014	2015	2016	2017	2018	2019	2020	2021	2022	2023
主要农作物生产指数(上年=100)[(1)(2)]	94.0	125.1	120.8	132.8	139.4	138.1	145.5	154.1	158.0	163.7	159.8
谷物	94.4	114.6	115.5	123.7	127.2	129.2	134.8	139.7	140.7	147.8	148.4
粮食	92.8	118.2	115.7	131.1	136.8	134.4	139.8	147.0	150.2	154.6	153.0
非粮食	95.5	132.2	126.1	134.7	142.1	142.0	151.3	161.3	166.1	173.0	166.7
水果和蔬菜	100.5	99.8	…	…	…	…	…	…	…	…	…
主要农作物种植面积结构[(2)]											
播种总面积(万公顷)	18530	19840	19810	20120	20090	20120	21140	21610	21920	…	…
谷物(%)	54.7	51.3	49.8	50.4	49.8	49.4	51.1	50.9	49.6	…	…
稻谷	24.2	22.3	21.9	22.2	22.4	22.6	22.8	23.3	22.8	…	…
小麦	13.9	16.2	15.6	16.0	15.5	15.7	16.8	16.4	15.9	…	…
玉米	3.7	4.4	4.3	4.6	4.4	4.4	4.6	4.5	4.7	…	…
大豆(%)	3.4	5.8	5.9	5.6	5.1	5.5	5.8	6.0	5.5	…	…
油料作物(%)	13.3	14.3	14.3	14.3	13.3	13.7	13.9	14.3	14.7	…	…
花生	3.6	2.6	2.3	2.6	2.4	2.3	2.3	2.8	2.6	…	…
油菜籽	2.3	2.7	2.8	2.8	2.8	3.1	2.9	2.9	3.9	…	…
芝麻	0.9	0.9	1.1	0.9	0.8	0.8	0.8	0.9	0.8	…	…
棉花(%)	4.6	6.4	6.1	5.3	6.1	6.1	6.3	6.1	5.6	…	…
其他纤维作物(%)	0.6	0.4	0.6	0.7	0.6	0.5	0.5	0.5	0.0	…	…
甘蔗(%)	2.5	2.8	2.7	2.4	2.5	2.8	2.5	2.7	3.0	…	…
烟草(%)	0.2	0.2	0.2	0.2	0.2	0.2	0.2	0.2	0.2	…	…
茶(%)	0.3	0.3	0.3	0.3	0.3	0.3	0.3	0.3	0.3	…	…
蔬菜(%)	2.5	3.1	3.4	3.3	3.3	3.2	3.2	3.4	3.5	…	…
水果(%)	1.9	2.1	2.2	2.2	2.2	2.4	2.4	2.3	2.2	…	…
主要农产品产量[(1)(2)]											
大米(万吨)	…	10548	10441	10970	11276	11648	11887	12437	12947	13576	13670
小麦(万吨)	…	8653	9229	9851	9987	10360	10786	10959	10774	11055	11293
谷类(万吨)	18574	23487	23522	25198	25960	26313	27448	28528	28831	30363	30436
棉花(万包)	162	592	510	554	558	477	613	599	529	572	553
花生(万吨)	641	740	673	746	925	673	995	1024	1014	1030	1029

表 10.2.5 农业、林业、牧业和渔业——印度

（续表 1）

	2000	2014	2015	2016	2017	2018	2019	2020	2021	2022	2023
油菜籽(万吨)	419	628	680	792	843	926	912	1021	1196	1264	1316
芝麻(万吨)	52	83	85	75	76	69	66	82	79	39	40
马铃薯(万吨)	2224	4801	4342	4861	5131	5019	4856	5617	5618	6015	5676
甘蔗(万吨)	29596	36233	34845	30607	37991	40542	37050	40540	43943	49053	44252
烟草(万吨)	49	86	80	81	95	66	80	76	82	77	…
水果(万吨)	4326	8660	9018	9292	9645	9797	10208	10248	10751	11021	11263
蔬菜(万吨)	9389	16948	16906	17817	18404	18317	18828	20045	20914	21255	20496
主要农作物单产(公斤/公顷)[2]											
谷类	1840	2330	2390	2530	2660	2750	2770	2820	2899	2940	2950
棉花	190	460	410	510	440	380	460	450	428	440	440
花生	980	1550	1460	1400	1890	1420	2060	1700	1777	2080	2130
油菜籽	940	1080	1180	1300	1410	1510	1330	1520	1497	1430	1440
芝麻	300	470	440	450	480	490	410	470	485	525	540
马铃薯	18400	23100	20500	22300	24000	23100	23700	25500	25200	25800	24400
甘蔗	68580	71510	70720	69000	80200	80110	80500	83600	84906	83350	78750
烟草	1320	1830	1780	2020	2320	1610	1980	2115	2118	2030	…
畜禽渔产品产量[3]											
肉类产量(万吨)[4]	185	669	702	739	766	811	860	880	929	977	…
奶类产量(万吨)[5]	7965	14631	15549	16540	17635	18775	19844	20996	22207	23058	…
牛奶(万吨)	3296	6642	7365	7810	8363	8983	9665	10831	11584	11968	…
禽蛋产量(亿枚)[6]	366	785	829	881	952	1038	1144	1221	1296	1384	…
鱼类产量[8]											
总产量(万吨)	566	1026	1076	1143	1270	1357	1416	1473	1625	1755	…
内陆鱼(万吨)	285	669	716	781	895	972	1044	1125	1212	1311	…
海鱼(万吨)	281	357	360	363	376	385	373	348	413	443	…

表 10.2.5 农业、林业、牧业和渔业——印度

（续表 2）

	2000	2014	2015	2016	2017	2018	2019	2020	2021	2022	2023
化肥施用量[9]											
总量(N+P+K)(万吨)	1670	2558	2675	2595	2659	2738	2937	3254	2980	2984	3064
氮肥(N))(万吨)	1092	1695	1737	1674	1696	1763	1910	2040	1944	2021	2046
磷肥(P)(万吨)	422	610	698	671	685	697	766	898	783	792	831
钾肥(K)(万吨)	157	253	240	251	278	278	261	315	253	172	188
每公顷(千克)	90	129	135	129	132	136	139	151	136	136	140
牲畜存栏数[7]											
牛(万头)	…	…	…	…	…	…	19346	…	…	…	…
水牛(万头)	…	…	…	…	…	…	10985	…	…	…	…
绵羊和山羊(万头)	…	…	…	…	…	…	22315	…	…	…	…
牲畜(万头)	…	…	…	…	…	…	53676	…	…	…	…
家禽(万只)	…	…	…	…	…	…	85181	…	…	…	…

资料来源：

1. 印度农业和农民福利部。
2. 印度渔业、畜牧业及乳业部。

脚注：

(1) 2023 年指数、产量和单产数据为 2023-2024 年第三次预估值，园艺作物为 2023-2024 年的第二次预估值。
(2) 农业年度指从当年 7 月至下年 6 月。
(3) 畜禽渔产品数据按财政年度统计，即当年 3 月至下年 2 月。
(4) 自 2007-2008 财年起包括了商业性家禽养殖场的肉产量。
(5) 奶类包括奶牛、水牛奶和山羊奶。
(6) 禽蛋包括鸡蛋和鸭蛋。
(7) 牲畜存栏数来自牲畜普查。
(8) 数据年度指从 3 月（表中所示年份）至 2 月（下一年）。
(9) 化肥消费量的消费年为 4 月至 3 月。

表 10.2.7 农业、林业、牧业和渔业——俄罗斯

	2000	2014	2015	2016	2017	2018	2019	2020	2021	2022	2023
农业生产指数及其分项指数	106.2	104.1	102.1	104.8	102.9	99.8	104.3	101.3	99.3	111.3	99.7(P)
所有农作物(农场)生产指数	110.9	105.4	102.1	107.8	103.3	98.5	106.6	100.7	93.8	117.6	98.9(P)
所有畜牧业(农场)生产指数	101.1	102.8	102.0	101.6	102.6	101.1	101.9	101.9	100.0	102.5	100.9(P)
农作物播种面积或收获面积(万公顷)(1)	8470	7790	7860	7930	8000	7960	7990	7990	8040	8230	8150
主要农作物种植面积占比(%)											
谷物和豆类	53.9	59.3	59.3	59.4	59.6	58.2	58.4	59.9	58.5	57.7	58.8
小麦	27.4	32.4	34.1	34.9	34.9	34.2	35.2	36.8	35.8	35.9	36.5
薯类	0.2	0.0	0.0	0.0	0.0	0.0	0.0	0.0	0.0	0.0	0.0
油料作物	6.5	14.4	14.6	15.5	15.8	17.5	18.3	18.0	20.7	22.8	21.7
油菜籽	0.3	1.5	1.3	1.2	1.3	2.0	1.9	1.9	2.1	2.8	2.6
葵花籽	5.5	8.9	8.9	9.6	10.0	10.2	10.7	10.7	12.1	12.3	12.1
大豆	0.5	2.6	2.7	2.8	3.3	3.7	3.9	3.6	3.8	4.3	4.5
纤维作物(亚麻纤维、大麻纤维、棉花)(2)	0.1	0.1	0.1	0.1	0.1	0.1	0.1	0.1	0.1	0.1	0.1
甜菜	1.0	1.2	1.3	1.4	1.5	1.4	1.4	1.2	1.2	1.2	1.3
烟草	0.0	…	…	…	0.0	0.0	0.0	0.0	0.0	0.0	0.0
马铃薯	3.3	2.1	2.0	1.8	1.7	1.7	1.6	1.5	1.4	1.3	1.3
其他蔬菜	0.9	0.7	0.7	0.7	0.7	0.7	0.6	0.6	0.6	0.6	0.6
饲料	34.1	22.0	21.6	20.7	20.4	20.2	19.3	18.5	17.2	16.0	16.0
主要农产品产量(万吨)											
谷物和豆类											
总计	6542	10521	10473	12068	13554	11326	12120	13346	12140	15761	14496
小麦	3446	5971	6181	7335	8600	7214	7445	8589	7606	10423	9285
大米	58	105	111	108	99	104	110	114	108	92	107
坚果	0.79	1.55	1.68	2.08	1.78	2.00	1.97	2.06	3.37	2.69	3.04
油料作物(3)	447	1287	1385	1627	1650	1954	2277	2125	2485	2909	2987
油菜籽(3)	15	134	101	100	151	199	206	257	279	451	420
葵花籽(3)	392	848	929	1102	1048	1276	1538	1331	1566	1636	1726
大豆(3)	34	237	272	314	362	403	436	431	476	600	683
棉花	…	0.01	…(6)	0.00	0.01	0.01	0.02	0.00	0.00	0.00	0.05
马铃薯	2947	2428	2541	2246	2171	2240	2207	1961	1796	1884	2024
甜菜	1405	3348	3899	5133	5191	4207	5435	3392	4120	4891	5314

表 10.2.7 农业、林业、牧业和渔业——俄罗斯

（续表 1）

	2000	2014	2015	2016	2017	2018	2019	2020	2021	2022	2023
其他蔬菜	1082	1282	1319	1318	1361	1369	1410	1386	1303	1361	1384
烟草	0.01	…	…	0.00	0.00	0.00	0.00	0.01	0.00	0.00	0.00
水果[(4)]	296	333	318	364	325	395	416	432	476	511	505
主要农产品单产(公斤/公顷)											
谷物和豆类											
总计	1560	2410	2370	2620	2920	2540	2670	2860	2670	3362	3103
小麦	1610	2500	2390	2680	3120	2720	2700	2980	2720	3551	3181
坚果[(5)]	800	2570	2590	3100	2840	3350	3030	3170	4480	4260	3875
油料作物[(3)]	890	1240	1290	1390	1410	1460	1630	1520	1530	1668	1772
油菜籽[(3)]	860	1260	1120	1100	1580	1330	1440	1770	1710	1977	2034
葵花籽[(3)]	900	1310	1420	1510	1450	1600	1830	1590	1620	1781	1845
大豆[(3)]	1010	1230	1300	1480	1410	1470	1570	1590	1590	1788	1920
马铃薯	10470	15280	16410	15760	16250	17040	17810	16620	16270	17387	19059
甜菜	18820	37010	38780	47040	44210	38060	47960	37000	41460	48675	50470
其他蔬菜	14330	21940	22620	22920	24090	24280	25080	24530	24260	25163	25621
烟草	750	…	…	…	870	1260	1220	1560	620	846	1798
水果[(4)(5)]	4280	7812	7816	8905	7989	9625	10158	10520	11118	12658	12297
主要种类水果产量(万吨)											
幼苗	152	160	150	173	152	200	218	234	261	287	290
核果	47	50	50	62	51	62	60	60	64	65	59
亚热带水果	0.07	0.20	0.18	0.19	0.20	0.20	0.20	0.20	0.20	0.21	0.21
柑橘类水果	0.02	0.01	0.01	0.01	0.01	0.01	0.01	0.01	0.01	0.01	0.01
矮生浆果	70	67	66	68	63	70	70	70	76	70	69
葡萄	28	57	52	60	58	63	68	68	75	89	88
牲畜数量(按品种划分，年末数)											
黄牛(万头)	2752	1892	1862	1835	1829	1815	1813	1803	1765	1749	1707
水牛(万头)	1582	1945	2141	2193	2308	2373	2516	2585	2619	2761	2827
肉羊和山羊(万头)	1496	2445	2461	2472	2439	2313	2262	2166	2096	2083	2027
肉类产量(万吨)[(6)]	445	903	952	985	1032	1063	1087	1122	1135	1174	1200
奶类产量(万吨)	3226	3000	2989	2979	3019	3061	3136	3223	3234	3298	3381
牛奶	3200	2972	2962	2953	2992	3035	3110	3196	3208	3274	3356

表 10.2.7 农业、林业、牧业和渔业——俄罗斯

（续表 2）

	2000	2014	2015	2016	2017	2018	2019	2020	2021	2022	2023
禽蛋(亿枚)	341	417	425	435	448	449	449	449	449	461	467
鱼类捕获量(万吨)	378	…	…	481(7)	495(7)	511(7)	498(7)	498(7)	505(7)	492(7)	537(7)
农用拖拉机拥有量(年末数)(万台)(8)	75	25	23	22	22	21	21	20	20	20	20
农用收割机拥有量(年末数)(万台)(9)	29	9	8	8	8	7	7	7	7	7	7
化肥施用量(公斤/公顷)(10)	19	40	42	49	55	56	61	69	75	74	76
圆木砍伐量(万立方米)(11)	9500	12300	12700	13700	14000	14900	14300	14300	14800	13100	12800
水果和蔬菜总产量(万吨)(12)	1430	1770	1810	1870	1870	1960	2000	1980	2010	2040	2060
使用农药的耕地面积所占比重(%)	14.8	36.1	36.8	39.2	43.8	42.7	45.8	45.7	42.7	42.2	…

资料来源：

1. 俄罗斯联邦统计局。
2. 俄罗斯联邦农业部。
3. 俄罗斯联邦登记、地籍和制图局。
4. 俄罗斯联邦渔业局。

脚注：

(1) 总播种面积。

(2) 亚麻纤维、大麻纤维、棉花。

(3) 2011 年后，数据为加工后的重量。

(4) 水果（不包括坚果）、浆果和葡萄。

(5) 2012 年之前的农产品单产按到达结果年龄的果树每公顷产量计算；2012 到 2019 年数据为每公顷收获面积产量。

(6) 用于屠宰的牲畜和禽类。

(7) 捕捞鱼及其他水生生物。数据来自联邦渔业局。

(8) 农业组织可用的拖拉机（不包括带有挖掘功能的拖拉机、改良后的拖拉机以及类似机器），2008 年以后的数据不包括微型企业的拖拉机。

(9) 可用的收割机和甜菜收割机（不含植物顶部收割机），2008 年以后的数据不包括微型企业的收割机。

(10) 指农业组织每公顷农作物所施用的矿物肥料，2008 年以后的数据不包括微型企业施用的矿物肥料。

(11) 从 2010 年起，指原木。

(12) 水果（不包括坚果）、浆果、葡萄、蔬菜和甜瓜。

表 10.2.8 农业、林业、牧业和渔业——南非 (1)(2)

	2000	2014	2015	2016	2017	2018	2019	2020	2021	2022	2023
农业生产指数(%)											
谷物	…	117.4	95.0	87.7	125.6	…	…	…	…	…	…
林产品	17.0	17.0	18.0	16.0	18.0	19.0	16.0	…	…	…	…
畜产品	…	106.3	111.7	111.1	108.6	…	…	…	…	…	…
主要农产品产量(万吨)											
谷物	1384	1657	1185	1011	1881	1492	1328	1817	1915	1799	1895
玉米	1100	1425	996	778	1682	1251	1128	1530	1632	1547	1643
小麦	235	175	144	191	154	187	154	212	229	211	205
大麦	14	30	33	36	31	42	35	59	33	30	38
高粱	35	27	12	7	15	12	13	16	22	10	9
葵花籽	53	83	66	76	87	86	68	79	68	85	72
大豆	15	95	107	74	132	154	117	125	190	223	277
棉花	7	2	5	3	4	13	12	7	4	4	4
花生	11	8	6	2	9	6	2	5	6	5	5
干豆	7	8	7	4	7	7	7	7	6	5	5
甘蔗	2388	1116	1486	1507	1739	1930	1924	1822	1720	1791	1794
烟草	3	1	1	2	2	2	2	2	1	1	…
香蕉	38	46	44	32	34	46	42	32	35	50	43
苹果	60	78	93	92	93	83	91	100	117	132	132
柑橘	171	276	266	226	252	303	299	299	326	367	363
梨	30	40	39	43	42	40	40	43	46	56	48
葡萄	21	27	31	36	35	39	33	32	38	37	36
菠萝	17	9	11	9	11	11	11	11	13	13	13
主要农产品单产(公斤/公顷)											
谷物											
玉米	3210	5300	3750	3996	6399	5395	4901	5860	5921	5898	6353
小麦	2515	3672	2987	3757	3126	3711	2843	4158	4365	3723	3811
大麦	1830	3550	3540	4002	3360	3542	2614	4150	3526	2990	3504
高粱	2480	3360	1710	1454	3589	3993	2515	3718	4370	2773	2775

表 10.2.8 农业、林业、牧业和渔业——南非[(1)(2)]

（续表 1

	2000	2014	2015	2016	2017	2018	2019	2020	2021	2022	2023
葵花籽	1340	1390	1150	1051	1375	1433	1316	1576	1419	1261	1296
大豆	1640	1890	1560	1476	2293	1956	1602	1767	2294	2410	2412
棉花	1368	3167	3291	3334	3875	…	…	…	…	2015	…
花生	1370	1430	1070	782	1644	1012	968	1335	1663	1118	1693
干豆	1000	1470	1150	1030	1521	1300	1119	1292	1217	1226	1371
马铃薯	2987	4599	4388	4310	4911	5036	4832	5175	4957	4861	4991
甘蔗	67741	65055	57500	58939	63200	76900	77100	73900	68500	57816	68550
烟草	1904	2745	2898	3000	3217	2960	3510	3082	2447	2274	…
肉类产量(万吨)											
牛肉和小牛肉	58	100	107	109	101	100	104	104	105	101	103
羊肉	9	17	17	18	16	16	17	16	16	15	14
山羊肉	0.9	1.1	1.1	1.1	1.1	1.1	1.2	1.2	1.2	1.2	1.2
禽肉	87	165	179	177	166	175	181	189	191	195	186
奶类产量(万吨)											
牛奶	231	334	354	355	366	383	386	385	383	376	381
禽蛋(万吨)	33	45	48	48	45	48	56	59	55	56	43

资料来源：

1. 南非农业、土地改革和农村发展部。
2. 南非统计局：2017 年商业性农业普查。

脚注：

(1) 指商业性农业数据。

(2) 农业生产指数 (%) 为物量指数。

表 10.2.9 农业、林业、牧业和渔业 —— 阿联酋

	2014	2015	2016	2017	2018	2019	2020	2021	2022
鱼类捕获量(万吨)	7.3	7.4	7.3	7.5	7.6	7.2	7.1	6.8	6.6
主要水果产量(万吨)	16.0	33.5	41.3	34.5	34.5	34.1	35.1	38.3	35.1
按品种划分的牲畜数量(万头，年末数)									
绵羊	207.6	213.4	212.8	212.9	214.8	204.4	205.5	206.4	207.2
山羊	218.2	222.6	224.4	233.0	239.5	235.0	239.9	229.4	223.6
牛	5.4	7.5	8.8	8.6	8.7	10.1	10.3	11.2	11.1
骆驼	42.4	43.0	44.4	46.0	45.8	49.5	49.8	54.9	57.0

主要统计指标解释

通用解释

耕种面积 包括播种和处于休耕期的耕地面积。

作物平均产量 每公顷主要作物的平均产量是通过将总产量除以每种作物的相应总面积得出的。

巴西

水果产量 包括以下水果：桔子、香蕉、葡萄、菠萝、木瓜、西瓜、苹果、椰子、百香果、芒果、柑橘、柠檬、甜瓜、番石榴、桃子、柿子、鳄梨、腰果、无花果、梨、坚果和榅桲。

耕种面积 仅包括收获面积。

牛奶产量 用升表示的奶类数据转换为千克表示，转换公式为 1 公斤 =1.03 升。

2016 年最终数据将在 2017 年 9 月发布。

鱼类捕获量 2011 年后没有数据。

木材生产量 指木材的物量，按国家木材标准进行测度，指经过采伐、抬放和堆方直至最终运至木材存放地和指定分销区的木材数量。

农药使用量 农药数据由巴西环境和可再生自然资源管理局行政数据获得。农药公斤数以活性成分表示，而非最终剂型。来源：http://www.ibama.gov.br/relatorios/quimicos-e-biologicos/relatorios-de-comercializacao-de-agrotoxicos，年度公告，文件“按使用类别销售”。

注：2020 年数据将在 2021 年 10 月公布。

中国

农业生产指数 为使用生产者价格缩减指数计算的农业总产值的发展速度。

木材生产量 指在砍伐、造材、集材并最终运到贮木场或指定的集散地之后按照国家木材标准测出并认可的材积。

单位耕地面积农药使用量 是用同一时期的农药使用总量除以耕地总面积得出，单位通常是为千克每公顷或千克每亩。

埃塞俄比亚

谷物耕地 = 该国农民在主要季节种植的谷物作物的总耕地面积，是通过将所有实际耕种的土地加总获得。

谷物产量 = 农民在主要季节的谷物作物总产量。它是通过汇总每种作物的产量获得。

水果和蔬菜 = 农民在主要季节生产的蔬菜和水果总量。

印度

印度农业和农民福利部是印度农业统计数据的采集、编制和发布的负责机构。

印度农业和农民福利部农业合作司的经济和统计处主要负责农作物统计，数据按农业年度统计，即报告期为当年 7 月至下年 6 月。农业和农民福利部畜牧业乳业和渔业司生产和发布牲畜数据，数据按财年统计，即报告期为当年 3 月至下年 2 月。

耕种面积 包括净播种面积和当前休耕面积。

俄罗斯

农业生产 汇总了包括私人部门企业（例如家庭企业和农场企业以及个体雇主）在内的所有农业生产机构的种植业和畜牧业的生产活动。为了计算农业生产指数，产量指标是用上年可比价格计算的。

第十一章 交通运输

表 11.1 交通运输概况

	2000	2014	2015	2016	2017	2018	2019	2020	2021	2022	2023
铁路营业里程(万公里)											
巴西	2.9	3.0	3.0	3.0	…	…	…	…	…	…	…
中国	6.9	11.2	12.1	12.4	12.7	13.1	14.0	14.6	15.1	15.5	15.9
埃及	…	1.0	1.0	1.0	1.0	1.0	1.0	1.0	1.0	…	…
埃塞俄比亚	…	…	…	…	0.1	0.1	0.1	0.1	0.1	0.1	0.1
印度	6.3	6.6	6.6	6.7	6.7	6.7	6.8	6.8	6.8	6.9	…
伊朗	0.7	1.0	1.0	1.0	1.1	1.1	1.2	1.2	1.2	…	…
俄罗斯	8.6	8.6	8.6	8.6	8.7	8.7	8.7	8.7	8.7	8.7	8.7
南非	2.1	…	…	…	…	…	…	…	…	…	…
阿联酋(1)	…	…	…	…	…	…	…	…	…	…	0.1
公路里程(万公里)											
巴西	157.3	156.3	157.1	157.1	…	…	…	…	…	…	…
中国	168.0	446.4	457.7	469.6	477.4	484.7	501.2	519.8	528.1	535.5	543.7
埃及	…	…	…	…	…	…	…	…	…	…	…
埃塞俄比亚	1.6	2.7	2.8	2.8	2.9	2.9	2.9	2.9	…	…	…
印度(2)	19.0	26.5	27.7	28.9	31.3	31.2	31.2(P)	33.0(P)	33.4(P)	…	…
伊朗	…	1.7	1.8	1.9	1.9	2.1	2.1	2.2	2.3	…	…
俄罗斯(3)	53.2	102.4	104.6	105.4	106.4	107.7	108.9	109.7	110.8	111.5	112.5
南非	…	…	…	…	…	…	…	…	…	…	…
阿联酋	…	…	…	…	…	…	…	…	0.2	0.2	…
管道输油(气)里程(万公里)											
巴西	…	0.8	0.8	…	…	…	…	…	…	…	…
中国	2.5	10.6	10.9	11.3	11.9	12.2	12.7	12.9	13.1	13.6	14.8
埃及	…	…	…	…	…	…	…	…	…	…	…
埃塞俄比亚	…	…	…	…	…	…	…	…	…	…	…
印度(4)	1.6	4.0	4.1	4.2	4.3	4.4	4.2	4.3	4.9	5.0	5.6
伊朗	…	…	…	…	…	…	…	…	…	…	…
俄罗斯	4.8	5.5	5.5	5.4	5.3	5.3	5.3	5.4	5.4	5.4	…
南非	0.3	…	…	…	…	…	…	…	…	…	…
阿联酋	…	…	…	…	…	…	…	…	…	…	…
旅客周转量(所有方式)(亿人公里)											
巴西	…	…	…	…	…	…	…	…	…	…	
中国(5)(6)	12261	28647	30059	31258	32813	34218	35349	19251	19758	12921	29832
埃及	…	…	…	…	…	…	…	…	…	…	…
埃塞俄比亚	…	…	…	…	…	…	…	…	…	…	…
印度(7)	25592	146671	167168	191809	216141	239645	264612	227273	270075	…	…
伊朗	…	…	…	…	…	…	…	…	…	…	…
俄罗斯(8)	4960	5559	5297	5194	5602	5936	6352	3571	4928	5083	5640
南非	…	…	…	…	…	…	…	…	…	…	…
阿联酋	…	…	…	…	…	…	…	…	…	…	…

表 11.1 交通运输概况

（续表 1）

	2000	2014	2015	2016	2017	2018	2019	2020	2021	2022	2023
货物周转量(所有方式)(亿吨公里)											
巴西	…	…	…	…	…	…	…	…	…	…	
中国(5)(9)(10)	44321	181668	178356	186629	197373	204686	199394	201946	223600	231783	247745
埃及	…	…	…	…	…	…	…	…	…	…	…
埃塞俄比亚	…	…	…	…	…	…	…	…	…	…	…
印度(7)	8101	25077	26848	28859	31806	34386	36371	34100	39047	…	…
伊朗	…	…	…	…	…	…	…	…	…	…	…
俄罗斯	36380	50800	51080	51980	54880	56360	56780	54010	57130	55820	55510
南非	…	…	…	…	…	…	…	…	…	…	…
阿联酋	…	…	…	…	…	…	…	…	…	…	…
铁路旅客周转量(亿人公里)											
巴西	4.2	…	…	…	…	…	…	…	…	…	…
中国	4533	11242	11961	12579	13457	14147	14707	8266	9568	6578	14729
埃及	…	282	322	325	336	368	420	386	297	…	…
埃塞俄比亚	…	…	…	…	…	…	…	…	…	…	…
印度	4570	11472	11430	11498	11777	11572	10507	2311	5902	9589	10760(p)
伊朗	…	…	…	…	…	…	…	…	…	…	…
俄罗斯	1671	1300	1206	1246	1231	1295	1336	786	1042	1240	1380
南非	…	…	…	…	…	…	…	…	…	…	…
阿联酋	…	…	…	…	…	…	…	…	…	…	…
航空旅客周转量(亿人公里)											
巴西	480	1225	1275	1221	1289	…	…	…	…	…	…
中国	971	6334	7283	8378	9513	10712	11705	6311	6530	3914	10309
埃及	…	…	…	…	…	…	…	…	…	…	…
埃塞俄比亚	…	0.1	0.1	0.1	0.1	0.1	0.1	0.1	0.1	0.1	0.2
印度(11)	262	1269	1458	1701	1994	2253	2115	742(12)	1183(12)	2165	2535(P)
伊朗	71	163	149	130	133	152	149	52	112	…	…
俄罗斯	534	2414	2268	2156	2594	2869	3230	1535	2433	2280	2647
南非	…	…	…	…	…	…	…	…	…	…	…
阿联酋	…	…	…	…	…	…	…	…	…	…	…

资料来源：

巴西

1. 巴西陆路运输局。
2. 巴西民航局。
3. 国家交通运输基础设施部，《2013 年全国运输系统》。
4. 国家石油天然气和生物燃料机构。

中国

1. 中华人民共和国交通运输部。
2. 中国民用航空局。

3. 中国铁路总公司。
4. 中国石油天然气集团公司，《年度统计资料》，2000–2023 年。
5. 中国海洋石油集团公司，《年度统计资料》，2023 年。
6. 中国国家统计局。
7. 中国石油化工集团公司，《年度统计资料》，2000–2023 年。
8. 中国石油天然气管道公司。

埃塞俄比亚

1. 埃塞俄比亚公路局。
2. 交通和物流部。

印度

1. 印度铁道部。
2. 印度道路运输及公路部。
3. 印度石油和天然气部。
4. 印度民航部民航总局。

俄罗斯

1. 俄罗斯联邦统计局。
2. 联邦公路局。
3. 俄罗斯航空局。

南非

南非国有物流公司。

脚注：

中国

(5) 自 2013 年，因分类改变，故 2014 年数据无法与之前数据比较。

(6) 所有方式：包括铁路、公路、水路和航空。

(9) 自 2019 年，分类方式有所改变，因此与之前年份的数据不可比。

(10) 所有方式：包括铁路、公路、水路、航空和管道。

印度

(2) 表中数据为当年 3 月 31 日数据。公路仅包括国家和邦一级的公路（不包括乡村道路、工程道路和城市道路等）。

(4) 包括原油、天然气管道和石油产品管网。

(7) 包括公路、铁路和航空运输。

(11) 为财年数据，反映印度预定航空公司国内和国际运营情况。

(12) 国际业务按照 DGCA 2020 年 3 月 26 日的通知进行。

(P) 初步数据。

俄罗斯

(3) 指运营中的铺有路面的公共道路（包括高速公路）的里程。数据为年末数。

(8) 不包括客运出租车。

阿联酋

(1) 铁路营业里程：铁路网总营业长度。

表 11.2.1 交通运输——巴西

	2000	2014	2015	2016	2017	2018	2019	2020
交通运输量								
公路客运量(亿人公里)	…	…	…	…	…	…	…	…
铁路旅客周转量(亿人公里)	4.2	…	…	…	…	…	…	…
铁路货物周转量(亿吨公里)	1557	…	…	…	…	…	…	…
航空旅客周转量(亿人公里)(1)	480	1225	1275	1221	1289	…	…	…
航空货物周转量(亿吨公里)(1)	61	130	133	128	135	…	…	…
每万平方公里土地上运营的铁路长度(公里)(2)	34	35	…	…	…	…	…	…
汽车拥有量								
汽车登记量(万辆)	1997	…	…	…	…	…	…	…
乘用汽车和公共汽车(万辆)	2023	…	…	…	…	…	…	…
涉及人员伤亡的道路交通事故								
事故数(起)(3)	378811	…	…	…	…	…	…	…
受伤人数(人)(3)	358762	…	…	…	…	…	…	…
死亡人数(人)(3)	20049	…	…	…	…	…	…	…
国际航线数(条)(4)	30416	39058	44848	46160	49216	…	…	…

资料来源：

1. 巴西陆路运输局。
2. 巴西民航局。
3. 国家交通运输基础设施部，《全国运输系统 2013 年》。

脚注：

(1) 指付费的国内和国际运输量。

(2) 估计数。

(3) 指州际和国际客运量。

(4) 国际航线数据根据可持续发展指标 (SDGS) 9.1.2 统计 – 参照网址：https://unstats.un.org/sdgs/metadata/files/Metadata-09-01-02.pdf。

表 11.2.2 交通运输——中国

	2000	2014	2015	2016	2017	2018	2019	2020	2021	2022	2023
交通运输量											
旅客周转量(所有方式)(亿人公里)	12261	28647	30059	31258	32813	34218	35349	19251	19758	12921	29832
公路旅客周转量(亿人公里)(1)	6657	10997	10743	10229	9765	9280	8857	4641	3628	2408	4740
公路货物周转量(亿吨公里)(1)(2)	6129	56847	57956	61080	66772	71249	59636	60172	69088	68958	73950
铁路旅客周转量(亿人公里)	4533	11242	11961	12579	13457	14147	14707	8266	9568	6578	14729
铁路货物周转量(亿吨公里)	13770	27530	23754	23792	26962	28821	30182	30372	33238	35946	36460
航空旅客周转量(亿人公里)	971	6334	7283	8378	9513	10712	11705	6311	6530	3914	10309
航空货物周转量(亿吨公里)	50	188	208	222	244	263	263	240	278	254	284
水运旅客周转量(亿人公里)(1)	101	74	73	72	78	80	80	33	33	23	54
水运货物周转量(亿吨公里)(1)	23734	92775	91772	97339	98611	99053	103963	105834	115578	121003	129952
石油管道运输量(亿吨)	1.9	7.4	7.6	7.3	8.1	9.0	9.1	8.2	8.3	8.6	9.6
国内定期航班航线里程(万公里)	99.4	287.0	292.3	352.0	423.7	478.1	546.8	559.8	557.3	546.2	591.7
定期航班通航机场数(个)	139	200	206	216	228	233	237	240	248	253	259
国际航线数(条)	133	490	660	739	803	849	953	895	279	336	623
每万平方公里土地上运营的铁路长度(公里)	70	120	130	130	130	140	150	150	151	155	159

表 11.2.2 交通运输——中国

（续表 1）

	2000	2014	2015	2016	2017	2018	2019	2020	2021	2022	2023
民用汽车拥有量											
汽车拥有量(万辆)(3)	1609	14598	16285	18575	20907	23231	25376	27341	29419	31184	32912
小汽车拥有量(万辆)(4)	…	12075	13866	16048	18238	20322	22242	23941	25797	27716	29396
涉及人员伤亡的道路交通事故											
事故数(起)	616971	196812	187781	212846	203049	244937	247646	244674	273098	256409	254738
受伤人数(人)	418721	211882	199880	226430	209654	258532	256101	250723	281447	263621	253895
死亡人数(人)	93853	58523	58022	63093	63772	63194	62763	61703	62218	60676	60028

资料来源：

1. 中华人民共和国交通运输部，年度统计资料，2000-2023 年。
2. 中国民用航空局，年度统计资料，2000-2023 年。
3. 中国国家铁路局，年度统计资料，2000-2023 年。
4. 中国石油天然气集团公司，年度统计资料，2000-2023 年。
5. 中国海洋石油集团有限公司，年度统计资料，2023 年。
6. 中国国家统计局，《中国统计年鉴》，2000-2023 年；《中华人民共和国 2023 年国民经济和社会发展统计公报》。
7. 中华人民共和国公安部，年度统计资料，2000-2024 年。
8. 中国石油化工集团公司，年度统计资料，2000-2023 年。

脚注：

(1) 自 2013 年以来，因分类改变，2014 年及以后的数据无法与以前的数据进行比较。
(2) 2019 年，因分类改变，2019 年及以后的数据无法与以前的数据进行比较。
(3) 汽车拥有量不包括三轮汽车和低速货车。
(4) 小汽车拥有量包括小型载客汽车和微型载客汽车拥有量。

表 11.2.3 交通运输——印度

	2000	2014	2015	2016	2017	2018	2019	2020	2021	2022	2023
交通运输量											
铁路旅客周转量(亿人公里)	4570	11472	11430	11498	11777	11572	10507	2311	5902	9589	[illegible](5)
铁路货物周转量(亿吨公里)	3155	6826	6556	6209	6933	7389	7080	7201	8721	9599	[illegible](5)
民航客运量(亿人)(4)	0.18	0.87	1.04	1.25	1.47	1.66	1.64	0.59	0.94	1.60	[illegible](5)
航空旅客周转量(亿人公里)(4)	262	1269	1458	1701	1994	2253	2115	742	1183	2165	[illegible](5)
航空货物周转量(亿吨公里)(4)	5.5	18.7	18.0	20.0	24.9	26.8	17.2	9.5	15.7	17.8	[illegible](5)
公路旅客周转量(亿人公里)	20760	133930	154280	178610	202370	225820	251990	224220(5)	262990(5)	..	..
公路货物周转量(亿吨公里)	4940	18232	20274	22630	24848	26970	29273	26890(5)	30310(5)	..	..
航空运输时间(万小时)(4)	35	150	169	195	222	257	243	107	160	241	[illegible](4)
飞机飞行距离(亿公里)(4)	2.0	9.0	10.8	12.1	13.7	15.5	14.9	6.3	9.6	14.1	[illegible](4)
机动车生产量(万辆)(1)	474	2337	2402	2533	2909	3092	2635	2266(5)	2304(5)	2593(5)	..
乘用车和公共汽车登记数量(万辆)(2)	671	2789	3058	3200	3555	3840	4048	4585	4835(5)	5119(5)	..
小汽车拥有量(万辆)(3)	614	2600	2861	3024	3369	3645	3843	4365	4623(5)	4905(5)	...
每万平方公里土地上运营的铁路里程(公里)	192	201	203	205	205	205	207	207	207	208	...
涉及人员伤亡的道路交通事故											
事故数(起)	391449	489400	505770	484756	469242	470403	456959	372181	412432	461312	...
受伤人数(人)	399365	493474	503608	497806	467389	464715	449360	346747	384448	443366	...
死亡人数(人)	78911	139671	146555	151192	150003	157593	158984	138383	153972	168491	...

资料来源：

1. 印度铁道部。
2. 印度道路运输和公路部。
3. 印度民航部民航总局。

脚注：

铁路和民航数据以及汽车生产量按财年统计，即当年 4 月至下年 3 月。车辆登记数量和拥有量为 3 月 31 日数据。有关事故、受伤和死亡的数据按公历年度统计。

(1) 包括乘用汽车、商用汽车、三轮车和两轮车。

(2) 包括小汽车、吉普车、出租车和公交车。

(3) 2000 年数据为 2001 年 3 月 31 日数据。

(4) 初步数据，国际业务按照印度民航总局 2020 年 3 月 26 日的通知进行。

(5) 初步数据。

表 11.2.6 交通运输——伊朗

	2014	2015	2016	2017	2018	2019	2020	2021	2022
铁路运营里程(万公里)	1.0	1.0	1.0	1.1	1.1	1.2	1.2	1.2	…
公路长度(万公里)	1.7	1.8	1.9	1.9	2.1	2.1	2.2	2.3	…
市郊铁路机车数量(辆)	509	545	556	581	583	570	537	525	…
市郊铁路客运量(万人)	2480.2	2445.3	2304.2	2448.0	2809.4	2859.9	1110.3	2073.3	…
铁路旅客周转量(亿人公里)	162.7	149.4	129.8	132.7	152.4	148.9	51.8	112.3	…
郊区铁路货物净运输量(万吨)	3492.4	3564.7	4028.2	4676.6	5047.8	4697.6	5056.4	4691.2	…
铁路货物周转量(亿吨公里)	244.6	250.1	272.4	303.0	348.6	336.5	359.6	329.2	…
道路运输事故数(起)	264557	454787	469950	492131	1185473	2108126	1442201	1635861	2119406
道路运输死亡事故数(起)	6609	14213	13642	13836	14194	14096	12565	13959	15970
道路运输受伤事故数(起)	8248	16868	15998	16202	16540	16677	14652	16241	18799
注册道路车辆数(万辆)	188.0	151.7	218.2	175.2	111.7	110.9	122.4	133.0	…
容量为1000吨及以上的船只进入该国港口的数量(只)	9196	9028	9193	9400	8349	9069	8117	8744	…
港口入境乘客数(万人)	…	…	967.0	1071.7	1015.2	954.4	485.9	701.4	…
港口离境乘客数(万人)	…	…	946.3	1067.2	1011.8	950.1	490.1	701.2	…
机场国内航班乘客数(万人)	1746.2	1825.2	2201.7	2370.2	1991.3	1853.9	1213.1	1565.0	…
国际航班入境乘客数(万人)	535.0	529.4	536.2	599.7	483.6	421.7	57.3	267.2	…
国际航班离境乘客数(万人)	536.0	533.2	552.5	604.6	489.8	424.6	59.1	287.0	…

表 11.2.7 交通运输——俄罗斯

	2000	2014	2015	2016	2017	2018	2019	2020	2021	2022	2023
交通运输量											
公路旅客周转量(亿人公里)[1]	1737	1271	1263	1243	1234	1225	1225	884	1011	1091	1136
公路货物周转量(亿吨公里)[2]	1527	2468	2471	2483	2545	2591	2754	2718	2967	3139	3522
铁路旅客周转量(亿人公里)	1671	1300	1206	1246	1231	1295	1336	786	1042	1240	1330
铁路货物周转量(亿吨公里)	13732	23005	23059	23441	24934	25978	26025	25453	26394	26373	26353
航空旅客周转量(亿人公里)	534	2414	2268	2156	2594	2869	3230	1535	2433	2280	2527
航空货物周转量(亿吨公里)	25	52	56	66	79	78	74	71	92	23	17
石油管道运输量(万吨)	29500	53200	54300	54300	55300	56100	56800	50900	52400	54400	…
公路里程(万公里)[3]	53	102	105	105	106	108	109	110	111	112	113
每万平方公里土地上运营的铁路长度(公里)	50	50	50	50	51	51	51	51	51	51	51
汽车拥有量[4]											
卡车登记量(万辆)[5]	440.1	623.8	623.0	630.0	643.4	649.0	654.0	656.4	666.4	657.3	673.6
乘用汽车和公共汽车(万辆)	2099.3	4430.0	4512.6	4603.8	4778.3	4929.0	4929.9	5010.9	5114.8	5144.3	5233.9
涉及人员伤亡的道路交通事故											
事故数(起)	157596	199723	184000	173694	169432	168099	164358	145073	133331	126705	132456
受伤人数(人)	179401	251793	231197	221140	215374	214853	210877	183040	167356	159365	166500
死亡人数(人)[6]	29594	26963	23114	20308	19088	18214	16981	16152	14374	14172	14504

资料来源：

1. 俄罗斯联邦统计局。
2. 俄罗斯联邦内务部。
3. 俄罗斯联邦航空运输局。

脚注：

(1) 指为了商业目的由法人企业和个体企业（包括小企业）运送的旅客。

(2) 所有组织机构和个体企业的货物周转量。

(3) 铺有路面的公共道路，年末数。

(4) 自然人和法人作为物质财产而拥有的小汽车数量。

(5) 卡车数量。

(6) 从 2009 年起为事故后 30 天内死亡的人数；2009 年之前为事故后 7 天内死亡的人数。

表 11.2.8 交通运输——南非

	2014	2015	2016	2017	2018	2019	2020	2021	2022	2023
交通运输量										
公路客运量(亿人)	3.3	3.3	3.0	3.2	3.2	3.0	2.1	2.2	2.4	2.6
公路货运量(亿吨)	6.3	6.0	6.2	6.9	7.5	7.3	6.4	7.0	8.5	8.6
铁路客运量(亿人)(1)	5.3	4.8	4.0	3.2	2.6	1.8	0.3	0.2	0.2	0.4
铁路货运量(亿吨)	2.2	2.2	2.2	2.3	2.2	2.1	1.9	1.8	1.6	1.6
汽车拥有量										
乘用汽车和公共汽车(万辆)	697	719	814	…	…	…	…	…	…	…
涉及人员伤亡的道路交通事故										
死亡人数(人)	12702	12944	14071	…	…	…	…	…	…	…

资料来源：

1. 南非统计局。
2. 南非客运铁路运输局。
3. 南非国家交通运输集团有限公司。
4. 南非道路交通管理公司。

脚注：

(1) 仅包括地铁。

表 11.2.9 交通运输 ——阿联酋

	2014	2015	2016	2017	2018	2019	2020	2021	2022	2023
航空入境乘客数(万人)	2335.4	2823.6	3057.0	3133.1	3258.4	3240.6	1107.7	1691.4	2992.7	3785.7
航空离境乘客数(万人)	2373.1	2756.7	2959.2	3050.3	3239.5	3265.6	1177.8	1582.5	2917.3	3734.5
航空转机乘客数(万人)	5073.0	5908.5	6419.7	6472.8	6411.1	6289.5	1553.6	1317.7	4191.2	5732.8
入境飞机数(万架)	29.6	33.0	34.2	33.4	32.5	30.9	14.6	19.2	28.9	34.7
离境飞机数(万架)	29.6	33.0	34.2	33.4	32.5	30.9	14.6	19.2	28.9	34.7
公路网长度(万公里)	…	…	…	…	7.3	7.9	8.4	8.7	8.7	9.0
地铁和有轨电车网长度 (公里)	84.9	84.9	84.9	84.9	84.9	84.9	84.9	99.9	99.9	99.9
地铁和有轨电车乘客数(万人)	16430.7	18271.8	19669.9	20698.3	21080.1	20948.6	11728.0	15659.6	23262.5	26887.4

资料来源：

阿联酋民航总局。

主要统计指标解释

巴西

公路里程 指联邦、州和市级的公路，不包括正在规划中的公路。联邦公路数据在 www.dnit.gov.br 上发布。

中国

铁路营业里程 又称营业长度（包括正式营业和临时营业里程），指办理客货运输业务的铁路正线总长度。

公路里程 指在一定时期内实际达到《公路工程 [WTBZ] 技术标准 JTJ01-2003》规定的等级公路，并经公路主管部门正式验收交付使用的公路里程数。

管道输油（气）里程 指油品（或天然气）的实际输送距离，一般按输油（气）管道的单线长度计算。

货物（旅客）周转量 指在一定时期内，由各种运输工具运送的货物（旅客）数量与其相应运输距离的乘积之总和。

国内定期航班航线里程 指统计期内全部国内定期航班航线的航线总长度。

定期航班通航机场数 指供民用航空飞机起飞、降落、滑行、停放以及进行其他活动使用的划定区域数。

汽车拥有量 指报告期末，公安部交通管理部门按照《机动车注册登记工作规范》，已注册登记领有民用车辆牌照的全部汽车数量。

印度

铁路营业里程 路线总公里数，包括电气化和非电气化铁路。

公路里程 包括国家和邦公路（不包括农村公路、项目公路、城市公路等）。

石油管道里程 包括陆地和海上基础设施。

民航 航空运输和飞行数据包括印度的航空运输公司提供的国内和国际航线服务。

俄罗斯

旅客周转量（所有方式） 由各种运输工具运送旅客数量与平均运距的乘积，计量单位是“人公里”。所有方式包括铁路、公共汽车、出租车、电车、有轨电车，地铁、海运、内陆水运和空运。

货物周转量（所有方式） 由各种运输工具实际完成运送货物的吨数与运送距离的乘积计算的货物运输量，计量单位是吨公里。所有方式包括铁路、汽车、管道、海运、内陆水运和空运。

公路 指作为联邦财产的联邦道路，作为俄罗斯联邦主体财产的地区和地区间道路，以及作为自治州、市和市辖区财产的地方道路。

阿联酋

航空入境乘客数 入境阿联酋机场的乘客总数。

航空离境乘客数 自阿联酋机场离境的乘客总数。

航空转机乘客数 通过阿联酋机场转机的乘客总数。

入境飞机数 通过阿联酋机场入境的飞机总数。

出境飞机数 通过阿联酋机场出境的飞机总数。

公路网长度 高速公路、公路、主干道或国道、二级或区域道路，以及按公里计算的所有其他道路总长度。

地铁和有轨电车网长度 地铁和有轨电车总长度。

地铁和有轨电车乘客数 地铁和有轨电车乘客总数。

第十二章　信息社会

表 12.1 信息通信技术 (ICT) 概况

	2000	2014	2015	2016	2017	2018	2019	2020	2021	2022	2023
每千人电话主线拥有量(条)											
巴西	186	221	213	203	194[1]	183[1]	160[1]	14	…	…	…
中国[2]	114	182	168	149	139	138	136	130	128	127	123
埃及	…	…	…	…	…	…	…	…	…	…	…
埃塞俄比亚	…	…	…	…	…	…	…	…	…	…	…
印度[3]	26	22	20	19	18	17	16	15	17	20	23
伊朗	…	…	…	…	…	…	…	342	345	341	335
俄罗斯	…	268	248	233	222	208	191	179	166	152	143
南非[4]	…	35	31	27	24	20	25	26	…	21	…
阿联酋[5]	…	238	253	254	256	256	256	256	240	242	…
每千人移动蜂窝电话用户数(户)											
巴西	140	1385[1]	1261[1]	1184[1]	1050[1]	988[1]	988[1]	…	…	…	…
中国[2]	67	940	925	956	1020	1122	1144	1129	1163	1193	1225
埃及	…	…	…	…	…	…	…	…	…	…	…
埃塞俄比亚	…	24	26	37	40	41	42	44	53	51	65
印度[3]	2	754	798	880	901	898	870	849	842	826	830
伊朗	…	910	962	1037	1090	1133	1421	1560	1666	1750	1766
俄罗斯[6]	…	1908	1938	1978	2003	1969	2110	2081	2209	2152	2232
南非[7]	185	1454	1589	1466	1552	1533	1656	…	…	…	…
阿联酋	…	1903	2012	2213	2186	2197	2128	1978	1947	2122	…
每千人互联网用户数(户)											
巴西[8][9]	…	544	583	609	…	…	…	…	…	…	…
中国	18	…	498	525	551	590	641	700	730	756	775
埃及	…	…	…	…	…	…	…	…	…	…	…
埃塞俄比亚	…	0.04	0.05	0.07	0.09	0.21	0.36	0.48	0.58	…	…
印度[10]	5	214	262	306	344	461	543	585	605	625	670
伊朗	…	386	453	530	640	689	727	760	786	802	…
俄罗斯[11]	…	672	701	731	760	809	826	850	882	904	922
南非[12]	…	31	29	29	30	30	27	…	…	…	…
阿联酋	…	…	…	…	…	…	…	…	…	…	…
日报种类(种)											
巴西	…	784	…	…	…	…	…	…	…	…	…
中国[13]	2007	1912	1906	1894	1884	1871	1851	1810	1752	1709	1669
埃及	…	24	24	25	26	24	20	23	25	…	…
埃塞俄比亚	…	…	…	…	…	…	…	…	…	…	…
印度[14]	5364	14573	15723	16580	17160	17504	19782	19971	20278	20381	21642
伊朗	…	280	296	294	327	330	356	330	333	…	…
俄罗斯[15]	…	703	563	457	362	317	286	241	207	198	178
南非[16]	16	22	22	22	…	…	…	…	…	17	…
阿联酋	…	…	…	…	…	…	…	…	…	…	…

资料来源：

巴西

1. 巴西通信局。
2. 巴西国家地理与统计局，全国住户抽样调查 2007-2015 年，按性别和年龄分组的分量法人口预测结果，2000-2030 年。
3. 信息和通信技术研究中心 - ICT 住户调查 (2008-2015 年)。
4. 巴西国家报业协会，http://www.anj.org.br/numero-de-jornais-brasileiros-2/。
5. 国际电信联盟 (ITU)。

中国

1. 中华人民共和国工业和信息化部。
2. 国家新闻出版署，年度统计资料。

埃塞俄比亚

埃塞俄比亚国有电信公司。

印度

1. 印度电信监管局，《印度电信服务运行指标报告》(各期) 。
2. 印度信息和广播部，印度报纸注册办公室。

俄罗斯

1. 俄罗斯数字发展、通信与大众传媒部。
2. 俄罗斯联邦统计局。
3. 世界银行。

南非

1. 南非住户调查，2002-2022 年 , 南非统计局。
2. 南非听众研究基金会。
3. 国际电信联盟 (ITU)。

脚注：

巴西

(1) 数据来自国际电信联盟数据库。

(8) 指 10 岁及以上人口。

(9) 2012 年前数据只包括经由个人电脑访问互联网的用户数，2013 年后涵盖经由所有设备访问互联网的用户数。

中国

(2) 包括小灵通。

(7) 中国国家统计局于 2013 年至 2014 年开始了一项住户调查，包括城市和农村住户。调查中使用的覆盖范围、方法和定义与 2013 年之前分别进行的城市和农村住户调查不同。

(13) 各种报纸的种类。

印度

(3) 2000 年为 2000 财年末 (即 2001 年 3 月 31 日) 数据，其他年份为日历年末数据。电话主线指有线线路，而移动蜂窝电话指无线用户。

(10) 2000-2012 年数据来自国际电信联盟数据库，2013 年后的数据为印度电信监管局截至当年 12 月 31 日的数据。

(14) 除 2000 年为当年 12 月 31 日数据外，其他年份均为 3 月 31 日数据。是指已注册的日报数。

俄罗斯

(6) 指无线电话 (移动) 通信用户数。

(11) 2013 年以前，数据来自世界银行。2013 年起，数据来自使用信通技术情况的抽样调查。

(15) 周发行三次以上报纸种类。

南非

家计调查相关问题如下：

(4) 本住户是否接入电话线？计算方法为，有电话的住户个数 / 总人口 ×1000，调查数据。

(7) 数据来自国际电信联盟数据库。

(12) 本住户住宅是否接入互联网 (2009 年以后有数据)。

(16) 当前日报数量，包括周末和公共假日不出版的日报。

阿联酋

(5) 固定电话用户数。

表 12.2.1 信息通信技术 (ICT)——巴西

	2000	2014	2015	2016	2017	2018	2019	2020	2021	2022	2023
每100居民的固定电话线(条)	30.9	22.1	21.3	20.3	22.4[1]	18.3[1]	…	…	…	…	…
每100居民中的移动蜂窝电话用户(户)	17.0	138.0	125.7	118.4	113.9[1]	98.8[1]	…	…	…	…	…
每100居民中的固定互联网用户(户)	…	11.8	12.4	13.0	13.8	…	…	…	…	…	…
每100居民中的固定宽带互联网用户(户)	0.2	11.8	13.2	13.0	13.8	…	…	…	…	…	…
每100居民中的移动宽带用户(户)	0.0	77.8	88.7	89.5	90.9	…	…	…	…	…	…
拥有电视机的家庭的比重(%)	…	…	…	97.7	97.3	97.0	96.9	…	96.3	95.8	94.3
拥有电话的家庭的比重(%)	…	…	…	95.9	96.2	96.4	96.7	…	98.0	98.3	97.2
拥有个人电脑的家庭比重(%)[2]	…	…	…	51.2	48.9	47.0	45.6	…	44.5	44.3	41.0
在过去的3个月(在任何地点)使用了计算机的个人比重(%)	…	…	…	63.7	56.6	50.7	…	…	…	…	34.2
在家中拥有互联网接入的家庭比重(%)	…	…	…	69.4	74.9	79.1	…	…	…	…	…
在过去的3个月中(在任何地点)使用过互联网的个人比重(%)	…	…	…	66.1	71.1	76.2	79.5	…	84.7	87.2	88.0
按上网地点分类，过去3个月中个人使用互联网的比重(%)											
家中	…	89.0	89.5	91.8	…	…	…	…	…	…	…
工作中	…	33.0	38.0	40.5	…	…	…	…	…	…	…
教育地点	…	15.0	19.3	20.2	…	…	…	…	…	…	…
其它人家	…	30.0	56.0	60.2	…	…	…	…	…	…	…
社区互联网接入设施	…	8.0	14.3	15.8	…	…	…	…	…	…	…
商业互联网接入设施	…	11.0	11.7	12.3	…	…	…	…	…	…	…
个人使用移动蜂窝电话的比重(%)	…	…	…	77.4	78.5	79.7	81.4	…	84.4	86.5	87.6
按上网频率分类，个人过去3个月中使用互联网的比重(%)[2]											
至少一天一次	…	…	…	…	…	…	…	…	…	93.4	94.3
至少一星期一次，但不是每天	…	…	…	…	…	…	…	…	…	5.9	5.0
一星期不到一次	…	…	…	…	…	…	…	…	…	0.7	0.6

表 12.2.1 信息通信技术 (ICT)——巴西

（续表）

	2000	2014	2015	2016	2017	2018	2019	2020	2021	2022	2023
有电的家庭比重(%)	…	…	…	99.8	99.8	99.7	99.8	…	…	99.7	99.8
使用计算机的企业比重(%)	…	97.0	98.6	…	…	…	…	…	…	…	…
使用互联网的企业比重(%)	…	96.0	97.9	…	…	…	…	…	…	…	…
利用网络宣传推广的企业比重(%)	…	62.0	57.4	…	…	…	…	…	…	…	…
具有内联网的企业比重(%)	…	34.0	34.3	…	…	…	…	…	…	…	…
通过互联网接收订单的企业比重(%)	…	21.0	20.8	…	…	…	…	…	…	…	…
通过互联网发出订单的企业比重(%)	…	62.0	63.5	…	…	…	…	…	…	…	…
拥有局域网(LAN)的企业比重(%)	…	85.0	84.0	…	…	…	…	…	…	…	…
拥有外联网的企业比重(%)	…	27.0	26.5	…	…	…	…	…	…	…	…

资料来源：

1. 巴西通信局。
2. 巴西国家地理与统计局，全国住户抽样调查 2016-2023 年。按性别和年龄分组的分量法人口预测结果，20[illegible]-2030 年。
3. 信息和通信技术研究中心 --ICT 住户调查 (2007-2015 年)。
4. 国际电信联盟 (ITU)。

脚注：

指 10 岁及以上人口。

(1) 数据来自国际电信联盟数据库。

(2) 巴西地理与统计研究所。持续的全国家庭抽样调查——PNAD 连续。

表 12.2.2 信息通信技术 (ICT)——中国

	2000	2014	2015	2016	2017	2018	2019	2020	2021	2022	2023
ICT基础设施和接入核心指标											
每100居民中的宽带互联网用户数(户)	…	14.66	18.88	21.49	25.07	29.2	32.09	34.54	37.93	41.77	45.14
每100居民中的移动宽带用户数(户)	…	42.59	51.37	68.04	81.40	93.57	…	…	…	…	…
平均每个居民国际互联网带宽(比特/秒/居民)(1)	2	3157	4113	5036	5522	6723	6612	8622	10273	6635	18601
每100户家庭中的移动电话(部)	…	216	225	235	240	249	253	254	259	259	252
城镇	…	217	224	231	235	243	247	249	254	254	240
农村	…	215	226	241	246	257	261	261	267	267	271
拥有个人电脑的家庭所占比重(%)	…	45.9	48.2	50.1	51.2	46.3	46.5	47.3	40.7	41.0	37.6
城镇	…	64.6	66.8	68.2	68.9	62.2	61.7	62.3	53.6	53.7	48.5
农村	…	22.1	24.2	26.2	27.4	25.1	25.8	26.5	22.9	23.1	20.5
ICT发展情况											
固定宽带互联网用户(万户)	…	20048	25947	29721	34854	40738	44928	48355	53579	58965	63631
移动互联网接入流量(千G)	…	2061936	4187533	9378635	24593803	70900393	121992006	165568172	221632243	261760000	301473739
光缆线路长度(万公里)	121	2061	2486	3042	3780	4317	4741	5169	5481	5958	6432
长途光缆线路长度(万公里)	29	93	97	99	105	99	109	112	112	109	114
移动电话基站(万个)	8	351	466	559	619	667	841	931	996	1083	1162
互联网宽带接入端口(万个)	…	40546	57709	71277	77599	86752	91578	94605	101785	107104	113590
网站数(万个)	27	335	423	482	533	523	497	443	418	387	388

资料来源：

1. 中华人民共和国工业和信息化部，中国互联网络信息中心。
2. 中国国家统计局，《中国统计年鉴》，2023 年；《中华人民共和国 2023 年国民经济和社会发展统计公报》。

脚注：

(1) 平均每个居民国际互联网带宽（比特 / 秒 / 居民）采用互联网国际出口带宽指标。

表 12.2.3 信息通信技术 (ICT)——埃及

	2000	2014	2015	2016	2017	2018	2019	2020	2021	2022	2023
移动电话用户 (万)	…	9532	9313	9779	10127	9378	9534	9536	10345	9938	10632
固定电话用户 (万)	…	632	634	612	660	787	876	985	1101	1159	1248
拥有互联网接入的家庭比重(%)	…	…	39.2	42.3	46.1	49.2	53.9	59.9	…	…	73.3
使用互联网的个人比重 (15-74岁)	…	…	33.5	41.3	42.8	45.0	47.6	57.3	…	…	72.2

表 12.2.4 信息通信技术 (ICT)——埃塞俄比亚

	2000	2014	2015	2016	2017	2018	2019	2020	2021	2022	2023
每100居民中的移动蜂窝电话用户(户)	…	23.50	25.90	36.93	39.87	41.25	42.48	44.15	52.75	61.34	64.75
每100居民中的固定互联网用户(户)	…	…	0.03	0.04	0.05	0.07	0.09	0.21	0.35	0.48	0.58
每100居民中的移动宽带用户(户)	…	0.28	10.42	14.59	17.22	18.56	20.41	23.39	23.83	21.06	31.01

资料来源:

埃塞俄比亚国有电信公司。

表 12.2.5 信息通信技术 (ICT)——印度 [1]

	2014	2015	2016	2017	2018	2019	2020	2021	2022	2023
每100居民中的互联网用户数(户)	21.37	26.19	30.56	34.42	46.13	54.29	58.51	60.46	62.56	67.03
每100居民中的固定互联网(固定宽带+有线窄带)用户(户)	1.51	1.58	1.68	1.64	1.64	1.69	1.88	1.94	2.34	2.76
每100居民中的固定宽带互联网用户(户)	1.22	1.3	1.42	1.38	1.39	1.45	1.64	1.93	2.34	2.75
每100居民中的有线窄带用户(户)	0.28	0.27	0.26	0.26	0.25	0.25	0.24	0.01	0	0.02
每100居民中的移动宽带用户(户)	5.59	9.44	16.97	26.59	38.69	48.51	53.31	55.74	57.7	61.96
每100居民中的固定无线窄带用户(户)	0	0	0	0	0	0	0	0	0	0
每100居民中的移动无线窄带用户(户)	14.23	15.13	11.87	6.15	5.77	4.05	3.28	2.7	2.43	2.25
平均每个居民国际互联网带宽(千比特/秒/居民)	…	…	…	…	…	…	…	…	…	…
每100居民的电话用户数(户)	77.58	81.83	89.9	91.9	91.45	88.56	86.38	85.91	84.56	85.23

资料来源:

印度电信监管局。

脚注:

(1) 当年 12 月 31 日数据。

表 12.2.6 信息通信技术 (ICT)——伊朗

	2014	2015	2016	2017	2018	2019	2020	2021	2022
HH1—拥有收音机的家庭比重(%)	…	99.33	…	99.62	…	…	…	99.61	…
HH2—拥有电视机的家庭比重(%)	…	88.25	…	92.67	…	…	…	98.64	…
HH3—拥有电话的家庭比重(%)	…	98.67	…	98.77	…	…	…	99.00	…
HH4—拥有计算机的家庭比重(%)	53.05	57.36	61.80	69.75	73.88	78.98	83.12	…	…
HH5—过去3个月内(从任何地点)使用计算机的个人(6岁及以上)比重(%)	…	41.15	…	48.46	…	…	…	…	…
HH6—在家上网的家庭比重(%)	47.92	55.47	62.21	72.76	75.40	77.20	78.39	79.47	80.66
HH7—过去3个月内使用互联网(来自任何地点)的个人(6岁及以上)比重(%)	38.62	45.33	52.99	64.04	68.93	72.69	75.98	78.60	80.25
HH8—过去3个月按地点划分的使用互联网的个人(6岁及以上)比重(%)									
家	…	…	…	80.60	…	…	…	97.67	…
工作场所	…	…	…	5.92	…	…	…	21.67	…
教育地点	…	…	…	6.69	…	…	…	1.79	…
别人的家	…	…	…	4.64	…	…	…	27.76	…
通勤、交通或步行时	…	…	…	36.50	…	…	…	28.56	…
HH10—过去3个月内使用手机(来自任何地点)的个人(6岁及以上)比重(%)	…	77.89	…	80.75	…	…	…	92.00	…
HH12—过去3个月按地点划分的使用互联网的个人(6岁及以上)比重(%)									
每天至少一次	…	64.09	…	63.43	…	…	…	91.64	…
每周至少一次，但不是每天	…	13.52	…	7.64	…	…	…	5.69	…
每周少于一次	…	3.54	…	2.14	…	…	…	0.86	…
HH18—过去3个月内拥有手机(来自任何地点)的个人(6岁及以上)比重(%)	…	…	…	66.04	…	…	…	72.36	…

资料来源：

伊朗统计中心 2015、2017 和 2021 年家庭和个人 ICT 接入和使用调查结果以及其他年份的估计结果。

表 12.2.7 信息通信技术 (ICT)——俄罗斯

	2000	2014	2015	2016	2017	2018	2019	2020	2021	2022	2023
每100居民电话主线拥有量(条)	23	27	25	23	22	21	19	18	17	15	14
每100居民中的移动蜂窝电话用户(户) (1)	2	191	194	198	200	197	211	208	221	215	219
每100居民中的互联网用户(户) (2)	2	67	70	73	76	81	83	85	88	90	92
拥有下述设备或接入的机构占比											
个人电脑(占全部观测机构的比重)(%)	…	93.8	92.3	92.4	92.1	94.0	93.5	80.7	81.8	79.6	78.6
邮件(占全部观测机构的比重)(%)	…	84.2	84.0	87.6	88.3	90.9	91.1	…	…	…	…
互联网(占全部观测机构的比重)(%)	…	89.0	88.1	88.7	88.9	91.1	91.2	…	79.6	77.9	79.0
网站(占全部观测机构的比重)(%)	…	40.3	42.6	45.9	47.4	50.9	51.9	44.2	46.2	45.6	46.5
每百名员工拥有的个人电脑(在全部观测机构中)(台)	…	47	49	49	50	51	51	57	61	63	65
拥有下述设备或接入的住户占比 (2)											
个人电脑(%)	…	71.0	72.5	74.3	74.4	72.4	69.4	72.1	72.6	73.0	71.2
互联网接入(%)	…	69.9	72.1	74.8	76.3	76.6	76.9	80.0	84.0	86.6	87.9

资料来源:

俄罗斯联邦统计局。

脚注:

(1) 每 100 人中移动无线电话 (蜂窝) 通信设备数量。

(2) 2013 年以前，数据来自世界银行。2013 年起，该指标依据信息通信技术使用的人口抽样调查。

表 12.2.8 信息通信技术 (ICT)——南非

	2000	2014	2015	2016	2017	2018	2019	2020	2021	2022	2023
移动网络覆盖											
至少一个3G移动网络覆盖的人口百分比(%)	…	95.0	98.0	99.2	…	…	…	…	…	…	…
至少一个LTE / 4G移动网络覆盖的人口百分比(%)	…	34.0	54.0	77.6	…	…	…	…	…	…	…
固定电话用户(户)											
固定电话用户 (万)	496	365	413	452	481	310	203	…	…	…	…
每百户居民中的固定电话用户	11.0	6.7	7.5	8.0	8.4	5.4	3.5	…	…	…	…
移动蜂窝用户(户)											
移动电话用户(后付费/预付费) (万)	834	7928	8800	8241	8850	8857	9697	…	…	…	…
每百户居民中的移动蜂窝用户	18.5	145.4	158.9	146.6	155.2	153.3	165.6	…	…	…	…
固定宽带用户(户)											
固定宽带用户	…	1706313	1615210	1706313	…	…	…	…	…	…	…
每百户居民中的固定宽带用户	…	3.21	2.63	2.84	…	…	…	…	…	…	…
移动宽带用户(户)											
移动宽带用户	…	24816	31809	31559	…	…	…	…	…	…	…
百名户居民中的移动宽带用户	…	46.7	59.5	58.6	…	…	…	…	…	…	…
家庭ICT接入与个人使用(%)											
拥有电视机的家庭比重	…	81.3	80.7	81.4	82.0	82.2	81.7	89.2	87.7	81.5	73.4
拥有固定电话的家庭比重	…	12.9	11.1	9.7	8.4	7.2	8.4	8.8	7.0	7.2	5.0
拥有移动电话的家庭比重	…	95.7	96.5	96.5	96.4	96.6	96.1	97.7	97.3	95.8	96.2
拥有电脑的家庭比重	…	21.2	20.6	21.7	22.0	21.5	22.7	26.8	27.3	25.6	24.8
拥有互联网接入的家庭比重	…	11.1	9.9	9.8	10.6	10.4	9.1	8.3	10.4	13.0	14.5
ICT对国内生产总值的贡献(%)											
信息和通信技术占国内生产总值的比重	…	3.0	…	…	…	…	…	…	…	…	…
电信对GDP的贡献率	…	1.9	…	…	…	…	…	…	…	…	…

资料来源：

1. 南非统计局，2002-2023 年住户调查数据。
2. 国际电信联盟数据库，2020 年。
3. 南非统计局，南非信息通信技术的卫星账户，2013 年和 2014 年。
4. 南非独立通信管理局，《南非 ICT 现状报告》，2018 年 3 月 31 日。

表 12.2.9 信息通信技术 (ICT)——阿联酋

	2014	2015	2016	2017	2018	2019	2020	2021	2022
固定电话用户数(万户)	210.3	225.9	228.6	232.1	234.1	236.3	238.1	224.3	228.6
活跃移动蜂窝电话用户数(万户)	1681.9	1794.3	1990.5	1982.6	2008.1	1960.3	1837.4	1823.7	2003.6
固定宽带用户数(万户)	109.2	123.4	129.7	276.2	302.5	304.6	324.5	357.3	377.4
活跃移动宽带用户数(万户)	850.0	1253.7	1528.5	2288.3	2408.1	2343.9	2217.9	2258.6	2217.8
拥有计算机的家庭数(万户)	76.9	…	82.3	…	89.4	91.3	94.5	96.5	106.2
拥有互联网接入的家庭数(万户)	78.9	…	85.2	…	92.2	94.2	96.0	97.1	106.9
移动蜂窝电话用户数(万户)	751.8	…	761.1	…	776.6	780.2	784.1	788.9	794.5

资料来源：

电信和数字政府监管局。

主要统计指标解释

巴西

参考时期 根据国际手册推荐，调查问卷询问近期三个月内用户使用 ICT 情况。

每千人互联网用户数 是指 10 岁及以上的居民。其中：

互联网用户 是指 10 岁及以上的、在某地（自己家、工作场所、免费或付费上网中心、别人家或者其他任何地方）通过个人电脑台式机或便携式电脑（笔记本电脑、掌中宝、袖珍电脑或手提电脑）在过去三个月的参考期内至少上过一次网的用户。

中国

（固定）电话主线 是指将用户终端设备与公众交换网进行连接的并在电话交换设备上拥有专门端口的（固定）电话线，包括综合业务数字网 (ISDN) 信道数，还包括无线市话用户 (PHS) 数。

移动蜂窝电话用户 是指使用蜂窝技术向公众交换电话网 (PSTN) 提供接入的公众移动电话业务付费用户，包括模拟和数字蜂窝。

互联网用户（网民） 是指过去半年内使用过互联网的 6 岁及以上中国居民。

日报 是指报纸，即有中国统一刊号的各种报纸。

固定互联网宽带接入用户 指报告期末在电信企业登记注册，通过 xDSL、FTTx+LAN、FTTH/O 以及其他宽带接入方式和普通专线接入公众互联网的用户。互联网宽带接入用户按行政区划分为城市宽带接入用户和农村宽带接入用户；按客户类别分为住户宽带接入用户和单位宽带接入用户。

固定互联网宽带接入时长 指报告期内本企业固定互联网宽带接入用户通过固定宽带网络接入公共互联网发生的实际使用时长。

移动互联网接入流量 指本企业移动电话用户（含无线上网卡用户）通过移动通信网络接入公共互联网或 WAP 网站发生的计费流量，包括上行流量和下行流量。

光缆线路长度 指报告期末本地网中继光缆线路长度、接入网光缆线路长度、长途光缆线路长度合计。

长途光缆线路长度 指用以实现光信号传输的长途光缆线路的实际长度。架空的光缆按实际杆路长度统计；埋设于地下、管道、水底、海底的光缆按沟长统计。

移动电话基站 指报告期末为小区服务的无线收发信设备，处理基站与移动台之间的无线通信，在移动交换机与移动台之间起中继作用，监视无线传输质量的全套设备数。

互联网宽带接入端口 指用于接入互联网用户的各类实际安装运行的宽带接入端口的数量，不包括窄带拨号接入端口。按照目前互联网宽带接入的主要技术方式，分别包括 xDSL 用户端口、LAN 用户端口和 FTTH/O 端口。

网站数 指以域名本身或者“WWW.+ 域名”为网址的 web 站点，其中包括中国的国家顶级域名 .CN 和类别顶级域名 (gTLD) 下的 web 站点，该域名的注册者位于中国境内。

埃塞俄比亚

每 100 居民中的固定互联网用户 指每百人固定宽带用户数，使用固定宽带用户数除以人口得到。

每 100 居民中的移动宽带用户 指每百人移动宽带用户数，使用移动宽带用户数除以人口得到。

每 100 居民中的移动蜂窝电话用户 指每百人移动语音用户数，使用移动语音用户数除以人口得到。

印度

电话主线 是一种有线通信的方式，例如将用户的终端设备与网络相连接的固定电话线获得的通信。它包括无线本地环路（将固定电话线连接到公共电话交换网络）。

移动蜂窝电话用户 包括无线通信用户。

互联网用户数据 包括固定电话线和无线（移动电话）网络用户数据。

日报 包括使用各种各样语言的报纸以及双语和多语报纸。

互联网用户总数——包括窄带用户和宽带用户。也包括有线互联网用户与无线互联网用户。

俄罗斯

电话主线 是指在公用电话亭拥有独立号码的电话机或是公用的共用主线的电话机。这些电话主线在公共网络上进行过转换，并提供本地、城际和国际通信服务。

蜂窝通信 是指移动无线和电话通信。

移动通信 是指为移动通信用户和公共电话网络用户提供通信工具的技术方法（无线电和通信设备、通信主线和通信构造）的综合设施。

机构使用个人电脑和其他信息通信技术情况 是指统计观测覆盖到的机构（不包括小型企业）使用 ICT 情况。

每百名或千名居民使用互联网情况 是指过去 3 个月使用互联网的人口与总人口的比例 (2013-2017 年，15-72 岁人口，2017 年后为 15-74 岁人口）。

南非

住户调查相关问题如下：

本住户是否接入电话线；

本住户是否拥有蜂窝式移动电话；

本住户是否拥有计算机 (2005 年，2012 年和 2013 年）；

本住户是否接入互联网（此问题在 2005 年、2009 年和 2010 年被问及，2009-2013 年有数据）；上述问题仅仅问及本住户，外在接入源不予考虑。

阿联酋

固定电话用户数 是指模拟固定电话线、IP 语音 (VoIP) 订阅、固定无线本地环路 (WLL) 订阅、ISDN 语音信道等效物和固定公共付费电话的活跃数量之和。

活跃移动蜂窝电话用户数 是指使用蜂窝技术提供 PSTN 接入的公共移动电话用户数量，包括后付费用户数量和活跃预付费用户数量（即在过去三个月内使用过的用户）。

活跃移动宽带用户数 是指公共互联网上基于手机和基于计算机 (USB/ 加密狗）的移动宽带用户数。

固定宽带用户数 是指 固定宽带、卫星宽带 (i271) 和地面固定无线宽带 (i271fw) 用户之和。固定宽带用户是指以大于或等于 256 kbit/s 的下行速度速度访问公共互联网 (TCP/IP 连接）的固定用户。

国际带宽 所使用国际链路的平均带宽，包括光纤电缆、无线电链路以及卫星地面站和轨道卫星传送站的带宽。单位：兆 / 秒。

第十三章 财政和金融

表 13.1 财政和金融概况

	2000	2014	2015	2016	2017	2018	2019	2020	2021	2022	2023
政府财政盈余/赤字占GDP的比重(%)											
巴西[(1)(2)]	−3.8	−6.2	−10.6	−8.9	−8.4	−8.0	−6.1	−13.5	−4.1	−4.4	−8.2
中国	−2.5	−1.8	−3.4	−3.8	−3.7	−4.1	−4.9	−6.2	−3.8	−4.7	−4.6
埃及	…	…	…	−6.1	−2.4	−3.6	−3.1	−4.6	…	…	…
埃塞俄比亚	…	…	…	…	…	…	…	…	…	…	…
印度[(14)]	9.3	6.7	6.9	6.9	5.8	5.8	7.2	13.1	9.5	9.6	8.6
伊朗	…	…	…	…	…	…	…	…	…	…	…
俄罗斯[(3)]	1.4	−0.4	−2.4	−3.5	−1.4	2.6	1.8	−3.8	0.4	−2.1	−1.9
南非[(4)]	−1.0	−3.5	−3.2	−3.6	−2.8	−3.6	−3.2	−4.6	−9.7	…	…
阿联酋[(5)]	…	−2.2	−6.6	−3.1	−0.2	3.8	2.6	−2.5	4.0	10.0	…
所得税占财政收入的比重(%)											
巴西[(6)]	…	18.8	18.1	19.3	19.2	18.8	19.0	20.0	20.5	22.8	22.9
中国	12.4	22.8	23.5	24.4	25.5	26.8	25.0	26.2	27.7	28.8	25.8
埃及	…	…	…	…	…	…	…	…	…	…	…
埃塞俄比亚	47.2	46.5	44.2	48.1	48.1	51.2	52.4	55.2	56.7	57.2	52.0
印度[(14)]	17.0	28.1	26.1	26.2	27.8	28.6	26.2	24.7	28.5	28.2	27.8
伊朗	…	…	…	…	…	…	…	…	…	…	…
俄罗斯[(7)]	27.3	19.0	20.1	20.5	21.1	20.8	21.5	21.6	22.8	22.8	24.5
南非[(4)]	42.3	40.5	40.3	39.7	40.5	41.2	40.5	39.7	38.2	…	…
阿联酋[(8)]	…	68.2	50.8	22.7	36.1	41.2	36.4	30.6	33.4	44.8	…
M_2 供应量(年末)(亿美元)											
巴西[(9)]	1552	9287	6992	7023	8087	7800	7855	7752	8007	9879	11820
中国[(10)]	16261	200748	214408	223449	258675	266165	284752	335146	373747	382552	412655
埃及	…	…	…	…	…	…	…	…	…	…	…
埃塞俄比亚	29538	155881	184741	211027	255975	283744	315570	331516	345709	352944	407289
印度[(11)]	832	3738	4018	4281	5195	5565	5672	6755	7250	7159	7575
伊朗	…	…	…	…	…	…	…	…	…	…	…
俄罗斯[(12)]	409	5620	4827	6334	7368	6781	8345	7939	8918	11713	10970
南非[(13)]	622	1942	1635	1880	2127	2041	2101	2340	2311	2260	2258
阿联酋	…	…	3232	3337	3475	3563	3848	4026	4256	4639	5510

资料来源:

巴西

1. 巴西中央银行。
2. 巴西财政部。

中国

1. 中华人民共和国财政部。
2. 中国人民银行。
3. 中国国家统计局。

埃及

埃及中央银行。

埃塞尔比亚

1. 埃塞俄比亚国家银行。
2. 埃塞俄比亚财政部。

印度

印度储备银行。

俄罗斯

1. 俄罗斯联邦统计局。
2. 俄罗斯财政部。
3. 俄罗斯中央银行。

南非

南非储备银行。

阿联酋

1. 阿联酋财政部。
2. 阿联酋中央银行。

脚注：

巴西

(1) 政府包括联邦政府，州政府和地方政府，但不包括巴西中央银行和公共企业。

(2) 名义盈余。

(6) 收入、利润和资本利得税占政府总收入中的比重。数据根据《2014 年政府财政统计手册》编制。数据可能修订。

(9) 所采用的年平均汇率可在表 13.2.1 和 14.1 中查到。

中国

(10)M_2 根据国家外汇管理局公布的年末汇率计算。

印度

(11) 指财政年度数据，包括流通货币、活期存款和邮政储蓄银行存款。M_2 供应量（年末）用该财政年度年末汇率换算成美元。

(14) 指一般政府。

俄罗斯

(3) 联邦政府政府财政盈余 / 赤字占 GDP 的比重。根据俄罗斯联邦财政部数据计算。

(7) 机构利润税（所得税）和个人所得税占收入的比重。根据俄罗斯联邦财政部数据计算。

(12) 根据俄罗斯中央银行的数据计算。

南非

(4) 指财政年度：从当年的 4 月 1 日至下年的 3 月 31 日。

(13) 日历年：从每年的 1 月 1 日开始到 12 月 31 日结束。使用年末汇率。

M_2 包括三部分：货币部门之外的流通中的纸币和硬币；支票和转账存款；其他活期存款和不超过 6 个月的中短期定期存款。

以年底月平均汇率计算。

阿联酋

(5) 使用一般政府的赤字 (-)/ 盈余 (+) 数据。

(8) 税收收入数据不包括工资税、财产税、商品和服务税。

表 13.2.1 财政和金融——巴西

	2000	2014	2015	2016	2017	2018	2019	2020	2021	2022	2023
财政支出(亿雷亚尔)[1]	…	17002	20297	20842	21137	22464	22819	26360	26297	31663	35303
合并预算支出结构(%)											
一般公共服务	…	38.9	46.7	42.3	40.5	41.0	37.8	32.2	39.0	43.2	41.5
其中：公共债务交易	…	25.1	34.5	29.1	27.3	26.8	22.7	16.3	22.9	24.8	24.3
国防	…	2.3	1.9	1.9	2.0	2.0	2.0	1.9	1.9	1.6	1.5
公共秩序和安全	…	2.5	2.2	2.5	2.4	2.4	2.4	2.1	2.2	1.9	1.8
经济事务	…	4.2	3.0	3.1	2.5	2.9	3.8	1.8	1.7	1.9	2.1
其中：农、林、牧、渔	…	1.1	0.9	1.0	0.8	0.7	0.7	0.6	0.7	0.8	0.9
燃料和能源	…	0.8	0.2	0.2	0.2	0.5	1.8	0.2	0.2	0.1	0.1
采掘、制造和建筑	…	0.0	0.0	0.0	0.0	0.0	0.0	0.0	0.0	0.0	0.0
交通运输	…	1.3	0.7	0.7	0.4	0.7	0.5	0.3	0.3	0.4	0.4
通信	…	−0.3	−0.1	0.0	0.0	0.0	0.0	0.0	0.0	0.0	0.0
其他行业	…	0.1	0.1	0.1	0.1	0.1	0.1	0.1	0.0	0.0	0.0
环境保护	…	0.3	0.2	0.2	0.2	0.2	0.2	0.2	0.1	0.1	0.1
住房和社区设施	…	0.4	0.3	0.3	0.2	0.2	0.2	0.2	0.2	0.2	0.2
卫生	…	6.2	5.5	5.9	6.0	6.1	6.4	7.1	7.5	5.6	5.9
其中：门诊服务	…	1.2	1.0	1.0	1.0	1.0	1.2	1.0	1.3	1.1	1.3
医院服务	…	3.3	3.0	3.2	3.4	3.6	3.5	3.0	3.7	2.9	3.1
公共卫生服务	…	0.3	0.2	0.2	0.2	0.3	0.2	1.9	1.0	0.3	0.2
娱乐、文化和宗教	…	0.2	0.2	0.2	0.1	0.1	0.1	0.2	0.1	0.1	0.3
教育	…	6.8	6.1	6.2	6.0	6.0	6.0	5.1	6.0	6.2	6.1
其中：学前教育和初等教育	…	2.4	2.2	2.3	2.1	2.2	2.2	1.9	2.5	2.7	2.7
中等教育	…	1.2	1.2	1.2	1.1	1.1	1.1	0.9	1.2	1.5	1.3
高等教育	…	1.9	1.7	1.9	1.9	1.9	1.9	1.6	1.6	1.4	1.4
社会保障	…	38.2	33.8	37.3	39.9	39.1	41.1	49.3	41.3	39.3	40.6
支出总额	…	100.0	100.0	100.0	100.0	100.0	100.0	100.0	100.0	100.0	100.0

表 13.2.1 财政和金融——巴西

（续表 1）

	2000	2014	2015	2016	2017	2018	2019	2020	2021	2022	2023
年平均汇率(1美元折合本币，雷亚尔)	1.8	2.4	3.3	3.5	3.2	3.7	3.9	5.2	5.4	5.2	5.0
M_0发行量(年末，亿雷亚尔)	476.9	2635.3	2552.9	2702.9	2967.6	3020.5	3165.9	4315.4	4091.8	4196.6	4227.2
M_0发行量(年末，亿美元)	260.7	1119.3	764.7	776.0	929.6	826.3	802.3	836.7	758.4	812.5	846.3
M_1发行量(年末，亿雷亚尔)	743.5	3633.6	3472.2	3630.3	3838.4	4102.3	4477.2	6411.1	6534.2	6458.0	6443.6
M_1发行量(年末，亿美元)	406.5	1543.3	1040.1	1042.3	1202.4	1122.2	1134.7	1243.1	1211.1	1250.3	1290.0
M_2发行量(年末，亿雷亚尔)	2837.9	21864.7	23341.4	24460.7	25817.0	28513.0	30994.2	39982.2	43201.7	51054.5	55046.4
M_2发行量(年末，亿美元)	1551.5	9286.7	6991.8	7022.8	8087.4	7800.1	7855.0	7752.3	8007.4	9884.1	11321.0
中央银行贴现率(%)	15.8	11.6	14.1	13.6	6.9	…	10.9[(2)]	…	…	…	…
存贷款基准利率(%)	15.8	12.0	15.2	11.9	8.5	…	…	…	…	…	…

资料来源：

1. 巴西中央银行。
2. 巴西财政部。
3. 国际货币基金组织。

脚注：

(1) 数据由中央政府财政统计数据组成，并根据国际货币基金组织的政府财政统计手册 (GFSM 2014) 方法编制。数据分类遵循《政府职能分类法》。《政府职能分类法》由经济合作与发展组织开发，由联合国统计司作为政府活动标准分类方法出版。

(2) 数据来自国际货币基金组织数据库。

表 13.2.2 财政和金融——中国

	2000	2014	2015	2016	2017	2018	2019	2020	2021	2022	2023
政府财政收支构成											
财政收入(亿元人民币)[1]	13395	140370	152269	159605	172593	183360	190390	182914	202555	203649	216795
预算收入结构(%)											
税收收入	…	84.9	82.0	81.7	83.6	85.3	83.0	84.4	85.3	81.8	83.6
国内增值税	…	22.0	20.4	25.5	32.7	33.6	32.7	31.0	31.4	23.9	32.0
国内消费税	…	6.3	6.9	6.4	5.9	5.8	6.6	6.6	6.9	8.2	7.4
进口货物增值税、消费税	…	10.3	8.2	8.0	9.3	9.2	8.3	7.9	8.6	9.8	9.0
出口货物退增值税、消费税	…	−8.1	−8.5	−7.6	−8.0	−8.7	−8.7	−7.5	−9.0	−8.0	−7.9
营业税	…	12.7	12.7	7.2	…	…	…	…	…	…	…
企业所得税	…	17.6	17.8	18.1	18.6	19.3	19.6	19.9	20.8	21.5	19.0
个人所得税	…	5.3	5.7	6.3	6.9	7.6	5.5	6.3	6.9	7.3	6.8
资源税	…	0.8	0.7	0.6	0.8	0.9	1.0	1.0	1.1	1.7	1.4
城市维护建设税	…	2.6	2.6	2.5	2.5	2.6	2.5	2.5	2.6	2.5	2.4
房产税	…	1.3	1.3	1.4	1.5	1.6	1.6	1.6	1.6	1.8	1.8
印花税	…	1.1	2.3	1.4	1.3	1.2	1.3	1.7	2.0	2.2	1.7
证券交易印花税	…	0.5	1.7	0.8	0.6	0.5	0.6	1.0	1.2	1.4	0.8
城镇土地使用税	…	1.4	1.4	1.4	1.4	1.3	1.2	1.1	1.0	1.1	1.0
土地增值税	…	2.8	2.5	2.6	2.8	3.1	3.4	3.5	3.4	3.1	2.4
车船税	…	0.4	0.4	0.4	0.4	0.5	0.5	0.5	0.5	0.5	0.5
船舶吨位税	…	0.0	0.0	0.0	0.0	0.0	0.0	0.0	0.0	0.0	0.0
车辆购置税	…	2.1	1.8	1.7	1.9	1.9	1.8	1.9	1.7	1.2	1.2
关税	…	2.0	1.7	1.6	1.7	1.6	1.5	1.4	1.4	1.4	1.2
耕地占用税	…	1.5	1.4	1.3	1.0	0.7	0.7	0.7	0.5	0.6	0.5
契税	…	2.9	2.6	2.7	2.8	3.1	3.3	3.9	3.7	2.8	2.7
烟叶税	…	0.1	0.1	0.1	0.1	0.1	0.1	0.1	0.1	0.1	0.1
环境保护税	…	…	…	…	…	0.1	0.1	0.1	0.1	0.1	0.1
其他税收收入	…	0.0	0.0	0.0	0.0	0.0	0.0	0.0	0.0	0.0	0.0
非税收入	…	15.1	18.0	18.3	16.4	14.7	17.0	15.6	14.7	18.2	16.4
专项收入	…	2.6	4.6	4.3	4.1	4.1	3.7	3.9	4.0	4.2	3.7
行政事业性收费	…	3.7	3.2	3.1	2.7	2.1	2.0	2.1	2.1	2.1	1.9
罚没收入	…	1.2	1.2	1.2	1.4	1.5	1.6	1.7	1.8	2.1	1.8
其他收入	…	7.5	8.9	9.7	8.1	7.0	9.6	7.9	6.8	9.9	9.0

表 13.2.2 财政和金融——中国

(续表 1)

	2000	2014	2015	2016	2017	2018	2019	2020	2021	2022	2023
财政支出(亿元人民币)[1]	15887	151786	175878	187755	203085	220904	238858	245679	245673	[illegible]	[illegible]
预算支出结构(%)											
一般公共服务	…	8.7	7.7	7.9	8.1	8.3	8.5	8.2	8.1	[illegible]	7.7
外交	…	0.2	0.3	0.3	0.3	0.3	0.3	0.2	0.2	[illegible]	0.2
国防	…	5.5	5.2	5.2	5.1	5.1	5.1	5.3	5.6	[illegible]	5.8
公共安全	…	5.5	5.3	5.9	6.1	6.2	5.8	5.6	5.6	[illegible]	5.4
教育	…	15.2	14.9	15.0	14.8	14.6	14.6	14.8	15.3	[illegible]	15.0
科学技术	…	3.5	3.3	3.5	3.6	3.8	4.0	3.7	3.9	[illegible]	4.0
文化体育与传媒	…	1.8	1.7	1.7	1.7	1.6	1.7	1.7	1.6	[illegible]	1.4
社会保障和就业	…	10.5	10.8	11.5	12.1	12.2	12.3	13.3	13.8	[illegible]	14.5
医疗卫生	…	6.7	6.8	7.0	7.1	7.1	7.0	7.8	7.8	[illegible]	8.2
节能环保	…	2.5	2.7	2.5	2.8	2.9	3.1	2.6	2.2	[illegible]	2.1
城乡社区事务	…	8.5	9.0	9.8	10.1	10.0	10.4	8.1	7.9	[illegible]	7.5
农林水事务	…	9.3	9.9	9.9	9.4	9.5	9.6	9.7	9.0	[illegible]	8.7
交通运输	…	6.9	7.0	5.6	5.3	5.1	4.9	5.0	4.6	[illegible]	4.5
资源勘探信息等支出	…	3.3	3.4	3.1	2.5	2.3	2.1	2.5	2.7	[illegible]	3.0
商业服务业等支出	…	0.9	1.0	0.9	0.8	0.7	0.5	0.6	0.6	[illegible]	0.7
金融支出	…	0.3	0.5	0.7	0.6	0.6	0.7	0.5	0.6	[illegible]	0.7
震后重建	…	…	…	…	…	…	…	…	…	…	…
援助其他地区支出	…	0.1	0.1	0.2	0.2	0.2	0.2	0.2	0.2	[illegible]	0.2
国土海洋气象等支出	…	1.4	1.2	1.0	1.1	1.0	0.9	0.9	0.9	[illegible]	1.0
住房保障支出	…	3.3	3.3	3.6	3.2	3.1	2.7	2.9	2.9	[illegible]	3.0
粮油物资储备支出	…	1.3	1.5	1.2	1.1	0.9	0.8	0.9	0.7	[illegible]	0.7
政府付息支出	…	2.4	2.0	2.7	3.1	3.4	3.5	4.0	4.3	[illegible]	4.3
债务发行费用支出	…	…	0.0	0.0	0.0	0.0	0.0	0.0	0.0	[illegible]	0.0
其他支出	…	2.1	2.1	1.0	0.9	1.0	1.4	1.5	1.4	[illegible]	1.4
M_0发行量(年末)(亿元人民币)	14653	60260	63217	68304	70646	73208	77189	84315	90325	[illegible]	113445
M_0发行量(年末)(亿美元)[2]	1770	9848	9735	9846	10812	10667	11065	12922	14246	[illegible]	[illegible]
M_1发行量(年末)(亿元人民币)	53147	348056	400953	486557	543790	551686	576009	625581	647443	[illegible]	680543
M_1发行量(年末)(亿美元)[2]	6420	56881	61746	70139	83222	80383	82568	95876	101549	[illegible]	96085
M_2发行量(年末)(亿元人民币)	134610	1228375	1392278	1550067	1690235	1826744	1986489	2186796	2382900	[illegible]	[illegible]
M_2发行量(年末)(亿美元)[2]	16261	200748	214408	223449	258675	266165	284752	335146	373747	[illegible]	412655
存款利率(年末)(%)[3]	2.25	2.75	1.5	1.5	1.5	1.5	1.5	1.5	1.5	[illegible]	1.5
贷款利率(年末)(%)[3]	5.85	5.60	4.35	4.35	4.35	4.35	4.35	4.35	4.35	[illegible]	4.35

资料来源：

1. 中华人民共和国财政部。
2. 中国人民银行。

脚注：

(1) 2009 年开始政府财政支出分类有所变化，因此 2009 年之后的数据与之前年份不可比。

(2) 以美元为单位的货币发行量数据根据国家外汇管理局公布的年末汇率计算。

(3) 存款利率和贷款利率是指金融机构一年期的官方存贷款利率。

表 13.2.3 财政和金融——埃及

	2012/2013	2013/2014	2014/2015	2015/2016	2016/2017	2017/2018	2018/2019	2019/2020	2020/2021	2021/2022	2022/2023
金融和货币统计											
公共财政(百万埃及镑)											
总收入和赠款	403637	519449	538378	549010	755110	915974	1082761	1126685	1268982	1486856	…
直接税(收入、利润)	134215	139687	150925	172733	203436	258272	308987	346503	393650	475276	…
国内间接税收入	92924	91867	122930	140525	208624	293809	350576	329979	384913	453944	…
贸易税	16771	17673	21867	28091	34255	37505	42020	32572	36130	43297	…
其他税收	7208	11062	10235	10966	15692	38497	34538	30579	19300	17621	…
其他收入	147311	163304	206984	193152	275420	285902	344031	381789	432034	493839	…
赠款	5208	95856	25437	3543	17683	1989	2609	5263	2955	2889	…
总支出和净贷款	650490	774164	822692	900039	1121511	1341359	1503171	1529931	1725476	1961801	…
经常性支出	172219	208385	232513	249383	270534	287372	331070	361861	410402	432461	…
工资和薪金	145064	180829	200933	213721	227709	239076	263373	291234	322004	330799	…
其他商品和服务采购	27155	27556	31580	35662	42825	48296	62697	70627	88398	101662	…
其他经常性支出	35141	41209	50348	54552	66244	72349	77653	86941	100399	114746	…
经常性转移	261760	298002	282116	270080	386255	455498	443527	398234	414454	516449	…
利息支付	135331	159330	179035	243635	284746	415097	503471	542255	554537	555286	…
资本支出	39629	52921	61917	69250	109206	105664	143466	191643	249372	318223	…
净贷款	6410	14317	16763	13139	4526	5379	−2016	−51003	−3988	24536	…
财政收支平衡	−246853	−254715	−284314	−351029	−366401	−425385	−420410	−403246	−456494	−474935	…
国际收支平衡(百万埃及镑)											
贸易差额	−31	−34	−39	−39	−37	−37	−38	−36	−42	−43	−31
服务差额	12	8	11	7	6	11	13	9	5	11	22
服务出口(借方)	22	17	22	16	15	21	24	21	16	27	35
服务进口(贷方)	10	9	11	10	10	10	11	12	11	16	13
初次净收入	−7	−7	−6	−4	−5	−6	−11	−11	−12	−16	−17
二次净收入	19	30	22	17	22	26	25	28	31	32	22
官方转移净额	1	12	3	0	0	0	0	0	0	0	0
工人汇款	19	19	19	17	22	26	25	28	31	32	22
经常账户余额	−6	−3	−12	−20	−14	−6	−11	−11	−18	−17	−5
资本和金融账户	10	5	18	21	31	22	11	5	23	12	9
资本账户	0	0	0	0	0	0	0	0	0	0	0
金融账户	10	5	18	21	31	22	11	6	24	12	9
误差和遗漏	−3	−1	−2	−4	−3	−3	0	−3	−3	−3	−3
总差额	0	1	4	−3	14	13	0	−9	2	−11	1

表 13.2.3 财政和金融——埃及

（续表 1）

	2012/2013	2013/2014	2014/2015	2015/2016	2016/2017	2017/2018	2018/2019	2019/2020	2020/2021	2021/2022	2022/2023
债务与资金流动											
债务(百万美元)											
外债总额	43233	46067	48063	55764	79033	92644	108699	…	…	…	…
外债偿还总额	40	64	43	69	65	67	68	…	…	…	…
外债现值	8849	2834	…	42002	…	…	…	…	…	…	…
政府内债总额	1527378	1816582	2116345	2620662	3160864	…	…	…	…	…	…

表 13.2.5 财政和金融——印度

	2000	2014	2015	2016	2017	2018	2019	2020	2021	2022	2023
合并后的一般政府财政收入和支出											
总收入(亿卢比)(1)	59910	318970	377800	428840	452840	502340	573420	639720	715630	825820	[illegible]
财政收入(%)(1)	63.2	74.9	72.7	73.0	74.6	75.6	67.2	57.7	67.4	69.1	69.3
税收(%)(1)	50.2	63.4	60.8	61.1	65.8	65.3	56.4	49.9	58.1	58.6	59.9
非税收(%)(1)	13.0	11.5	11.9	11.9	8.8	10.3	10.8	7.7	9.3	10.5	9.4
总支出(亿卢比)(1)	59560	328520	376060	426600	451590	504070	541090	635340	709850	837700	904510
政府部门支出及构成(亿卢比)(2)	32560	166370	179080	197520	214200	231510	268630	350980	379380	419320	441350
农业和农村发展(%)(2)	…	5.8	5.6	7.2	7.3	7.4	8.4	8.9	7.5	[illegible]	6.3
国防(%)(2)	…	13.2	12.6	11.4	12.7	12.4	11.9	9.7	9.7	[illegible]	10.0
健康服务(%)(2)	1.0	0.7	0.9	1.4	1.2	1.0	1.2	1.1	2.9	2.3	2.4
教育(%)(2)	2.1	1.8	1.8	1.8	2.1	1.9	1.9	1.3	1.3	1.4	1.9
石油和天然气(%)(2)	…	3.6	1.7	1.5	1.5	1.4	1.6	1.2	0.2	0.7	0.3
科技和信息技术(%)(2)	…	0.5	0.5	0.5	0.5	0.5	0.5	0.3	0.3	0.3	0.2
运输(%)(2)	…	3.7	4.6	4.9	5.0	5.7	5.5	6.0	6.8	[illegible]	11.7
经济事务(集中规定)(%)(2)	…	0.8	0.6	0.5	0.0	0.4	0.4	0.4	0.3	0.2	0.4
国内事务(%)(2)	…	3.7	3.9	4.1	4.8	4.8	5.0	4.1	4.4	4.5	4.4
消费者事务、食品和公共分配(%)(2)	…	7.1	7.9	6.2	5.1	4.7	4.4	16.1	8.1	6.8	5.2
其他(%)(2)	…	59.2	59.9	60.5	60.2	59.8	59.4	50.8	58.5	58.5	57.0
货币存量(亿卢比)											
M_1	37940	229240	260254	268196	326733	371046	412595	479430	530712	567479	[illegible]
M_2	38830	233983	266411	277402	337654	385106	427691	496515	549556	587505	[illegible]
M_3	131320	1055017	1161762	1279194	1396259	1543207	1679996	1884458	2049373	2234376	[illegible]
M_4	134760	1072390	1182603	1304814	1426339	1579935	1723340	1935501	2150597	2345699	[illegible]
外币资产(财年末数)(亿美元)	396	3173	3361	3463	3994	3854	4422	5367	5407	5097	5710
特别提款权(亿美元)	0.02	39.85	15.02	14.47	15.40	14.57	14.33	14.86	188.91	183.92	[illegible]
在国际货币基金组织的储备头寸(RTP)(财年末数)(亿美元)	…	12.92	24.56	23.21	20.79	29.86	35.83	49.25	51.43	51.65	46.62
不包括黄金在内的外汇储备(财年末数)(亿美元)	395.6	3226.0	3400.6	3500.9	4030.6	3898.0	4472.3	5431.0	5647.6	5332.5	5937.4
黄金外汇储备(财年末数)(亿美元)	27.3	190.4	201.2	198.7	214.8	230.7	305.8	338.8	425.5	452.0	526.8

表 13.2.5 财政和金融——印度

（续表 1）

	2000	2014	2015	2016	2017	2018	2019	2020	2021	2022	2023
利率结构											
存款利率(年率，%)											
储蓄[3]	4.0	4.0	4.0	4.0	3.5–4.0	3.5–4.0	3.00–3.50	2.70–3.00	2.70–3.00	2.70–3.00	2.70–3.00
定期存款											
1到3年	8.50–9.50	8.50–8.75	7.25–7.50	6.75–7.00	6.40–6.75	6.25–7.25	5.00–6.20	4.90–5.30	5.00–5.20	5.30–5.60	6.00–7.10
3到5年	9.50–10.00	8.50–8.75	7.00–7.50	6.50–6.90	6.25–6.70	6.25–7.25	5.70–6.40	5.25–5.35	5.05–5.45	5.35–6.10	6.50–7.00
5年以上	8.50–10.00	8.25–8.50	7.00–7.30	6.50–6.75	6.25–6.75	6.25–7.25	5.70–6.40	5.25–5.50	5.05–5.60	5.35–5.90	6.00–6.90
贷款利率(年率，%)[4]	11.00–12.00	10.00–10.25	9.30–9.70	7.75–8.20	7.80–7.95	8.05–8.55	7.45–7.90	6.65–7.05	6.45–7.00	6.80–7.65	7.95–8.45
加权平均贷款利率(新卢比贷款)	…	11.07	10.47	9.74	9.34	9.69	8.71	7.92	7.63	7.94	9.44

资料来源：

印度储备银行。

脚注：

该表所有数据均为财政年度数据。外汇储备和利率结构数据指财政年度年末数据，即下年的 3 月 31 日的数据。

(1) 指一般政府。

(2) 仅指中央政府。

(3) 2011/2012 财年以后的储蓄存款利率指存款额在 10 万卢比以上的存款利率。

(4) 贷款利率数据与截至 2002 年的优惠贷款利率 (PLR)、2010 年至 2015 年的基准利率和自 2016 年以来基于隔夜资金边际成本的贷款利率 (MCLR) 有关。2003 年 11 月生效的 BPLR 系统由 2010 年 7 月 1 日生效的基准利率系统取代。2010 年 7 月 1 日生效的基准利率系统由 2016 年 4 月 1 日生效的 MCLR 系统取代。

表 13.2.6 财政和金融——伊朗

	2014	2015	2016	2017	2018	2019	2020	2021	2022	2023
政府一般预算来源(万亿里亚尔)										
总计	1783	2017	2832	3200	3898	4346	5848	11045	15822	21747
政府一般收入	978	1124	1461	1676	1838	2172	2792	4966	6964	10950
非金融资产处置										
石油收入	629	670	739	919	1105	471	387	2336	4105	4813
其他收入	3	3	4	4	4	5	15	64	75	62
金融资产处置	174	220	628	601	951	1699	2654	3679	4349	5921
政府一般预算用途(万亿里亚尔)										
总计	1783	2017	2832	3200	3898	4346	5848	11045	15205	21747
支出拨款	1438	1707	2072	2429	2776	3368	4547	8092	11311	16880
非金融资产收购	300	272	387	442	526	506	775	1409	2549	3049
金融资产收购	45	38	373	329	596	472	526	1544	1345	1818
影响流动性的因素(万亿里亚尔)										
流动资产	…	…	12534	15300	18829	24722	34762	48324	63377	78775
银行系统的境外资产	…	…	2513	2855	3253	4632	5878	8438	6326	11912
银行系统对公共部门的债权	…	…	1579	1838	2402	2793	3553	3425	3857	5172
银行系统对非公共部门的债权	…	…	8241	9761	11467	14163	21014	31447	43858	66546
其他项目	…	…	202	845	1707	3133	4318	5015	7541	–7190
流动资产构成(万亿里亚尔)										
流动资产	…	…	12534	15300	18829	24722	34762	48324	63377	78775
货币										
流通中的纸币和硬币	…	…	393	443	548	611	735	864	1216	1469
活期存款	…	…	1237	1504	2305	3652	6175	9002	15071	17678
准货币	…	…	10904	13353	15977	20449	27852	38459	47050	59628
流动资产、货币基数和货币乘数(万亿里亚尔)										
流动资产	…	…	12534	15300	18829	24722	34762	48324	63377	78775
货币基数	…	…	1798	2140	2657	3529	4589	5931	8548	10906
货币乘数(%)	…	…	7.0	7.2	7.1	7.0	7.6	8.1	7.4	7.2

表 13.2.7 财政和金融——俄罗斯

	2000	2014	2015	2016	2017	2018	2019	2020	2021	2022	2023
合并后的政府财政收支											
收入 (亿卢布)(1)	20980	267660	269220	281820	310470	373200	394980	382060	481180	530740	590734
预算收入构成(%)											
机构利润税(所得税)	19.0	8.9	9.7	9.8	10.6	11.0	11.5	10.5	12.6	12.0	13.4
个人所得税(2)	8.3	10.1	10.4	10.7	10.5	9.8	10.0	11.1	10.1	10.8	11.1
自然资源使用税	4.5	11.0	12.1	10.5	13.4	16.6	15.8	10.8	17.5	23.9	19.0
对外经济活动收入	13.4	20.4	12.2	9.2	8.4	9.9	7.6	5.1	7.4	6.5	4.2
支出(亿卢布)	19600	276120	297420	313240	323960	342850	373820	425030	470726	551820	629836
预算支出构成(%)											
中央和地方政府(3)	3.7	5.9	6.2	5.9	6.0	6.2	6.2	6.0	6.1	…	…
国民经济	…	16.5	12.7	12.4	13.4	13.0	13.8	14.2	15.3	…	…
教育	11.0	11.0	10.2	9.9	10.1	10.7	10.8	10.2	10.0	…	…
医疗保健(4)	7.8	9.2	9.6	10.0	8.7	9.7	10.1	11.6	11.0	…	…
农业、林业和水利(5)	3.0	1.4	1.4	1.3	1.3	1.3	1.4	1.2	1.2	…	…
社会文化活动	27.4	54.9	57.7	57.3	58.8	59.5	58.8	60.2	57.6	…	…
M_0发行量(年末)(亿卢布)(6)	4189	71715	72391	77148	84460	93390	96584	125239	132004	154357	171340
M_0发行量(年末)(亿美元)(7)	149	1275	993	1272	1466	1344	1560	1695	1777	2195	1910
M_2发行量(年末)(亿卢布)(6)	11506	316157	351797	384180	424422	471093	516603	586521	662529	823880	983854
M_2发行量(年末)(亿美元)(7)	409	5620	4827	6334	7368	6781	8345	7939	8918	11713	10970
中央银行贴现率(年末，%)(6)	25.00	8.25	8.25	10.00	7.75	7.75	6.25	4.25	8.50	7.50	16.00
利率(%) (8)											
存款利率	6.51	6.04	9.20	6.97	5.86	5.36	5.40	3.77	3.79	7.60	7.57
贷款利率	24.43	11.14	15.72	12.6	10.56	8.87	8.75	6.78	7.18	11.46	11.62

资料来源：

1. 俄罗斯联邦统计局。
2. 俄罗斯联邦财政部。
3. 俄罗斯中央银行。
4. 国际货币基金组织。

脚注：

(1) 2000 年不包括国家预算外资金的预算。

(2) 2000 年指个人所得税。

(3) 根据 2000 年有效的支出预算分类，国家支出包括公共行政和地方自治政府支出、财政和税务当局的活动支出。2005 至 2010 年，国家支出包括偿还国家和市政债务的支出。自 2011 年以来（以及 2000 年），偿还国家和市政债务的成本是独立的。自 2005 年以来，国家支出除国家和市政管理支出外，还包括司法系统、国际关系和国际合作、基础研究等。

(4) 2000 年指保健和体育支出。

(5) 2000 年指农业和渔业、林业和水资源支出。

(6) 数据来自俄罗斯中央银行。

(7) 根据俄罗斯中央银行数据计算。

(8) 国际货币基金组织数据。

表 13.2.8 财政和金融——南非

	2000	2014	2015	2016	2017	2018	2019	2020	2021	2022	2023
合并后的政府财政收支(3)											
收入(亿兰特)	2739	12546	13944	15294	16418	17278	18235	19399	18477	22010	24227
预算收入构成(%)											
税收总收入	79.1	77.6	76.6	76.3	76.1	76.9	77.6	76.6	74.9	77.4	75.8
国内增值税	13.5	10.4	9.8	9.9	9.1	8.8	9.6	9.3	9.0	9.3	10.5
国内消费税	…	…	…	…	…	…	…	…	…	…	…
进口增值税和消费税	2.1	3.5	2.9	3.0	2.8	2.9	3.1	2.8	2.5	2.7	3.1
出口货物增值税和消费税退税	…	…	…	…	…	…	…	…	…	…	…
营业税	…	…	…	…	…	…	…	…	…	…	…
企业所得税	10.8	15.7	14.9	14.2	14.5	14.4	13.4	12.6	12.4	16.2	16.0
个人所得税	31.5	24.8	25.4	25.5	25.9	26.8	27.1	27.3	26.4	25.2	24.8
资源税	…	…	…	…	…	…	…	…	…	…	…
城市维护建设税	…	…	…	…	…	…	…	…	…	…	…
房产税	3.9	3.3	3.4	3.2	3.3	3.4	3.7	3.7	4.2	…	…
印花税	…	…	…	…	…	…	…	…	…	…	…
证券交易印花税	1.3	0.7	0.8	0.8	0.8	0.8	0.7	0.7	0.7	…	…
契税	0.7	0.4	0.5	0.5	0.5	0.4	0.4	0.4	0.4	0.5	0.5
烟叶税(2)	0.1	0.9	0.9	0.9	0.8	0.7	0.7	0.7	0.4	0.4	0.4
其他税收收入(1)	1.8	2.0	1.7	1.6	1.7	1.6	1.6	1.6	1.5	1.5	1.5
非税收入	20.8	24.0	24.2	24.3	24.5	23.8	23.3	24.2	25.9	23.3	25.0
专项收入	1.7	2.0	1.7	1.6	1.7	1.6	1.6	1.6	1.5	1.5	1.5
行政事业性收费	61.7	1.2	0.3	0.2	0.2	0.4	0.4	0.4	0.4	0.4	0.5
罚没收入	0.6	1.2	0.3	0.2	0.2	0.4	0.4	0.4	0.4	0.4	0.5
其他非税收收入	5.6	20.5	21.7	22.1	22.2	21.5	20.8	21.8	23.6	21.0	22.7
支出(亿兰特)	2837	13946	15280	16916	17764	19098	19955	22064	…	…	…
预算支出构成 (%)											
一般公共服务	28.7	23.9	25.3	24.7	24.3	25.0	24.6	23.8	…	…	…
其中：国债交易	16.8	7.8	8.4	8.5	9.2	9.5	10.2	10.4	…	…	…
国防	4.5	3.3	3.1	2.9	3.0	2.7	2.6	2.6	…	…	…
治安与安全	9.7	10.6	10.2	9.9	9.8	9.6	9.6	9.3	…	…	…
经济事务	9.8	9.7	9.7	11.2	10.7	10.5	9.8	11.4	…	…	…

表 13.2.8 财政和金融——南非

（续表 1）

	2000	2014	2015	2016	2017	2018	2019	2020	2021	2022	2023
其中：农业、林业、渔业狩猎	1.4	1.6	1.5	1.3	1.4	1.2	1.2	1.2	…	…	…
燃料和能源	0.2	0.5	0.5	2.0	0.5	0.5	0.4	2.8	…	…	…
采矿、制造和建造	0.6	0.6	0.6	0.6	0.6	0.5	0.5	0.5	…	…	…
运输	5.0	4.5	4.8	4.8	5.5	5.4	4.4	0.0	…	…	…
通信	0.2	0.2	0.1	0.1	0.2	0.4	0.3	0.2	…	…	…
其他行业	0.0	0.3	0.3	0.3	0.3	0.3	0.3	0.3	…	…	…
环境保护	1.9	0.8	0.8	0.7	0.8	0.8	0.8	0.8	…	…	…
住房和社区设施	2.3	4.8	4.5	4.5	4.4	4.2	4.0	3.7	…	…	…
卫生	9.7	11.3	11.4	11.4	11.6	11.8	11.7	11.4	…	…	…
其中：门诊服务	0.0	0.0	0.0	0.0	0.4	0.3	0.0	0.0	…	…	…
医院服务	0.0	6.4	6.6	6.5	6.6	6.7	6.7	6.5	…	…	…
公共卫生	0.0	3.7	3.7	3.7	3.8	3.9	3.7	3.7	…	…	…
娱乐、文化和宗教	1.6	3.1	2.4	2.4	2.4	2.3	2.4	2.4	…	…	…
教育类	20.3	19.3	19.3	18.8	19.2	19.3	20.1	19.9	…	…	…
其中：学前教育和初等教育	8.3	6.1	5.9	5.8	5.9	6.0	6.1	5.9	…	…	…
中等教育	6.5	4.8	4.7	4.5	4.6	4.6	4.7	4.5	…	…	…
高等教育	5.2	4.7	4.7	4.7	4.8	4.9	5.5	5.7	…	…	…
社会保障	11.4	13.2	13.3	13.4	13.9	13.9	14.4	14.9	…	…	…
支出总额	100.0	100.0	100.0	100.0	100.0	100.0	100.0	100.0	…	…	…
M_0发行量(年末)(亿兰特)	436	2096	2259	2405	2569	2802	2919	3025	3186	3363	3953
M_0发行量(年末)(亿美元)	57	183	151	174	195	198	202	203	201	210	212
M_1发行量(年末)(亿兰特)	2744	12413	14285	16069	17010	17781	18353	21894	23161	24142	25795
M_1发行量(年末)(亿美元)	359	1083	956	1161	1290	1253	1271	1468	1459	1397	1381
M_2发行量(年末)(亿兰特)	4748	22265	24415	26012	28060	28951	30344	34897	36681	39058	42168
M_2发行量(年末))(亿美元)	622	1942	1635	1880	2127	2041	2101	2340	2311	2260	2258
M_3发行量(年末)(亿兰特)[4]	5207	26939	29759	31565	33591	35458	37637	41186	43530	47276	53890
M_3发行量(年末)(亿美元)[4]	682	2350	1992	2281	2547	2499	2607	2762	2743	2735	2725
中央银行贴现率(%)	12.00	5.75	6.25	7.00	6.75	6.75	6.50	3.50	3.75	7.00	8.25
存贷款基准利率(%)[5]	14.50	9.25	9.75	10.50	10.25	10.25	10.00	7.00	7.25	10.50	11.75

资料来源：

南非储备银行。

脚注：

政府财政数据为财政年度数据，即从当年 4 月 1 日到下年 3 月 31 日。

(1) 有些税种无定义，因此，该数据为其他税种之外的税收数据，即总净税收收入减去有分类的各种税收入，这个数据还包括针对南非海关联盟转移以及增值税退税所做的调整。

(2) 烟草和烟叶税为 2001 年以来的数据。

(3) 合并后的政府为中央、省和地方政府。

(4) M_3 是在南非官方使用的广义货币供应总量指标。

(5) 优惠透支利率用作市场参考利率或基准利率，但不能决定利率。

主要统计指标解释

巴西

一般政府财政盈余 / 赤字占 GDP 的比重 一般政府包括联邦政府，州政府和地方政府，但不包括巴西中央银行和公共企业。数据为名义值。

所得税占财政收入的比重 总税收收入等于总财政负担。

M2 发行量（年末） 表 13.2.1 和 14.1 用年平均汇率计算。

支出 数据仅包括联邦政府。

其他支出 是最大的项目，因为它包括如转移到州政府和地方政府支出交易和债务管理。

中国

财政收入 指国家财政参与社会产品分配所取得的收入，是实现国家职能的财力保证。国家财政收入的范围曾多次调整。

财政支出 指国家财政将筹集起来的资金进行分配使用，以满足经济建设和各项事业的需要。

财政赤字 / 盈余占 GDP 的比重 =（国家财政收入 − 国家财政支出）/GDP

财政收入构成主要包括：

各项税收 包括国内增值税、国内消费税、进口货物增值税和消费税、出口货物退增值税和消费税、企业所得税、个人所得税、资源税、城市维护建设税、房产税、印花税、城镇土地使用税、土地增值税、车船税、船舶吨税、车辆购置税、关税、耕地占用税、契税、烟叶税、环境保护税等。

非税收入 包括专项收入、行政事业性收费、罚没收入和其他收入。

财政支出构成 主要包括：一般公共服务支出、外交支出、国防支出、公共安全支出、教育支出、科学技术支出、文化教育与传媒支出、社会保障和就业支出、医疗卫生支出、环境保护支出、城乡社区事务支出、农林水事务支出、交通运输支出、商业和服务支出等。

印度

M_1= 流通货币 + 活期存款

M_2=M_1+ 邮政储蓄银行存款

M_3=M_1+ 银行定期存款

M_4=M_3+ 总邮政存款

俄罗斯

预算收入 用于预算的各项货币基金，但不包括按照俄罗斯联邦预算法用于弥补预算赤字的基金。

预算支出 从预算基金中用于支付的各项货币基金，但不包括按照俄罗斯联邦预算法用于弥补预算赤字的基金。

存款利率 是在信贷机构的 1 年以内期限个人储蓄存款（以本国货币计）平均利率。

贷款利率 是信贷机构贷款（以本国货币计）给法律实体（企业及组织）的 1 年以内期限贷款平均利率。

年利率 为各月利率的平均值。

南非

M0= 货币机构在中央银行的存款以及在中央银行以外流通的纸币和硬币。

M1= 流通中的纸币和硬币以及支票和转账存款加上国内私人部门在货币机构的其他活期存款。

M2=M1 加上国内私人部门持有的其他短期存款。

M3=M2 加上国内私人部门持有的长期存款。

第十四章 对外经济关系

表 14.1 对外经济概况

	2000	2014	2015	2016	2017	2018	2019	2020	2021	2022	2023
货物和服务进出口总额(亿美元)											
巴西	1377	5907	4754	4268	4868	5431	5296	4867	6216	7553	…
中国[1]	4774	47045	43624	41401	46415	52141	51302	51192	66490	68610	66364
埃及	…	1212	1055	1019	1131	1279	1325	1126	1524	1734	1505
埃塞俄比亚	…	…	…	…	…	…	…	…	…	…	…
印度[2]	1259	9981	8822	9203	10817	11782	11295	10099	14366	16741	16346
伊朗	…	…	…	…	…	…	…	…	…	…	…
俄罗斯	1690	9914	6748	5984	7377	8521	8340	6863	9266	9883	8450
南非	702	2268	1967	1808	2042	2208	2098	1716	2358	2636	2581
阿联酋	…	6778	6275	6313	6675	6818	7109	6475	7727	9499	10403
货物和服务进口总额(亿美元)											
巴西	636	2635	2236	2173	2513	2685	2677	2272	3001	3686	3770
中国[1]	2243	22416	20023	19422	22123	25631	24992	23803	30937	31417	31252
埃及	…	740	679	683	702	763	790	725	940	971	823
埃塞俄比亚	…	…	…	…	…	…	…	…	…	…	…
印度[2]	651	5296	4656	4802	5831	6401	6030	5120	7601	8980	8565
伊朗	…	…	…	…	…	…	…	…	…	…	…
俄罗斯	585	4289	2818	2661	3272	3436	3523	3048	3769	3474	3793
南非	331	1163	1006	897	999	1094	1039	784	1049	1278	1234
阿联酋	…	2751	2690	2707	2853	2815	3060	2972	3475	4280	4819
货物和服务出口总额(亿美元)											
巴西	742	3273	2518	2094	2356	2736	2588	2382	3154	3805	3892
中国[1]	2531	24629	23602	21979	24293	26510	26310	27389	35552	37193	35112
埃及	…	472	376	336	429	516	535	401	583	763	682
埃塞俄比亚	…	…	…	…	…	…	…	…	…	…	…
印度[2]	608	4685	4166	4401	4986	5381	5266	4979	6765	7761	7781
伊朗	…	…	…	…	…	…	…	…	…	…	…
俄罗斯	1105	5626	3930	3324	4105	5086	4817	3815	5497	6409	4657
南非	371	1106	961	911	1043	1114	1059	932	1309	1358	1347
阿联酋	…	4027	3585	3606	3821	4002	4049	3503	4252	5219	5584
货物进口总额(亿美元)											
巴西	…	…	…	…	…	…	…	…	…	…	…
中国	1881	18087	15666	15006	17403	20374	19936	19989	26531	26813	25353
埃及	140	740	744	714	666	819	765	704	892	962	832
埃塞俄比亚	…	…	…	…	…	…	…	…	…	…	…
印度[2]	506	4480	3810	3844	4656	5141	4747	3944	6131	7150	6782
伊朗	…	…	…	…	…	…	…	…	…	…	…
俄罗斯	421	3079	1930	1915	2384	2489	2539	2401	3010	2765	3029
南非	273	991	849	744	833	924	875	671	913	1055	1048
阿联酋	…	2103	1871	1869	2135	2092	2178	2354	2714	3311	3767

表 14.1 对外经济概况

（续表 1）

	2000	2014	2015	2016	2017	2018	2019	2020	2021	2022	2023
货物出口总额(亿美元)											
巴西	…	…	…	…	…	…	…	…	…	…	…
中国	2181	22438	21428	19895	22162	24174	23866	25100	32158	33468	31792
埃及	47	276	220	225	263	293	305	293	437	522	422
埃塞俄比亚	…	…	…	…	…	…	…	…	…	…	…
印度(2)	445	3104	2623	2759	3035	3301	3134	2918	4220	4511	4371
伊朗	…	…	…	…	…	…	…	…	…	…	…
俄罗斯	992	4968	3414	2817	3529	4439	4197	3335	4942	5921	4245
南非	320	933	806	762	877	944	900	847	1218	1231	1104
阿联酋	…	3789	2978	2950	3116	3284	3146	2722	3233	3675	3964
服务进口总额(亿美元)											
巴西	…	…	…	…	…	…	…	…	…	…	…
中国	362	4329	4357	4416	4720	5257	5055	3814	4406	4599	5399
埃及	…	95	104	100	104	105	130	105	130	152	134
埃塞俄比亚	…	…	…	…	…	…	…	…	…	…	…
印度(2)	146	816	846	959	1175	1261	1283	1175	1470	1821	1783
伊朗	…	…	…	…	…	…	…	…	…	…	…
俄罗斯	163	1210	888	746	889	947	985	647	759	709	765
南非	58	171	157	152	166	170	165	112	136	182	186
阿联酋	…	649	819	838	718	723	882	619	761	969	1052
服务出口总额(亿美元)											
巴西	…	…	…	…	…	…	…	…	…	…	…
中国	350	2191	2174	2084	2131	2336	2444	2289	3394	3725	3321
埃及	…	219	185	136	195	236	251	151	219	316	336
埃塞俄比亚	…	…	…	…	…	…	…	…	…	…	…
印度(2)	163	1581	1543	1642	1951	2080	2132	2061	2545	3253	3411
伊朗	…	…	…	…	…	…	…	…	…	…	…
俄罗斯	113	657	516	506	575	646	620	480	556	488	412
南非	50	172	155	149	166	170	159	85	91	127	143
阿联酋	…	238	608	656	705	718	903	781	1018	1544	1620
经常账户盈余/赤字占GDP的比重(%)											
巴西	−4.1	−4.5	−3.5	−1.7	−1.2	−2.9	−3.6	−1.9	−2.8	−2.8	…
中国	1.7	2.3	2.7	1.7	1.5	0.2	0.7	1.7	2.0	2.5	1.4
埃及	…	−1.8	−5.1	−6.8	−3.3	−2.7	−2.9	−3.5	−4.1	−2.3	−3.2
埃塞俄比亚	…	…	…	…	…	…	…	…	…	…	…
印度(2)(3)	−0.6	−1.3	−1.1	−0.6	−1.8	−2.1	−0.9	0.9	−1.2	−2.0	−0.7
伊朗	…	…	…	…	…	…	…	…	…	…	…
俄罗斯	16.3	2.8	5.0	1.9	2.0	7.0	3.9	2.4	5.7	4.4	3.9
南非	−0.1	−4.8	−4.3	−2.7	−2.4	−2.9	−2.6	2.0	3.7	−0.5	−1.6
阿联酋	…	…	…	…	…	…	…	…	…	…	…

表 14.1 对外经济概况

（续表2）

	2000	2014	2015	2016	2017	2018	2019	2020	2021	2022	2023
货物和服务出口与货物和服务进口比率(%)											
巴西	116.6	124.2	112.6	96.4	93.8	98.5	104.6	96.8	97.0	93.9	…
中国	112.8	109.9	117.9	113.2	109.8	103.4	105.3	115.1	114.9	113.4	112.4
埃及	…	63.7	55.3	49.2	61.1	67.6	67.8	55.3	62.0	73.5	82.9
埃塞俄比亚	…	…	…	…	…	…	…	…	…	…	…
印度[2]	93.3	88.5	89.5	91.6	85.5	84.1	87.3	97.3	89.0	85.5	90.8
伊朗	…	…	…	…	…	…	…	…	…	…	…
俄罗斯	189.0	131.2	139.5	124.9	125.4	148.0	136.7	125.1	145.8	134.5	122.8
南非	111.9	95.1	95.5	101.6	104.4	101.9	101.9	118.9	124.8	106.2	101.0
阿联酋	…	146.4	133.3	133.2	133.9	142.2	132.3	117.8	122.3	121.9	115.9
货物出口与货物进口比率(%)											
巴西	100.2	110.1	113.9	135.7	122.1	113.3	118.2	114.7	114.9	114.9	…
中国	115.9	124.1	136.8	132.6	127.3	118.7	119.7	125.6	121.2	124.3	123.0
埃及	…	39.2	33.0	34.3	39.0	42.6	43.2	40.4	45.0	54.5	50.2
埃塞俄比亚	…	…	…	…	…	…	…	…	…	…	…
印度[2]	88.0	69.3	68.8	71.8	65.2	64.2	66.0	74.0	68.8	63.0	64.4
伊朗	…	…	…	…	…	…	…	…	…	…	…
俄罗斯	235.5	161.4	176.9	147.1	148.1	178.4	165.3	138.9	164.1	214.1	140.2
南非	117.2	94.2	94.9	102.3	105.3	102.2	102.9	126.2	133.3	112.4	105.3
阿联酋	…	180.2	159.1	157.9	145.9	157.0	144.4	115.6	119.1	111.0	105.2
FDI流入额(亿美元)											
巴西	330	877	647	743	689	782	692	378	464	872	…
中国[8][18]	407	1285	1356	1337	1363	1383	1412	1493	1810	1891	1633
埃及	…	…	128	138	125	146	175	137	165	251	211
埃塞俄比亚	…	19	26	41	40	34	25	24	43	37	33
印度[2][5]	40	451	556	602	610	620	744	820	848	714	710
伊朗	…	…	…	…	…	…	…	…	…	…	…
俄罗斯[6]	27	220	69	325	286	88	320	95	405	…	…
南非[7]	9	58	17	22	20	55	51	31	402	93	35
阿联酋	…	…	…	…	…	…	…	…	…	…	…
FDI流出额(亿美元)											
巴西	25	206	31	147	213	20	228	−35	162	334	…
中国[8][9]	…	1231	1457	1961	1583	1430	1369	1537	1788	1631	1773
埃及	…	…	59	57	51	65	85	79	114	127	112
埃塞俄比亚	…	…	…	…	…	…	…	…	…	…	…
印度[2][5]	8	40	89	66	91	126	130	110	176	140	167
伊朗	…	…	…	…	…	…	…	…	…	…	…
俄罗斯[6]	32	571	221	223	368	314	219	58	659	…	…
南非[10]	3	77	57	45	74	41	31	−20	[illegible]	24	−28
阿联酋	…	…	…	…	…	…	…	…	…	…	…

表 14.1 对外经济概况

（续表 3）

	2000	2014	2015	2016	2017	2018	2019	2020	2021	2022	2023
外汇储备(亿美元)											
巴西[11]	330	3636	3565	3650	3740	3747	3569	3556	3622	3247	3550
中国	1656	38430	33304	30105	31399	30727	31079	32165	32502	31277	32380
埃及	…	…	…	…	…	…	…	…	…	…	…
埃塞俄比亚	…	…	…	…	…	…	…	…	…	…	…
印度[12]	423	3416	3602	3700	4245	4129	4778	5770	6073	5784	6464
伊朗	…	…	…	…	…	…	…	…	…	…	…
俄罗斯[13]	243	3277	3094	3080	3465	3717	4333	4445	4681	4178	4142
南非	75	491	458	474	507	516	551	550	576	606	625
阿联酋	…	…	…	…	…	…	…	…	…	…	…
外债余额占GDP的比重(%)											
巴西	…	29.0	37.0	37.5	32.3	34.7	36.1	43.3	40.1	34.9	33.7
中国[14]	12.0	17.0	12.5	12.6	14.3	14.3	14.5	16.3	15.4	13.6	13.7
埃及	…	…	14.2	25.2	31.5	30.4	29.5	30.5	30.5	40.0	43.0
埃塞俄比亚	…	24.5	28.8	28.6	28.5	30.6	28.2	26.8	26.5	22.0	17.3
印度[3][12]	22.0	23.9	23.8	23.4	19.8	20.1	19.9	20.9	21.1	19.9	19.0
伊朗	…	…	…	…	…	…	…	…	…	…	…
俄罗斯[13]	61.7	42.7	45.5	36.3	32.5	30.4	27.8	32.1	26.7	17.5	16.5
南非	24.4	38.1	35.8	44.1	45.4	42.6	47.6	50.4	38.1	40.4	41.5
阿联酋	…	…	…	…	…	…	…	…	…	…	…
国际投资头寸(亿美元)											
巴西[15]	…	−7059	−3747	−5666	−6452	−5954	−7857	−5522	−6011	−7955	…
中国	…	16103	16989	19849	20652	21075	22996	22868	21861	24216	29082
埃及	…	…	−1015	−1237	−1397	−1570	−1760	−2026	−2323	−2479	−2652
埃塞俄比亚	…	…	…	…	…	…	…	…	…	…	…
印度[12]	−768	−3643	−3589	−3880	−4185	−4370	−3754	−3549	−3581	−3672	−3617
伊朗	…	…	…	…	…	…	…	…	…	…	…
俄罗斯[16][17]	…	1317	3132	3392	2197	2803	3744	3595	5167	4866	7681
南非	−107	−261	409	224	346	449	311	1128	1024	767	1091
阿联酋	…	…	…	…	…	…	…	…	…	…	…
年平均汇率											
巴西(1美元兑换雷亚尔)	1.8	2.4	3.3	3.5	3.2	3.7	4.0	5.2	5.4	5.2	…
中国(1美元兑换人民币)	8.3	6.1	6.2	6.6	6.8	6.6	6.9	6.9	6.5	6.7	7.0
埃及(1美元兑换埃及镑)	…	7.1	7.7	9.8	17.8	17.8	16.8	15.8	15.7	19.2	30.7
埃塞俄比亚(1美元兑换比尔)	8.1	19.1	20.1	21.1	22.4	26.1	28.1	31.3	39.0	48.6	53.3
印度(1美元兑换卢比)[2]	45.7	61.1	65.5	67.1	64.5	69.9	70.9	74.2	74.5	80.4	82.8
伊朗(1美元兑换里亚尔)	…	…	…	…	…	…	…	…	…	…	…
俄罗斯(1美元兑换卢布)	28.1	38.0	60.7	66.9	58.3	62.5	64.7	71.9	73.6	67.5	84.7
南非(1美元兑换兰特)	6.9	10.8	12.8	14.7	13.3	13.2	14.4	16.5	14.8	16.4	18.5
阿联酋(1美元兑换迪拉姆)	…	3.7	3.7	3.7	3.7	3.7	3.7	3.7	3.7	3.7	3.7

资料来源：

巴西

1. 巴西中央银行。
2. 巴西工业发展及外贸部。
3. 国际货币基金组织。

中国

1. 国家外汇管理局。
2. 中华人民共和国商务部。

埃塞俄比亚

1. 埃塞俄比亚国家银行。
2. 埃塞俄比亚财政部。

印度

1. 印度商工部工业和国内贸易促进部，商业数据统计局。
2. 印度储备银行，《印度经济统计手册》。

俄罗斯

1. 俄罗斯联邦统计局。
2. 俄罗斯中央银行。
3. 国际货币基金组织。

南非

南非储备银行。

脚注：

巴西

(1) 数据来自国际货币基金组织。

(11) 指现金。

(15) 2015 年 4 月开始，巴西直接投资数据与 IMF 编制的第六版《国际收支和国际投资头寸手册》(BPM6) 中的概念和标准一致，数据包括了 2010 年以来再投资收益流量。根据 BPM6，外国直接投资 (FDI) 被“直接投资－负债”替代。

中国

(1) 进口和出口货物和服务数据来自国家外汇管理局。

(8) 外商直接投资数据来自中华人民共和国商务部。

(9) 2002—2005 年数据为中国对外非金融类直接投资数据、2006——2022 年为全行业对外直接投资数据。

(14) 2015 年，我国按照国际货币基金组织数据公布特殊标准 (SDDS) 调整了外债统计口径并对外公布全口径外债数据，将人民币外债纳入统计，并按照签约期限划分中长期和短期外债。为保证数据的可比性，将 2014 年末外债数据相应调整为全口径外债数据，之前年份未做调整。

(18) 2005 年起，实际使用外资为包含银行、证券、保险领域全口径数据。

印度

(2) 为财政年度数据，即当年 4 月 1 日至下年 3 月 31 日。

(3) 此处的 GDP 数据是按现价 (市场价格) 核算的 (基年改为 2011/12 年 =100)。

(5) FDI 流入额是流入印度的 FDI 总额，FDI 流出额为印度 FDI 流出净额。

(12) 数据截至当年的 3 月 31 日。

俄罗斯

(6) 数据来自俄罗斯中央银行。

(13) 年底数，根据俄罗斯央行数据计算。

(16) 年初数。

(17) 数据与 IMF 编制的第六版《国际收支和国际投资头寸手册》(BPM6) 中的概念和标准一致。

南非

(7) 为负债增加和资产减少的净值。

(10) 为负债减少和资产增加的净值。

(14) 包括黄金。

表 14.2.1 货物进出口贸易——巴西

单位：亿美元

	2000	2014	2015	2016	2017	2018	2019	2020	2021	2022	2023
从主要贸易伙伴的进口	559	2291	1715	1376	…	…	…	…	…	…	…
中国	12	373	307	234	…	…	…	…	…	…	…
美国	129	350	265	238	…	…	…	…	…	…	…
阿根廷	68	141	103	91	…	…	…	…	…	…	…
德国	44	138	104	91	…	…	…	…	…	…	…
尼日利亚	7	95	46	13	…	…	…	…	…	…	…
韩国	14	85	54	54	…	…	…	…	…	…	…
印度	3	66	43	25	…	…	…	…	…	…	…
意大利	22	63	47	37	…	…	…	…	…	…	…
日本	30	59	49	36	…	…	…	…	…	…	…
法国	19	57	45	37	…	…	…	…	…	…	…
墨西哥	8	54	44	35	…	…	…	…	…	…	…
智利	10	40	34	29	…	…	…	…	…	…	…
西班牙	11	39	35	26	…	…	…	…	…	…	…
玻利维亚	1	38	25	13	…	…	…	…	…	…	…
沙特阿拉伯	8	33	19	13	…	…	…	…	…	…	…
对主要贸易伙伴的出口	551	2251	1911	1853	…	…	…	…	…	…	…
中国	11	406	356	351	…	…	…	…	…	…	…
美国	132	270	241	232	…	…	…	…	…	…	…
阿根廷	62	143	128	134	…	…	…	…	…	…	…
荷兰	28	130	100	103	…	…	…	…	…	…	…
日本	25	67	48	46	…	…	…	…	…	…	…
德国	25	66	52	49	…	…	…	…	…	…	…
智利	12	50	40	41	…	…	…	…	…	…	…
印度	2	48	36	32	…	…	…	…	…	…	…
委内瑞拉	8	46	30	13	…	…	…	…	…	…	…
意大利	21	40	33	33	…	…	…	…	…	…	…
韩国	6	38	31	29	…	…	…	…	…	…	…
俄罗斯	4	38	25	23	…	…	…	…	…	…	…
英国	15	38	29	28	…	…	…	…	…	…	…
墨西哥	17	37	36	38	…	…	…	…	…	…	…
主要进口商品	559	2291	1715	1376	…	…	…	…	…	…	…
原油	32	155	74	29	…	…	…	…	…	…	…
柴油	…	87	34	29	…	…	…	…	…	…	…
汽车发动机，1500<气缸排量(立方厘米)≦3000，最多6名乘客	8	45	30	15	…	…	…	…	…	…	…

表 14.2.1 货物进出口贸易——巴西

单位：亿美元（续表 1）

	2000	2014	2015	2016	2017	2018	2019	2020	2021	2022	2023
石化用石脑油	…	44	26	24	…	…	…	…	…	…	…
气态天然气	1	38	26	13	…	…	…	…	…	…	…
液化天然气	0	31	28	8	…	…	…	…	…	…	…
电台广播和电视接收器装置、其他部件等	3	29	20	12	…	…	…	…	…	…	…
其他氯化钾	6	29	25	20	…	…	…	…	…	…	…
电话/电报装置和设备	…	28	23	19	…	…	…	…	…	…	…
其他柴油发动机，重量≤5t	4	22	15	14	…	…	…	…	…	…	…
烟煤(非烧结)	1	19	18	15	…	…	…	…	…	…	…
其它小麦与黑麦混合物，不包括种子	…	18	12	13	…	…	…	…	…	…	…
涡轮喷气或涡轮螺桨发动机部件	3	18	19	21	…	…	…	…	…	…	…
其他汽油，不包括航空用油	…	16	10	9	…	…	…	…	…	…	…
其他杀虫剂(非常态包装)	…	15	12	8	…	…	…	…	…	…	…
主要出口商品	551	2251	1911	1853	…	…	…	…	…	…	…
大豆，包括原大豆和碾磨后大豆，不包括种子	…	233	210	193	…	…	…	…	…	…	…
铁矿石(非烧结、非汰选)	19	200	104	116	…	…	…	…	…	…	…
原油	2	164	118	101	…	…	…	…	…	…	…
其他蔗糖	…	74	59	83	…	…	…	…	…	…	…
大豆乳(固态)	16	61	50	43	…	…	…	…	…	…	…
咖啡(未烘焙或未脱去咖啡因，颗粒状)	16	60	56	48	…	…	…	…	…	…	…
非松木化学木质纸浆(氢氧化钠/硫化钠液蒸，半化学，漂白)	15	49	53	51	…	…	…	…	…	…	…
冷冻牛肉，去骨	3	49	40	36	…	…	…	…	…	…	…
冷冻家禽切块及内脏	4	45	40	40	…	…	…	…	…	…	…
玉米，颗粒状，不包括种子	0	39	49	37	…	…	…	…	…	…	…
铁矿石(烧结、汰选)	12	37	37	17	…	…	…	…	…	…	…
燃料油	…	31	13	6	…	…	…	…	…	…	…
其他飞机，重量>15000千克	6	27	30	32	…	…	…	…	…	…	…
机上用燃料和润滑剂	4	26	16	11	…	…	…	…	…	…	…
冷冻家禽–乌鸡–切块	4	24	23	20	…	…	…	…	…	…	…

资料来源：

发展、工业、贸易和服务部对外贸易秘书处。

表 14.3.1 直接投资（净负债）[1]——巴西

单位：亿美元

按来源地分的直接投资	2000	2014	2015	2016	2017	2018	2019	2020	2021	2022	2023
美国	53.98	69.23	59.20	54.18	100.47	49.84	85.32	65.55	108.13	95.59	82.20
荷兰	22.28	67.42	100.43	101.57	86.96	85.00	42.26	39.63	18.27	79.64	39.86
德国	3.74	14.69	34.26	17.95	31.75	37.29	12.81	6.93	10.70	22.14	18.50
卢森堡	…	62.31	63.62	62.03	42.80	18.85	21.05	9.07	44.01	21.03	2.65
智利	0.29	12.70	9.99	8.31	15.10	9.75	37.70	7.12	12.10	15.54	19.77
加拿大	1.92	7.81	8.83	5.11	2.63	12.25	15.40	5.02	14.65	15.44	8.82
西班牙	95.92	54.10	55.52	33.08	19.10	31.60	25.43	16.96	−13.68	14.67	22.93
瑞士	3.06	19.16	10.69	9.48	11.51	11.40	6.84	6.97	2.31	13.65	21.32
开曼群岛	…	5.37	4.68	3.47	1.14	16.23	28.37	14.38	20.71	10.46	2.30
英国	…	19.96	15.48	−14.19	9.85	7.84	27.38	7.45	9.07	9.56	30.66
法国	19.09	29.10	0.49	26.14	28.62	13.09	28.08	20.25	4.85	9.29	−0.82
日本	3.84	35.66	18.32	13.79	−2.80	11.05	19.04	18.27	5.05	6.92	4.07
意大利	…	8.15	16.91	28.04	14.80	6.29	6.83	9.11	7.71	4.66	2.10
瑞典	…	6.68	4.21	3.75	1.25	1.74	2.85	1.19	1.34	0.84	1.46
挪威	…	4.12	24.33	21.85	9.36	7.75	21.97	7.47	2.46	0.50	5.38
比利时	…	2.66	9.88	6.04	1.13	1.52	4.98	0.91	1.36	0.25	4.49
中国香港	…	4.36	5.54	1.91	11.14	8.57	0.18	1.35	4.22	0.26	0.63
澳大利亚	…	3.34	1.51	0.44	1.39	−0.55	1.04	−1.06	1.48	2.42	5.19
巴哈马群岛	…	1.78	1.62	1.11	10.79	26.23	5.02	3.08	1.94	2.23	1.71
巴拿马	…	2.15	2.58	0.71	2.33	1.22	0.66	4.93	5.85	1.84	2.65
乌拉圭	…	−0.83	2.85	0.95	1.54	0.36	0.37	3.86	3.31	1.65	1.23
百慕大	…	0.09	1.76	2.19	−0.53	5.75	4.96	1.35	2.48	1.52	1.34
英属维尔京群岛	…	7.23	7.29	15.80	90.39	13.99	4.33	1.89	1.35	1.32	3.41
丹麦	…	2.83	3.19	1.64	1.61	0.87	0.57	0.53	0.70	0.93	2.12
韩国	…	4.05	1.49	5.39	4.53	3.42	1.98	2.29	5.46	0.93	0.15
奥地利	…	2.81	0.60	0.88	1.75	1.26	3.85	2.79	0.65	0.83	1.33
墨西哥	2.24	1.24	5.72	8.04	14.90	3.31	2.44	0.84	1.05	0.31	2.80
葡萄牙	25.14	4.76	3.30	2.37	2.71	0.83	−0.83	1.95	0.48	0.21	0.06
阿根廷	1.12	0.21	−0.03	1.04	0.75	0.66	0.61	0.05	0.51	0.20	0.14
爱尔兰	…	1.19	3.29	5.90	0.44	0.62	0.80	1.84	0.69	−0.31	0.85
其他国家	…	20.69	17.63	16.14	22.08	21.89	16.48	19.25	20.79	13.82	27.01

资料来源：

巴西中央银行。

脚注：

(1) 包括直接投资的股市资本总流入，不包括直接投资的债务资本。

表 14.4.1　国际收支平衡表——巴西（2023 年）

单位：亿美元

项目	差额	贷方	借方
经常项目	–217.4	4347.1	4564.6
货物差额(离岸价格)	922.8	3438.2	2515.4
服务和收入收益(净额)	–1114.1	921.2	2035.3
服务	–401.0	454.0	855.0
初次分配收入	–764.8	315.7	1080.5
二次分配收入	25.6	139.2	113.6
资本和金融项目	–331.1	4358.3	4689.4
资本项目	–113.7	11.2	124.8
项　目	净额	资产	负债
金融项目	–328.9	312.7	641.5
直接投资	–390.8	251.5	642.3
证券投资	–73.4	44.9	118.3
金融衍生工具	–79.9	–284.9	–204.9
其他投资	1.6	87.5	85.9
储备资产	213.7	213.7	…
误差和遗漏	2.2	…	…

资料来源：

巴西中央银行。

表 14.2.2 货物进出口贸易——中国

单位：亿美元

	2000	2014	2015	2016	2017	2018	2019	2020	2021	2022	2023
从主要贸易伙伴的进口											
中国香港	94.3	126.2	127.5	167.0	73.2	85.0	90.9	69.8	97.0	77.5	136.7
印度	13.5	163.6	133.7	117.6	163.5	188.3	179.9	209.8	281.5	174.9	185.5
日本	415.1	1629.2	1429.0	1456.7	1657.9	1806.6	1717.6	1746.6	2055.0	1842.2	1604.7
韩国	232.1	1901.1	1745.1	1589.8	1775.5	2046.4	1735.8	1731.0	2134.4	1988.8	1617.1
中国台湾	254.9	1520.1	1432.0	1388.5	1559.6	1776.0	1730.0	2005.0	2498.1	2357.5	1992.3
南非	10.4	445.7	301.5	222.3	243.9	272.9	259.2	208.3	329.6	324.5	319.9
德国	104.1	1050.1	876.2	861.1	969.4	1063.3	1051.1	1051.1	1199.1	1108.7	1061.9
俄罗斯	57.7	415.9	332.6	322.6	413.9	591.4	610.5	576.9	796.1	1145.4	1293.2
巴西	16.2	516.5	440.9	458.6	588.6	775.7	798.0	855.2	1100.1	1093.8	1226.2
美国	223.6	1590.6	1478.1	1344.5	1539.5	1551.2	1227.1	1352.5	1797.0	1761.8	1637.4
澳大利亚	50.2	976.3	735.1	709.0	950.1	1058.1	1214.3	1176.9	1635.3	1421.6	1562.2
东盟(1)	221.8	2082.4	1944.8	1963.1	2359.5	2686.1	2820.4	3016.3	2894.9	4074.9	3879.2
欧盟(1)	308.5	2441.6	2087.7	2081.4	2449.7	2734.8	2766.0	2585.0	1933.1	2843.2	2816.9
对主要贸易伙伴的出口											
中国香港	445.2	3630.8	3304.6	2872.5	2792.1	3020.2	2789.5	2725.8	3505.4	2930.7	2741.1
印度	15.6	542.2	582.3	584.2	680.4	766.8	748.3	667.2	975.1	1137.1	1176.7
日本	416.5	1493.9	1356.2	1294.1	1372.6	1470.5	1432.7	1426.2	1658.1	1719.8	1574.9
韩国	112.9	1003.3	1012.9	937.3	1027.0	1087.6	1110.0	1124.8	1488.1	1604.9	1489.8
中国台湾	50.4	462.8	448.9	402.4	439.8	486.4	550.8	601.2	783.6	815.2	684.8
南非	10.1	157.0	158.6	128.5	148.1	162.5	165.4	152.4	211.2	238.4	236.5
德国	92.8	727.0	691.6	652.6	711.3	774.9	797.7	868.1	1151.8	1156.0	1005.6
俄罗斯	22.3	536.8	347.6	373.6	428.3	479.7	497.4	505.0	675.5	755.4	1109.1
巴西	12.2	348.9	274.1	219.8	289.5	336.7	355.4	349.5	536.1	617.8	591.0
美国	521.0	3960.6	4092.1	3852.7	4297.3	4784.0	4186.7	4517.3	5760.8	5754.7	5002.4
澳大利亚	34.3	391.5	403.1	373.3	414.4	473.3	482.1	534.7	663.8	779.5	737.8
东盟(1)	173.4	2720.5	2772.9	2560.7	2795.0	3190.0	3594.3	3836.8	4750.0	5510.5	5235.5
欧盟(1)	381.9	3708.4	3558.2	3392.6	3720.3	4085.1	4287.0	3908.9	4998.4	5582.3	5012.1

表 14.2.2 货物进出口贸易——中国

单位：亿美元 (续表 1)

	2000	2014	2015	2016	2017	2018	2019	2020	2021	2022	2023
主要出口商品											
电机、电气设备及其零件；录音机及放声机、电视图像、 声音的录制和重放设备及其零件、附件	460.7	5612.9	5709.2	5943.3	5531.9	6640.3	6704.5	7099.3	8986.6	9422.3	8961.4
核反应堆、锅炉、机器、机械器具及其零件	268.2	3831.5	4008.3	3642.8	3437.9	4293.1	4166.7	4400.2	5475.8	5486.2	5105.3
家具；寝具、褥垫、弹簧床垫、软坐垫及类似的填充制品；未列名灯具及照明装置；发光标志、发光名牌及类似品；活动房屋	70.2	864.2	933.7	985.3	875.1	954.4	990.7	1093.7	1394.8	1268.8	1214.5
塑料及其制品	63.9	617.5	667.9	656.8	623.7	796.2	841.7	963.8	1310.7	1404.9	1314.3
车辆及其零件、附件，但铁道及电车道车辆除外	46.1	585.5	641.9	626.0	601.5	750.7	743.1	762.2	1200.1	1491.5	1924.9
光学、照相、电影、计量、检验、医疗或外科用仪器及设备、精密仪器及设备；上述物品的零件、附件	63.1	745.3	740.0	736.8	674.9	714.7	729.5	802.3	974.8	690.3	694.0
针织或钩编的服装及衣着附件	134.2	967.9	919.9	837.9	744.2	733.3	713.5	622.3	864.6	895.5	822.9
钢铁制品	54.8	573.5	606.4	605.2	519.0	651.3	692.6	710.2	955.0	1067.4	971.7
非针织或非钩编的服装及衣着附件	188.7	682.5	814.5	784.4	720.7	712.9	666.8	622.8	701.0	755.0	701.5
有机化学品	41.7	422.0	454.4	426.7	421.7	597.6	567.8	569.5	825.8	1016.7	779.0
主要进口商品											
电机、电气设备及其零件；录音机及放声机、电视图像、 声音的录制和重放设备及其零件、附件	507.4	4394.2	4243.2	4286.9	4128.9	5216.2	4974.4	5484.2	6685.9	6406.3	5483.3
矿物燃料、矿物油及其蒸馏产品；沥青物质；矿物蜡	206.8	3152.3	3167.9	1986.0	1765.4	3493.7	3461.2	2700.9	4054.3	5357.5	5161.7
核反应堆、锅炉、机器、 机械器具及其零件	344.3	1705.7	1793.8	1570.4	1476.6	2021.9	1902.5	1920.5	2313.8	2013.2	1971.6
矿砂、矿渣及矿灰	31.3	1487.7	1346.6	937.2	944.8	1358.7	1650.9	1871.9	2726.1	2238.9	2388.0
光学、照相、电影、计量、检验、医疗或外科用仪器及设备、精密仪器及设备；上述物品的零件、附件	72.8	1075.9	1058.1	996.4	926.9	1026.3	987.1	990.7	1091.3	813.4	775.8
车辆及其零件、附件，但铁道及电车道车辆除外	36.1	741.5	895.1	696.3	715.1	815.2	751.4	739.9	863.9	807.2	706.8
塑料及其制品	144.6	723.9	751.9	655.5	610.5	748.9	715.9	710.9	828.4	751.3	619.6
天然或养殖珍珠、宝石或半宝石、贵金属、包贵金属及其制品；仿首饰；硬币	24.2	183.4	423.3	965.9	793.3	780.2	602.7	317.4	774.2	1034.3	1140.1
有机化学品	83.3	658.8	603.1	477.6	439.1	673.1	575.5	456.4	602.2	580.7	485.9
铜及其制品	46.6	498.3	472.8	381.5	332.6	475.4	406.3	489.1	661.1	686.6	627.3

资料来源：

中华人民共和国海关总署。

脚注：

(1) 东盟和欧盟为当年实有成员范围，所以在年度比较时应注意成员国的变化。

表 14.3.2 外国直接投资 (FDI)——中国

单位：亿美元

	2000	2014	2015	2016	2017	2018	2019	2020	2021	2022	2023
FDI流入额(按资金来源地划分)											
中国香港	155.00	812.68	863.87	814.65	945.09	899.17	962.99	1057.93	1317.56	1372.41	1111.79
维尔京群岛	38.33	62.26	73.88	67.40	39.91	47.12	49.64	52.00	52.81	66.35	68.56
新加坡	21.72	58.27	69.04	60.47	47.63	52.10	75.91	76.81	103.32	105.99	97.82
韩国	14.90	39.66	40.34	47.51	36.73	46.67	55.38	36.14	40.45	65.99	35.14
开曼群岛	6.24	12.55	14.44	51.51	21.77	40.68	25.57	27.74	24.62	24.16	35.17
美国	43.84	23.71	20.89	23.86	26.49	26.89	26.86	23.05	24.67	22.15	33.60
萨摩亚	2.83	15.64	19.91	8.72	12.29	15.54	11.92	8.04	6.21	7.47	8.57
中国台湾	22.96	20.18	15.37	19.63	17.72	13.91	15.87	9.95	9.40	6.61	7.35
德国	10.41	20.71	15.56	27.10	15.42	36.74	16.58	13.55	16.80	25.66	19.22
毛里求斯	2.65	5.91	3.46	8.62	3.44	2.61	2.70	4.12	8.98	0.66	0.91
印度	0.10	0.51	0.81	0.52	1.58	0.48	0.26	0.12	0.06	0.02	0.05
巴西	0.04	0.28	0.51	0.47	0.42	0.31	0.03	0.30	0.16	0.26	0.23
南非	0.09	0.06	0.02	0.04	0.65	0.42	0.03	0.06	0.04	1.03	0.06
俄罗斯	0.16	0.41	0.13	0.73	0.24	0.57	0.54	0.11	0.08	0.39	0.31
FDI流出额(按资金流出目的地划分)											
中国香港	…	708.67	897.90	1142.33	911.53	868.69	905.50	891.46	1011.91	975.34	1087.67
开曼群岛	…	41.92	102.13	135.23	−66.06	54.73	−43.57	85.62	107.54	57.62	87.31
澳大利亚	…	40.49	34.01	41.87	42.42	19.86	20.87	11.99	19.23	27.83	5.45
卢森堡	…	45.78	−114.53	16.02	13.53	24.87	6.86	7.01	14.99	32.53	23.32
维尔京群岛	…	45.70	18.49	122.88	193.01	71.50	86.83	69.76	139.71	91.13	25.46
新加坡	…	28.14	104.52	31.72	63.20	64.11	48.26	59.23	84.05	82.95	130.97
美国	…	75.96	80.29	169.81	64.25	74.77	38.07	60.19	55.84	72.92	69.13
加拿大	…	9.04	15.63	28.72	3.21	15.64	4.73	2.10	9.30	1.47	3.54
中国澳门	…	5.96	10.81	8.22	−10.24	8.11	5.94	8.27	8.82	21.28	7.56
缅甸	…	3.43	3.32	2.88	4.28	−1.97	−0.42	2.51	0.18	0.62	1.53
俄罗斯	…	6.34	29.61	12.93	15.48	7.25	−3.79	5.70	−10.72	2.34	6.29
巴西	…	7.30	−0.63	1.25	4.26	4.28	8.60	3.13	1.46	2.24	5.07
南非	…	0.42	2.33	8.43	3.17	6.42	3.39	4.00	3.64	3.83	3.54
印度	…	3.17	7.05	0.93	2.90	2.06	5.35	2.05	2.79	−3.31	0.30

资料来源：

中华人民共和国商务部。

表 14.4.2 国际收支平衡表——中国

单位：亿美元

项目	2015	2016	2017	2018	2019	2020	2021	2022	2023
1.经常账户	2930	1913	1887	241	1029	2488	3529	4434	2530
贷方	26199	24555	27471	29473	29304	30204	39313	40342	37887
借方	−23269	−22641	−25585	−29231	−28275	−27716	−35785	−35908	−35357
1.A 货物和服务	3579	2557	2170	879	1318	3586	4615	5776	3861
贷方	23602	21979	24293	26510	26310	27389	35552	37193	35112
借方	−20023	−19422	−22123	−25631	−24992	−23803	−30937	−31417	−31252
1.A.a 货物	5762	4889	4759	3801	3930	5111	5627	6650	5939
贷方	21428	19895	22162	24174	23866	25100	32158	33468	31792
借方	−15666	−15006	−17403	−20374	−19936	−19989	−26531	−26818	−25853
1.A.b 服务	−2183	−2331	−2589	−2922	−2611	−1525	−1012	−874	−2078
贷方	2174	2084	2131	2336	2444	2289	3394	3725	3321
借方	−4357	−4416	−4720	−5257	−5055	−3814	−4406	−4599	−5399
1.A.b.1 加工服务	203	184	179	172	154	127	135	135	120
贷方	204	185	181	174	157	132	142	143	130
借方	−2	−2	−2	−3	−4	−5	−7	−8	−10
1.A.b.2 维护和维修服务	23	32	37	46	65	43	41	39	41
贷方	36	52	60	72	102	77	79	83	100
借方	−13	−20	−23	−25	−37	−34	−38	−44	−59
1.A.b.3 运输	−467	−468	−560	−669	−590	−380	−180	−219	−731
贷方	386	338	373	423	462	567	1286	1465	870
借方	−853	−806	−933	−1092	−1052	−947	−1467	−1685	−1601
1.A.b.4 旅行	−2049	−2057	−2193	−2369	−2188	−1211	−981	−1013	−1717
贷方	450	444	386	404	358	100	113	135	248
借方	−2498	−2501	−2579	−2773	−2546	−1311	−1094	−1148	−1965
1.A.b.5 建设	65	42	36	49	51	45	57	66	79
贷方	167	127	123	136	144	126	154	142	158
借方	−102	−85	−86	−86	−93	−81	−97	−76	−78
1.A.b.6 保险和养老金服务	−38	−88	−74	−66	−62	−94	−143	−144	−92
贷方	50	41	41	49	48	30	50	45	69
借方	−88	−129	−115	−116	−110	−124	−193	−188	−162
1.A.b.7 金融服务	−3	11	18	12	15	8	2	7	7
贷方	23	32	34	33	39	48	46	47	44
借方	−26	−20	−16	−21	−24	−40	−44	−39	−37
1.A.b.8 知识产权使用费	−209	−228	−239	−302	−278	−293	−351	−312	−317
贷方	11	12	48	56	66	86	118	133	110
借方	−220	−240	−287	−358	−344	−379	−469	−445	−427
1.A.b.9 电信、计算机和信息服务	131	127	75	65	80	64	107	180	193
贷方	245	254	269	300	349	390	507	559	581
借方	−114	−127	−194	−235	−270	−326	−400	−379	−388

表 14.4.2 国际收支平衡表——中国

单位：亿美元（续表 1）

项目	2015	2016	2017	2018	2019	2020	2021	2022	2023
1.A.b.10 其他商业服务	189	147	169	191	194	195	339	419	380
贷方	584	580	593	662	692	698	869	943	982
借方	−395	−432	−424	−470	−498	−503	−530	−524	−602
1.A.b.11 个人、文化和娱乐服务	−12	−14	−20	−24	−31	−20	−18	−13	−26
贷方	7	7	8	10	10	10	14	14	14
借方	−19	−21	−28	−34	−41	−30	−33	−26	−40
1.A.b.12 别处未提及的政府服务	−15	−20	−18	−27	−21	−11	−18	−19	−15
贷方	11	12	17	18	16	25	16	17	15
借方	−26	−32	−35	−45	−37	−36	−33	−36	−30
1.B 初次收入	−522	−549	−165	−614	−392	−1182	−1245	−1544	−1482
贷方	2238	2267	2897	2685	2735	2455	3273	2703	2400
借方	−2760	−2815	−3062	−3299	−3127	−3637	−4518	−4247	−3882
1.B.1 雇员报酬	274	207	149	82	31	2	−14	24	72
贷方	331	269	217	181	143	147	171	204	226
借方	−57	−62	−68	−99	−112	−145	−185	−180	−154
1.B.2 投资收益	−803	−759	−319	−713	−434	−1204	−1258	−1601	−1590
贷方	1899	1992	2673	2483	2575	2279	3068	2457	2128
借方	−2701	−2751	−2992	−3196	−3008	−3483	−4326	−4058	−3718
1.B.3 其他初次收入	7	3	4	18	11	20	27	33	35
贷方	8	6	7	21	18	28	34	42	45
借方	−2	−2	−3	−3	−7	−8	−7	−9	−10
1.C 二次收入	−126	−95	−119	−24	103	85	159	201	152
贷方	359	309	282	278	259	360	488	445	375
借方	−486	−404	−400	−302	−157	−276	−329	−244	−223
2. 资本和金融账户	−912	273	179	1532	263	−901	−2184	−3541	−2151
2.1 资本账户	3	−3	−1	−6	−3	−1	1	−3	−3
贷方	5	3	2	3	2	2	3	2	2
借方	−2	−7	−3	−9	−5	−2	−2	−6	−5
2.2 金融账户	−915	276	180	1538	266	−900	−2185	−3538	−2148
资产	95	−2320	−4239	−3620	−2605	−6752	−8949	−3351	−2232
负债	−1010	2596	4419	5158	2871	5852	6764	−186	134
2.2.1 非储备性质的金融账户	−4345	−4161	1095	1727	73	−611	−303	−2573	−2099
资产	−3335	−6757	−3324	−3432	−2798	−6463	−7067	−2387	−2234
负债	−1010	2596	4419	5158	2871	5852	6764	−186	134

表 14.4.2 国际收支平衡表——中国

单位：亿美元 (续表 2)

项目	2015	2016	2017	2018	2019	2020	2021	2022	2023
2.2.1.1 直接投资	681	−417	278	923	503	994	1653	−198	−1426
2.2.1.1.1 资产	−1744	−2164	−1383	−1430	−1369	−1537	−1788	−2101	−1853
2.2.1.1.2负债	2425	1748	1661	2354	1872	2531	3441	1902	427
2.2.1.2 证券投资	−665	−523	295	1069	579	955	514	−2891	−632
2.2.1.2.1 资产	−732	−1028	−948	−535	−894	−1512	−1253	−1801	−773
2.2.1.2.2 负债	67	505	1243	1604	1474	2468	1766	−1090	141
2.2.1.3 金融衍生工具	−21	−54	4	−62	−24	−108	102	−132	−75
2.2.1.3.1 资产	−34	−66	15	−48	14	−51	171	−43	−49
2.2.1.3.2 负债	13	12	−12	−13	−37	−58	−68	−89	−27
2.2.1.4 其他投资	−4340	−3167	519	−204	−985	−2452	−2572	648	34
2.2.1.4.1 资产	−825	−3499	−1008	−1418	−549	−3363	−4197	1558	441
2.2.1.4.2 负债	−3515	332	1527	1214	−437	911	1625	−910	−407
2.2.2 储备资产	3429	4437	−915	−189	193	−289	−1882	−964	−48
2.2.2.1 货币黄金	…	…	…	…	…	…	…	…	…
2.2.2.2 特别提款权	−3	3	−7	0	−5	−4	−416	19	−24
2.2.2.3 在国际货币基金组织的储备头寸	9	−53	22	−7	0	−23	1	−2	11
2.2.2.4 外汇储备	3423	4487	−930	−182	198	−262	−1467	−982	−35
2.2.2.5 其他储备资产	…	…	…	…	…	…	…	…	…
3.净误差与遗漏	−2018	−2186	−2066	−1774	−1292	−1588	−1345	−893	−379

资料来源：

国家外汇管理局。

表 14.2.3.1 货物进出口贸易——埃及

单位：亿美元

	2000	2014	2015	2016	2017	2018	2019	2020	2021	2022	2023
从主要贸易伙伴的进口	…	222	227	215	208	264	262	246	311	335	300
对主要贸易伙伴的出口	…	44	42	54	54	53	56	67	63	76	74

资料来源：

埃及贸易和工业部进出口管制总局。

表 14.2.3.2 货物进出口贸易——埃及

单位：亿美元

商品代码	商品名称	2014	2015	2016	2017	2018	2019	2020	2021	2022	2023
主要出口商品											
710812	黄金，包括镀铂的金，非货币用未锻造金(不包括金粉)	1.8	1.7	17.5	16.0	12.7	13.8	20.5	3.6	8.3	10.1
852872	电视接收装置，无论是否装有无线电收音装置或声音，图像的录制或重放装置；包含彩色显示器	4.8	4.5	3.7	2.9	2.7	2.4	2.1	2.7	3.0	3.4
740811	最大横截面尺寸＞6毫米的精炼铜丝	0.3	0.1	0.1	0.0	0.1	0.0	0.1	1.6	2.5	3.4
080510	鲜或干的橙	2.5	2.7	2.8	2.7	3.5	3.5	3.5	3.6	3.6	3.3
310210	尿素，不论是否水溶液(不包括颗粒或类似形式，或毛重≤10千克的袋装)	0.1	0.0	0.4	0.3	2.8	2.7	4.2	6.4	3.1	1.8
520100	未梳的棉花	0.4	0.4	0.6	0.6	0.8	1.1	1.0	1.5	2.0	1.5
271019	石油及从沥青矿物提取的油类，不含生物柴油、原油和废油；以上述油为基本成分（按重量计不低于70%）的其他品目未列名制品，不含轻油及其制品	0.3	0.3	0.5	0.4	1.4	3.4	5.0	5.5	3.7	1.0
070190	鲜或冷藏的马铃薯(不包括种子)	1.4	1.1	0.5	1.2	1.1	0.6	0.8	0.9	1.7	0.9
940360	木制家具(非办公室、厨房、卧室用，不包括座椅)	1.6	1.7	1.5	1.1	0.9	0.9	0.9	0.9	0.8	0.7
070310	鲜或冷藏的洋葱及青葱	1.0	1.8	1.4	1.5	0.8	0.8	0.7	0.5	0.9	0.4

表 14.2.3.2 货物进出口贸易——埃及

单位：亿美元（续表 1）

商品代码	商品名称	2014	2015	2016	2017	2018	2019	2020	2021	2022	2023
主要进口商品											
100119	谷物；小麦和硬粒小麦，不包括种子	12.4	11.9	11.1	16.6	20.7	14.9	19.7	18.3	21.7	25.4
100590	玉米(不包括种子)	7.5	8.0	10.2	9.9	9.7	11.1	12.5	19.2	24.1	12.9
020230	冷冻牛肉，去骨	12.2	14.3	12.1	9.9	11.2	15.0	12.3	9.6	11.3	7.9
390120	初级形状的高密度聚乙烯（密度≥0.94）	2.2	3.1	2.4	1.7	2.4	2.6	2.3	5.5	9.6	7.9
260112	已烧结铁矿砂及其精矿(不包括焙烧黄铁矿)	3.3	1.7	2.8	5.1	6.5	4.6	3.1	4.7	4.3	6.0
230400	提炼豆油所得的油渣饼和其他固体残渣，不论是否研磨或制成团	6.1	6.4	8.8	5.0	2.3	0.8	0.1	0.0	0.8	5.1
390210	初级形状的聚丙烯	4.5	3.8	3.0	3.1	4.0	4.1	3.7	6.1	6.8	4.6
720719	含碳量＜0.25%的钢坯，圆形截面，或非矩形或方形截面	5.3	6.7	6.5	4.5	6.6	4.4	1.1	0.6	4.0	3.6
852990	专用于或主要用于无线电话、无线电报、无线电广播、电视、电视摄像机、静态影像相机和其他视频摄录一体机、雷达设备的零件	3.0	2.3	2.4	3.5	3.4	4.5	4.2	8.2	3.9	0.4
851712	用于蜂窝网络或其他无线网络的电话	3.0	4.3	4.5	4.5	7.6	12.8	15.5	14.7	2.9	…

资料来源：

埃及贸易和工业部进出口管制总局。

表 14.2.3.3 货物进出口贸易——埃及

单位：亿美元

	2000	2014	2015	2016	2017	2018	2019	2020	2021	2022	2023
从主要贸易伙伴的进口											
沙特阿拉伯	10.3	29.7	29.5	29.9	41.2	56.7	50.9	37.8	68.8	78.9	52.1
科威特	0.3	35.1	17.6	11.5	13.9	23.1	21.3	19.8	11.7	30.1	27.0
土耳其	2.0	29.1	33.1	33.0	20.8	33.1	35.8	32.0	37.5	38.2	27.8
俄罗斯	3.0	30.6	33.7	29.2	36.1	50.0	35.5	30.4	35.8	42.7	49.7
乌克兰	1.9	31.9	24.5	27.3	23.2	22.8	23.0	19.3	20.6	12.5	22.7
英国	3.6	16.8	12.9	13.3	15.9	16.9	16.0	14.2	18.0	17.9	18.4
意大利	9.3	33.3	33.1	33.0	43.5	37.4	32.2	30.3	31.3	36.0	32.3
德国	12.3	57.2	57.7	60.7	45.0	41.8	42.2	40.0	42.2	41.1	41.0
法国	5.8	22.0	24.8	17.2	14.9	16.5	17.5	17.3	18.1	21.8	16.4
中国	6.4	84.0	97.7	93.2	80.6	115.8	116.9	116.9	144.2	147.6	129.4
印度	2.3	25.5	23.4	22.5	23.4	23.2	28.4	26.4	32.3	40.9	32.3
阿联酋	0.8	17.6	15.1	9.7	9.6	13.8	17.5	15.1	30.1	31.5	21.2
美国	20.9	53.6	43.9	38.6	38.7	54.6	50.0	47.7	63.9	69.2	53.6
巴西	1.1	23.0	26.9	21.7	27.0	31.6	27.7	22.0	23.0	37.3	29.7
对主要贸易伙伴的出口											
沙特阿拉伯	1.4	21.1	20.3	17.9	15.6	14.3	16.9	18.8	22.4	25.2	26.8
苏丹	0.3	4.2	5.5	5.9	4.5	4.0	4.7	5.0	8.3	9.5	9.8
利比亚	0.6	10.1	5.7	5.6	4.4	6.4	8.3	6.1	9.6	12.1	18.3
希腊	0.7	4.8	1.4	1.4	2.8	4.1	7.1	7.1	16.5	16.1	15.5
土耳其	0.8	14.9	12.7	13.8	19.2	20.1	17.5	17.1	29.9	39.6	37.7
西班牙	1.5	6.2	4.6	6.2	8.1	12.8	10.4	8.2	18.7	38.5	17.6
英国	1.2	10.1	9.5	10.7	10.9	13.4	15.4	7.9	11.7	17.7	12.3
意大利	7.6	25.4	16.2	14.6	21.9	20.5	16.8	14.7	28.9	34.1	32.0
法国	2.8	7.9	4.8	4.7	5.9	8.8	6.5	5.5	10.9	17.1	8.5
荷兰	3.0	3.9	3.9	3.4	4.4	5.2	5.4	4.9	6.9	18.2	9.4
中国	0.4	3.5	4.4	4.9	6.9	10.4	5.5	7.5	14.8	18.5	9.1
印度	1.6	19.5	9.0	6.7	8.9	11.5	15.0	14.0	20.5	20.2	11.8
阿联酋	0.6	10.1	11.1	27.3	27.4	20.0	20.6	29.4	17.6	19.6	22.1
美国	4.0	12.8	12.3	11.1	13.7	17.2	22.1	16.3	25.4	23.0	19.4

资料来源：

1. 埃及海关总署。
2. 埃及贸易和工业部进出口管制总局。
3. 埃及石油和矿产财富部。
4. 埃及电力部。

表 14.2.3.4 货物进出口贸易——埃及

单位：亿美元

	2000	2014	2015	2016	2017	2018	2019	2020	2021	2022	2023
按主要商品组分类的出口											
食用根茎类蔬菜	1.0	12.5	11.4	9.9	10.6	9.1	10.9	10.7	10.9	15.2	17.2
食用水果和坚果	0.6	11.5	11.3	12.3	12.7	13.9	14.0	14.9	17.1	19.2	22.2
果蔬制品	0.1	4.3	3.6	3.8	4.0	4.2	4.1	3.9	4.7	5.6	8.2
盐、硫磺、泥土及石料、水泥	0.4	4.6	3.9	3.4	3.9	4.4	4.9	5.3	8.3	10.9	13.7
矿物燃料、矿物油及其蒸馏产品	19.7	62.9	39.6	31.1	50.8	71.9	80.7	60.5	139.1	188.5	75.0
无机化学产品	0.8	4.3	2.9	2.2	3.8	5.3	4.0	3.4	6.4	13.4	9.3
肥料	0.8	7.7	4.2	7.6	10.9	13.8	13.6	14.4	22.3	35.3	24.6
卫生间树脂类精油	0.1	4.7	4.3	4.5	5.4	5.6	5.8	5.8	4.9	6.8	7.0
塑料及其制品	0.6	17.6	13.8	11.7	15.4	17.9	20.1	17.6	27.8	27.8	22.9
针织服装	1.2	5.2	4.8	3.9	4.7	5.4	6.0	4.8	7.1	8.5	8.2
非针织服装	2.0	9.1	8.7	8.8	9.8	10.6	10.9	9.9	13.3	16.5	16.3
珠宝仿制首饰	0.0	6.6	6.4	25.7	20.9	14.6	20.4	30.1	11.6	16.3	18.6
钢铁	1.3	6.8	2.9	4.4	8.7	10.5	6.9	7.3	17.8	14.1	23.3
铝及其制品	1.3	5.8	4.7	4.1	4.8	6.7	5.4	5.8	7.8	6.8	7.0
电气机械和设备及其零件	0.2	19.7	17.5	16.0	17.5	15.5	17.0	16.0	24.0	26.2	26.4

表 14.2.3.4 货物进出口贸易——埃及

单位：亿美元（续表 1）

	2000	2014	2015	2016	2017	2018	2019	2020	2021	2022	2023
按主要商品组分类的进口											
谷物	12.5	53.9	43.6	41.5	44.0	47.3	52.4	52.8	64.1	74.3	64.1
油料种子或含油质果实饲料	1.4	13.6	10.1	9.0	11.6	17.7	20.5	24.0	32.0	31.8	19.7
动物油蜡制品	3.0	14.9	7.5	15.8	13.9	13.7	12.1	14.6	20.3	23.6	24.8
金属矿砂、矿渣及矿灰	1.1	6.1	2.7	4.1	8.7	10.6	8.6	9.2	16.4	16.0	16.6
矿物燃料、矿物油及其蒸馏产品	10.6	98.7	118.6	103.0	118.3	143.1	108.9	70.6	109.7	151.4	126.5
有机化学产品	2.8	16.3	14.8	15.8	14.2	17.4	19.4	19.0	25.0	31.3	23.1
医药产品	2.7	19.3	22.7	22.6	21.8	23.1	25.5	28.2	40.4	38.4	36.2
塑料及其制品	6.3	35.2	33.7	32.2	31.9	39.0	36.7	33.5	51.2	59.0	42.5
纸张和纸制品	3.0	12.4	12.5	12.1	11.5	14.0	13.1	12.3	12.8	16.5	13.2
钢铁	4.4	46.3	37.2	36.3	32.3	44.5	34.8	29.0	41.1	51.3	42.2
钢铁制品	5.2	26.4	26.4	27.3	27.3	32.9	25.6	21.0	15.1	19.2	19.2
铜及其制品	0.5	9.4	8.7	7.8	7.0	9.6	8.9	6.6	15.5	17.1	17.0
锅炉、机械及零件	19.1	59.2	60.6	64.1	57.2	64.9	64.4	63.9	72.7	72.1	69.8
电气和设备及其零件	10.4	48.3	51.4	50.8	48.3	68.3	67.9	60.0	67.6	59.0	51.0
汽车、拖拉机、自行车及配件	5.1	53.3	62.7	52.8	31.3	47.7	46.1	49.0	56.1	36.7	35.5

资料来源：

1. 埃及海关总署。
2. 埃及贸易和工业部进出口管制总局。
3. 埃及石油和矿产财富部。
4. 埃及电力部。

表 14.2.3.5 货物进出口贸易——埃及

单位：亿美元

	2014	2015	2016	2017	2018	2019	2020	2021	2022	2023
出口										
印度	3.1	2.8	2.9	3.2	5.1	6.0	7.1	8.3	8.3	5.6
俄罗斯	3.6	3.3	2.8	4.0	4.0	3.5	4.2	4.8	5.9	5.2
中国	2.2	1.7	1.7	2.8	3.9	3.6	3.7	7.0	7.3	5.1
南非	1.4	1.2	2.3	1.3	1.1	0.9	0.7	1.3	1.5	1.2
巴西	1.6	0.9	1.0	1.3	2.6	1.8	2.1	4.6	4.6	4.7
沙特阿拉伯	21.3	20.4	17.9	15.7	14.3	16.9	17.8	20.0	25.5	27.3
阿联酋	9.7	10.6	23.9	24.0	20.3	20.4	28.8	12.2	19.2	22.1
阿根廷	0.1	0.0	0.1	0.3	0.2	1.1	1.9	4.1	2.5	1.9
伊朗	0.2	0.1	0.1	0.1	0.1	0.1	0.0	0.0	0.0	0.0
埃塞俄比亚	1.0	1.2	1.2	1.2	1.7	1.4	1.0	1.1	0.9	1.1
进口										
印度	25.7	23.6	22.1	20.8	22.7	29.3	27.1	33.0	37.6	30.1
俄罗斯	30.5	28.8	28.2	35.3	47.9	36.6	31.0	36.5	42.9	47.1
中国	91.9	100.8	94.2	83.2	116.0	124.4	121.4	147.9	149.2	131.5
南非	0.7	1.5	1.4	1.6	2.0	1.0	0.8	0.9	1.3	1.0
巴西	25.2	27.5	22.0	29.2	32.6	28.9	23.5	23.9	37.5	31.0
沙特阿拉伯	19.0	20.0	15.4	13.3	20.0	17.4	15.4	26.0	32.1	29.2
阿联酋	14.4	9.4	8.3	9.0	12.6	13.1	13.4	24.6	24.0	18.8
阿根廷	13.1	14.1	22.9	15.3	10.2	11.3	12.7	18.5	10.1	11.1
伊朗	1.0	0.5	0.2	0.2	0.2	0.1	0.1	0.1	0.1	0.0
埃塞俄比亚	0.6	0.3	0.1	0.1	0.1	0.3	0.1	0.1	0.1	0.1

资料来源：

埃及贸易和工业部进出口管制总局。

表 14.3.3 外国直接投资 (FDI)——埃及

单位：亿美元

	2000	2014	2015	2016	2017	2018	2019	2020	2021	2022	2023
FDI流入额(按资金来源划分)	21.9	41.2	63.8	69.3	79.2	77.2	82.4	74.5	52.1	89.4	100.4
1. 非石油行业	23.8	24.1	46.6	52.7	39.5	32.5	46.3	63.1	63.8	115.6	110.2
1.1. 绿地投资	…	…	…	…	…	…	0.5	0.6	1.1	2.4	3.1
1.2. 资本扩张	…	…	…	…	…	…	0.0	19.4	16.6	33.2	37.5
1.3. 留存收益	0.5	1.6	0.9	3.3	1.7	1.8	26.9	27.3	35.0	46.9	48.5
1.4.公司内部债务	7.7	1.5	9.1	15.0	8.8	−0.4	−7.8	7.6	4.4	0.4	3.7
1.5. 非居民购买房地产	1.3	1.5	7.8	4.6	4.2	3.6	8.3	6.7	6.2	9.7	5.5
1.6. 向非居民出售公司和生产性资产	0.2	0.0	1.1	2.6	0.2	0.5	0.9	1.4	0.5	23.0	11.9
2. 石油行业	−1.9	17.1	17.2	16.6	39.6	44.7	36.0	11.5	−11.6	−26.3	−9.8
FDI流出额	−42.5	−66.8	−61.7	−56.0	−54.3	−54.4	−81.6	−83.8	−87.0	132.7	130.1

表 14.4.3 国际收支平衡表——埃及

单位：亿美元

交易类型	2014	2015	2016	2017	2018	2019	2020	2021	2022	2023
货物出口额(离岸价)	252.7	190.3	200.2	233.4	280.5	284.7	250.5	364.4	447.2	345.7
货物进口额(到岸价)	−644.5	−575.8	−583.3	−598.5	−658.3	−659.6	−620.1	−810.1	−819.6	−688.4
货物贸易差额	−391.8	−385.5	−383.1	−365.2	−377.8	−374.9	−369.6	−445.7	−372.3	−342.7
服务出口额	219.0	185.4	136.1	195.4	235.7	250.5	150.5	219.0	315.7	336.5
服务进口额	−95.5	−103.6	−99.7	−103.7	−105.0	−129.9	−104.7	−130.3	−151.9	−134.3
服务贸易差额(净值)	123.5	81.8	36.3	91.7	130.7	120.6	45.8	88.7	163.8	202.2
货物和服务贸易差额	−268.3	−303.7	−346.8	−273.5	−247.1	−254.3	−323.8	−357.0	−208.5	−140.5
收入差额(初次收入)	−67.5	−50.0	−43.1	−53.4	−84.6	−115.8	−110.1	−140.6	−175.8	−179.7
无偿现期转移净额(二次收入)	276.6	181.6	185.2	247.7	254.9	268.0	291.6	311.6	278.9	194.5
A. 经常账户余额	−59.2	−172.1	−204.7	−79.2	−76.8	−102.1	−142.3	−186.0	−105.3	−125.6
B. 资本和金融账户	27.5	233.2	326.1	238.4	147.0	129.6	93.1	256.3	31.7	145.1
资本账户	−1.4	−1.5	−1.0	−1.6	−1.3	−1.7	−2.3	−1.5	0.0	−0.7
金融账户	28.9	234.7	327.2	240.0	148.3	131.3	95.5	257.8	31.6	145.8
对外直接投资(净额)	−2.5	−1.8	−2.1	−2.0	−3.2	−4.1	−3.3	−3.7	−3.4	−3.9
外商直接投资(净额)	46.1	69.3	81.1	74.1	81.4	90.1	58.5	51.2	114.0	98.4
对外证券投资(净额)	−0.3	2.0	2.2	1.0	−1.0	0.6	−15.7	−1.1	−2.2	−4.1
国外证券投资(净额)	−20.8	−1.3	5.1	237.9	−18.1	103.9	25.9	60.8	−215.0	−5.0
其他投资(净额)	6.4	166.5	240.8	−71.0	89.2	−59.3	30.1	150.6	138.3	60.4
C.净误差和遗漏	16.4	−47.7	−45.3	−36.3	−16.0	−6.7	−26.2	−66.4	−25.7	−20.7
总差额 (A+B+C)	−15.4	13.4	76.1	122.9	54.2	20.8	−75.3	3.8	−99.3	−1.3

资料来源：

埃及中央银行。

表 14.2.5.1 货物进出口贸易（主要贸易伙伴）——印度

单位：亿美元

国家和地区	进口				
	2019–20财年	2020–21财年	2021–22财年	2022–23财年	2023–24财年
中国	652.6	652.1	945.7	985.1	1017.4
美国	358.2	288.9	433.1	508.6	422.0
阿联酋	302.6	266.2	448.3	532.3	480.3
沙特阿拉伯	268.6	161.9	341.0	420.4	314.2
瑞士	169.0	182.3	233.9	157.9	212.5
印度尼西亚	150.6	124.7	177.0	288.2	234.1
韩国	156.6	127.7	174.8	212.3	211.4
伊拉克	237.4	142.9	319.3	343.9	299.6
中国香港	169.4	151.7	191.0	182.7	204.5
新加坡	147.5	133.0	189.6	236.0	212.0

国家和地区	出口				
	2019–20财年	2020–21财年	2021–22财年	2022–23财年	2023–24财年
美国	530.9	516.2	761.7	785.4	775.2
阿联酋	288.5	166.8	280.4	316.1	356.3
中国	166.1	211.9	212.6	153.1	166.6
中国香港	109.7	101.6	109.8	98.9	82.4
新加坡	89.2	86.8	111.5	119.9	144.1
荷兰	83.7	64.7	125.4	216.2	223.7
英国	87.4	81.6	104.6	114.1	129.2
德国	82.9	81.2	98.8	101.3	98.4
孟加拉国	82.0	96.9	161.6	122.2	110.7
尼泊尔	71.6	68.4	96.5	80.8	70.4
马来西亚	63.6	60.6	70.0	71.6	72.6
比利时	58.1	52.4	100.8	88.6	78.4

资料来源：

印度商工部商业知识和统计总局。

表 14.2.5.2 货物进出口贸易（金砖国家）——印度[(1)]

单位：亿美元

	2000	2014	2015	2016	2017	2018	2019	2020	2021	2022	2023
进口											
巴西	1.5	54.0	40.4	41.1	55.0	44.1	30.7	30.2	57.1	66.7	62.1
俄罗斯	5.2	42.5	45.8	55.5	85.7	58.4	70.9	54.9	98.7	462.1	611.6
中国	15.0	604.1	617.1	612.8	763.8	703.2	652.6	652.1	945.7	985.1	1017.4
南非	10.2	65.0	59.5	58.3	68.3	65.2	69.7	75.7	109.7	104.0	105.4
出口											
巴西	2.3	59.6	26.5	24.0	30.6	38.0	39.7	42.4	64.9	99.2	60.2
俄罗斯	8.9	21.0	15.9	19.4	21.1	23.9	30.2	26.6	32.5	31.5	42.6
中国	8.3	119.4	90.1	101.7	133.3	167.5	166.1	211.9	212.6	153.1	166.6
南非	3.1	53.0	35.9	35.5	38.3	40.7	41.1	39.3	60.9	84.7	87.1

资料来源：

印度商工部商业知识和统计总局。

脚注：

(1) 该表所有数据均为财政年度数据，即当年 4 月 1 日到下年 3 月 31 日数据。

表 14.2.5.3 货物进出口贸易（主要商品）——印度

单位：亿美元

	2000	2014	2015	2016	2017	2018	2019	2020	2021	2022	2023
主要出口商品											
服装及其配饰，针织或钩织	17.9	76.5	76.7	82.2	80.0	78.2	75.1	63.5	81.8	77.1	67.4
服装及其配饰，非针织或钩织	38.0	91.9	93.2	91.6	87.2	83.4	79.9	59.4	78.5	84.9	78.0
电气机械和设备及其零件；录音机、扬声器，电视图像录像机及其零件	12.9	87.0	80.1	82.3	93.2	127.3	151.9	142.1	201.8	286.1	344.1
矿砂，矿渣及矿灰	4.6	9.8	6.9	19.0	18.0	18.4	31.6	52.4	36.1	21.9	42.7
塑料和塑料产品	7.0	50.8	52.5	52.9	63.5	80.1	69.2	68.7	90.5	76.7	73.8
食品厂的残渣和废料、加工动物饲料	4.6	16.3	8.0	11.1	14.6	19.2	11.7	20.2	15.8	25.0	27.8
大型和小型船只以及其他漂浮构造	0.5	52.7	39.8	45.2	30.7	57.0	45.6	44.9	36.4	40.4	40.6
不含铁路和索道用车的车辆及其零件和配件	9.3	144.7	143.6	149.5	172.6	181.0	167.1	136.4	197.6	212.2	208.9
医药产品	9.4	115.8	129.1	129.3	132.6	147.5	162.9	193.8	194.0	198.6	221.1
其他产品	1.1	5.3	5.5	5.5	5.5	6.2	6.2	5.2	6.8	7.6	7.2
主要进口商品											
核反应堆锅炉，机械及机械用具及其零件	42.4	317.3	328.7	320.9	378.2	438.4	433.7	370.3	505.9	543.8	574.1
钢铁	9.6	123.4	112.5	82.4	104.3	125.8	107.3	82.8	126.1	177.2	186.5
钢铁产品	3.1	39.8	37.4	34.7	42.1	51.0	46.6	37.8	47.1	47.9	51.1
有机化学产品	16.0	177.5	156.2	154.8	192.0	223.9	198.2	196.9	285.2	289.8	267.5
肥料	4.5	63.9	70.7	42.9	46.7	66.6	67.0	68.7	127.7	153.2	89.2
塑料及其制品	6.6	116.9	114.1	115.7	139.3	152.5	142.1	133.1	199.9	231.2	218.3
矿物燃料，矿物油及其蒸馏产品，烟煤，矿物蜡	175.5	1564.0	969.5	1031.6	1322.9	1678.7	1536.5	997.0	1948.6	2609.2	2190.5
电气机械和设备及其零件；录音机、扬声器，电视图像录像机、录音机及其零件	26.7	331.5	359.6	385.7	482.7	520.5	491.9	466.9	624.9	676.4	793.0
天然或养殖珍珠、宝石或准宝石、贵金属、镀金产品、仿首饰、硬币	97.2	623.8	565.4	537.7	747.1	647.2	544.9	552.0	816.6	739.3	784.7

资料来源：

印度商工部商业知识和统计总局。

脚注：

为财政年度数据。

表 14.4.5 国际收支平衡表——印度[1]

单位：亿美元

	2014			2015			2016			2017			2018		
	贷方	借方	净额	贷方	借方	净额	贷方	借方	净额	贷方	借方	净额	贷方	借方	净额
一、经常项目															
1.货物	3165.5	4614.8	−1449.4	2663.7	3964.4	−1300.8	2801.4	3925.8	−1124.4	3089.7	4690.1	−1600.4	3372.4	5175.2	−1802.8
2.服务及其他	2416.5	1235.6	1180.8	2350.4	1271.2	1079.3	2420.5	1440.3	980.3	2834.1	1720.9	1113.2	3064.8	1834.6	1230.3
经常项目总额(1+2)	5581.9	5850.5	−268.6	5014.1	5235.6	−221.5	5221.9	5366.1	−144.2	5923.8	6410.9	−487.2	6437.2	7009.8	−572.6
二、资本项目															
1.外商投资	3085.6	2351.0	734.6	2764.3	2445.4	318.9	3105.2	2673.0	432.2	3595.5	3071.5	524.0	3217.8	2916.8	300.9
2.贷款	1233.6	1201.7	31.8	1203.2	1249.6	−46.3	1205.3	1181.5	23.8	1471.1	1304.5	166.6	941.0	782.5	158.5
3.银行资本	900.9	784.8	116.2	888.8	782.5	106.3	836.7	1002.9	−166.2	956.7	794.8	161.9	928.0	853.7	74.3
4.卢比债务支出	0.0	0.8	−0.8	0.0	0.7	−0.7	0.0	1.0	−1.0	0.0	0.8	−0.8	0.0	0.3	−0.3
5.其他资本	289.1	278.1	11.1	244.2	211.0	33.2	359.3	283.7	75.6	412.8	350.7	62.1	338.1	327.5	10.6
资本项目总额(1+2+3+4+5)	5509.2	4616.3	892.9	5100.6	4689.3	411.3	5506.5	5142.0	364.5	6436.1	5522.2	913.9	5424.8	4880.8	544.0
三、误差与遗漏	10.9	21.1	−10.2	4.2	14.9	−10.7	3.8	8.6	−4.8	19.0	10.0	9.0	5.8	10.7	−4.9
总差额(一+二+三)	11102.0	10487.9	614.1	10118.9	9939.8	179.1	10732.2	10516.7	215.5	12378.9	11943.1	435.7	11867.8	11901.2	−33.4

单位：亿美元（续表 1）

	2019			2020			2021			2022			2023		
	贷方	借方	净额	贷方	借方	净额	贷方	借方	净额	贷方	借方	净额	贷方	借方	净额
一、经常项目															
1.货物	3204.3	4779.4	−1575.1	2963.0	3984.5	−1021.5	4291.6	6186.2	−1894.6	4560.7	7213.6	−2652.9	4414.8	6835.5	−2420.6
2.服务及其他	3217.1	1888.6	1328.5	3072.5	1811.9	1260.6	3696.0	2189.1	1506.9	4658.0	2675.7	1982.4	5014.2	2826.4	2187.8
经常项目总额(1+2)	6421.4	6668.0	−246.6	6035.5	5796.4	239.1	7987.6	8375.3	−387.7	9218.8	9889.3	−670.5	9429.0	9661.9	−232.9
二、资本项目															
1.外商投资	3685.3	3241.2	444.2	4000.0	3199.1	800.9	4780.0	4561.9	218.1	3850.9	3622.6	228.3	5406.8	4868.1	538.7
2.贷款	942.4	685.5	256.9	856.5	787.5	69.0	1054.6	718.5	336.1	1006.0	923.3	82.7	1145.1	1128.2	16.9
3.银行资本	847.2	900.3	−53.2	742.8	953.5	−210.7	1028.9	962.2	66.7	1293.7	1083.9	209.8	1488.7	1083.3	405.4
4.卢比债务支出	0.0	0.7	−0.7	0.0	0.6	−0.6	0.0	0.7	−0.7	0.0	0.7	−0.7	0.0	0.7	−0.7
5.其他资本	625.5	440.9	184.6	390.9	412.3	−21.4	750.6	512.6	237.9	575.0	505.7	69.3	462.2	559.8	−97.6
资本项目总额(1+2+3+4+5)	6100.4	5268.6	831.8	5990.2	5353.0	637.2	7614.0	6755.9	858.1	6725.5	6136.1	589.4	8502.8	7640.0	862.8
三、误差与遗漏	18.6	8.8	9.7	9.5	13.0	−3.5	14.3	9.7	4.6	9.0	19.2	−10.2	15.0	7.9	7.1
总差额(一+二+三)	12540.4	11945.4	595.0	12035.3	11162.4	872.9	15616.0	15141.0	475.0	15953.3	16044.7	−91.4	17946.8	17309.8	637.0

资料来源：

印度储备银行。

脚注：

(1) 为财政年度数据。

表 14.4.6 国际收支平衡表—— 伊朗

经常账户

单位：亿美元

年份	货物账户			服务账户		收入账户		经常转移账户		经常账户余额
	货物出口(离岸价)		货物进口(离岸价)	服务出口	服务进口	贷方	借方	贷方	借方	
	石油	非石油								
2017	627.7	332.7	738.4	96.1	184.3	29.5	21.1	10.5	3.4	149.2
2018	570.0	356.5	618.5	118.6	181.4	29.0	20.2	11.1	2.7	262.4
2019	260.5	339.3	580.9	115.1	160.1	21.2	21.1	11.7	2.2	−16.5
2020	210.4	288.1	466.1	42.1	82.1	11.5	17.5	10.0	3.4	−7.1
2021	387.2	407.5	636.3	65.2	118.8	12.8	17.7	15.4	3.9	111.4
2022	554.1	422.5	754.1	99.0	165.9	14.1	24.7	8.1	11.1	142.0

资本账户与国际储备变动

单位：亿美元

年份	净资本账户			国际储备变化
	短期	长期	总计	
2017	−201.4	6.9	−194.4	−81.4
2018	−120.8	21.4	−99.4	98.8
2019	−14.8	11.1	−3.7	6.7
2020	−75.4	12.2	−63.2	−26.4
2021	−81.5	−11.9	−93.3	9.0
2022	−150.3	−0.4	−150.7	40.3

外国投资

单位：亿美元

年份	总计	外商直接投资	证券市场投资
2011	43.2	43.1	0.1
2012	44.9	41.5	3.4
2013	33.3	32.6	0.7
2014	13.9	12.6	1.3
2015	9.5	8.8	0.7
2016	32.2	30.3	2.0
2017	24.3	23.6	0.7
2018	27.1	27.1	…
2019	10.0	9.1	0.9
2020	13.9	12.2	1.6
2021	8.8	8.4	0.5

表 14.2.7.1 货物进出口贸易——俄罗斯

单位：亿美元

	2000	2014	2015	2016	2017	2018	2019	2020	2021
从主要贸易伙伴的进口									
德国	39.0	329.8	204.4	194.6	242.3	255.2	251.1	234.2	273.4
荷兰	7.4	52.9	31.0	30.2	38.9	37.0	39.8	37.5	42.8
中国	9.5	507.7	349.5	380.2	480.6	522.3	541.7	549.5	728.3
意大利	12.1	127.3	83.2	78.4	101.0	105.9	109.1	102.0	120.6
土耳其	3.5	66.4	40.6	21.7	33.9	42.3	49.8	51.1	65.4
美国	26.9	185.0	114.5	106.9	125.9	125.3	131.9	132.0	161.5
法国	11.9	106.3	59.2	84.9	97.8	95.5	85.8	81.7	122.3
印度	5.6	31.7	22.6	24.0	29.0	32.3	39.2	34.6	44.3
巴西	3.9	39.7	29.2	25.2	32.0	24.5	21.5	20.1	22.2
南非	0.7	6.9	5.7	5.2	6.3	7.9	8.3	6.9	7.9
对主要贸易伙伴的出口									
德国	92.3	371.3	253.5	212.6	257.1	347.7	280.5	186.2	297.3
荷兰	43.5	680.4	408.5	292.2	355.8	434.1	447.9	248.2	421.4
中国	52.5	374.9	286.0	280.1	389.2	560.2	573.2	492.5	691.0
意大利	72.5	352.3	222.9	119.6	138.4	163.9	143.4	100.4	189.5
土耳其	31.0	249.4	192.9	135.4	184.1	212.9	211.8	161.0	270.2
美国	46.4	105.8	94.3	92.2	101.5	124.8	131.3	108.4	175.3
法国	19.0	75.8	57.1	47.8	58.3	76.5	63.7	46.8	99.7
印度	10.8	63.4	55.8	53.1	64.6	77.5	73.1	58.0	90.6
巴西	2.6	23.7	19.2	17.9	20.3	25.8	24.6	19.9	52.6
南非	0.3	2.9	2.7	2.0	2.0	2.9	2.8	2.9	3.4
主要进口商品[(1)]									
新鲜和冷冻肉类(包括禽肉)	9.7	50.9	28.5	20.9	24.4	18.3	17.0	12.7	13.1
药品	11.5	102.1	68.8	70.7	85.9	81.1	104.5	74.5	95.8
乘用车	4.5	131.6	64.9	60.4	67.0	72.6	79.1	54.3	80.0
主要出口商品[(1)]									
原油	252.8	1539.0	895.9	737.1	933.8	1292.0	1221.9	725.6	1112.1
原油产品	109.4	1158.1	674.5	461.9	582.5	782.3	669.7	453.5	697.5
天然气	166.4	546.9	417.8	312.8	386.9	491.5	416.3	256.8	564.0

资料来源：

俄罗斯联邦海关总署。

脚注：

(1) 数据来自俄罗斯联邦海关总署，包括与欧亚经济联盟成员国的对外贸易数据。

表 14.2.7.2 货物进出口贸易——俄罗斯（2021 年）

单位：万美元

商品	巴西	印度	中国	南非	所有国家
进口					
全部	222300	443100	7282700	79400	29056400
食用水果和坚果	5970	4240	12900	29900	583300
有机化学产品	2600	42600	231800	600	586800
塑料及其制品	1160	7470	297000	100	1277000
鞋类	580	5810	206200	10	366900
黑色金属	7920	19300	103000	1420	594200
黑色金属制品	420	7830	193600	190	646500
利用温度变化处理材料的设备或类似实验室	370	6990	133700	40	380000
自动数据处理设备及其零件	0	780	559000	0	781100
电话电报通信设备	490	46400	818400	10	1144600
汽车零部件	3410	15500	196100	1190	1067500
出口					
全部	526000	906000	6909800	34200	49290700
硬煤	43700	49500	388400	3910	1754700
原油	…	93500	3538100	…	11120800
石油产品	69500	76300	392800	1020	6975200
石油气和其他气态碳氢化合物	…	2390	284100	200	6521900
肥料	355200	44100	88700	12300	1250400
木材处理	…	1200	270700	10	615000
黑色金属	25600	12100	105600	510	2886600
铜及其制品	10	290	189000	0	605900
未经加工的铝	750	5520	73300	130	690000
涡轮喷气发动机和涡轮螺旋桨发动机	…	7870	176800	…	287300

资料来源：

俄罗斯联邦海关总署。

表 14.3.7 外国直接投资 (FDI)——俄罗斯 [1]

单位：亿美元

	2014	2015	2016	2017	2018	2019	2020	2021
FDI流入额(按资金来源地划分)	220.31	68.53	325.39	285.57	87.85	319.75	94.79	404.50
塞浦路斯	31.58	−70.69	−4.36	86.74	−101.08	79.32	−38.95	279.56
巴哈马群岛	36.38	51.08	58.02	62.11	10.09	11.43	6.29	11.86
卢森堡	−6.93	−57.70	−9.39	33.78	−5.06	−28.14	−108.03	−44.22
新加坡	1.62	1.85	162.74	27.03	15.87	5.30	85.78	5.90
英国	1.20	11.12	4.78	20.76	25.22	46.86	91.26	71.08
瑞士	24.72	2.03	18.42	15.11	16.90	0.23	−8.77	6.45
百慕大	17.77	22.39	25.51	12.56	8.43	9.67	11.09	7.76
爱尔兰	−5.31	6.23	−17.89	8.89	−38.50	31.93	−3.43	42.07
法国	22.24	16.86	19.97	8.54	11.34	20.44	14.60	1.59
泽西岛	−7.17	21.22	6.08	8.32	5.98	−0.55	10.09	13.93
美国	7.08	2.09	4.02	4.95	3.76	−1.05	4.02	3.76
中国香港	1.65	1.36	−0.30	5.73	1.35	26.87	22.97	8.48
德国	3.49	14.83	2.24	4.70	3.41	2.45	−14.49	36.28
哈萨克斯坦	3.57	4.33	3.50	2.05	1.59	1.30	0.96	3.39
FDI流出额(按资金流出目的地划分)	570.82	220.85	223.14	367.57	313.77	219.23	58.47	658.83
塞浦路斯	235.46	42.49	98.27	212.41	106.81	143.44	−11.56	470.78
奥地利	11.35	7.46	2.58	67.39	2.21	3.69	1.91	4.24
新加坡	8.17	3.83	8.88	61.36	15.66	19.23	1.46	9.05
瑞士	69.27	2.03	14.33	22.81	7.94	−21.52	27.18	29.19
卢森堡	6.39	7.86	−16.33	18.57	20.00	7.27	8.31	23.80
英属维尔京群岛	7.18	33.01	17.95	14.01	8.85	6.65	−1.19	−1.50
巴哈马群岛	7.56	10.54	12.05	13.00	12.58	2.23	1.05	7.69
泽西岛	−2.61	12.58	−1.12	8.65	7.52	11.96	22.93	17.83
哈萨克斯坦	6.57	6.43	4.76	7.27	3.66	1.87	0.64	6.07
德国	10.16	7.38	3.93	7.24	10.78	14.20	20.46	9.09
爱尔兰	0.91	4.79	11.39	6.34	20.32	8.32	11.30	8.53
法国	5.23	0.74	1.21	3.10	−0.65	2.63	1.22	1.01
意大利	5.87	1.17	1.65	2.97	0.31	1.36	1.39	0.47
百慕大	29.97	−2.61	4.80	2.79	−0.39	−5.61	−0.13	56.78

资料来源：

俄罗斯中央银行。

脚注：

(1) 根据俄联邦收支平衡表方法论计算，按照资产 / 负债的原则上报。符号 (−) 意味着减少。

表 14.4.7　国际收支平衡表——俄罗斯

单位：亿美元

项目	2015	2016	2017	2018	2019	2020
经常项目	678	245	322	1157	648	339
货物和服务	1112	663	832	1650	1285	744
初次分配收入	−377	−355	−421	−404	−535	−349
雇员报酬	−51	−18	−23	−33	−36	−11
投资	−327	−337	−398	−371	−500	−338
租金	0	1	1	1	1	1
二次分配收入	−57	−63	−90	−89	−102	−56
资本项目	−3	−8	−2	−11	−7	−5
金融项目	703	183	346	1167	626	362
直接投资	152	−102	82	226	−101	−34
证券投资	264	−24	−80	76	−127	253
金融衍生工具	71	0	4	−7	26	20
其他投资	198	227	114	490	163	261
储备资产	17	82	226	382	665	−138
净误差与遗漏	29	−54	26	21	−20	28

资料来源：

俄罗斯中央银行。

表 14.2.8 货物进出口贸易——南非（2023 年）

单位：万兰特

商品	巴西	俄罗斯	印度	中国	阿联酋	埃及	埃塞俄比亚	伊朗	所有国家
进口									
活动物	453439	15594	20605	178115	117	40	5	59	667974
蔬菜	179609	199085	346345	103439	6052	21449	13533	1177	870689
动物或植物脂肪	15710	…	11658	6967	391	17	0	…	34742
制备食品	67484	2798	118383	469879	48834	36878	20	64	744339
矿产品	139211	278556	4937053	869823	6180988	16766	0	50	12422447
化学品	151213	343017	1874269	2635529	104314	66260	4	62	5174367
塑料和橡胶	59170	5324	361155	1701983	60665	18492	2	35	2206826
生皮和皮革	9580	3	28849	295994	219	19	3	0	334668
木制品	35681	3556	4773	97445	881	0	…	0	142337
木材制浆和纸	112665	7377	80316	353097	35364	3783	1	0	592304
纺织品	5126	23	359491	2651234	5733	12766	233	636	3035241
鞋类	7467	98	49701	992344	133	3	45	0	1049792
玻璃石材	7015	125	121255	532575	60943	10324	2840	82	735160
贵金属	458	435	77925	73650	2241	4	0	…	154713
钢铁	285746	3750	348668	3226167	761679	3051	16	81	4629157
机械	526842	94826	1750077	21471191	88538	5294	18	778	23937565
车辆、飞机和船只	136374	1053	3031464	2066698	9889	418	0	0	5245896
摄影及医疗设备	17965	9576	88008	750663	6325	1417	1	198	874153
玩具及运动服装	9675	864	52929	1184657	1976	8151	0	1	1258253
艺术作品	45	7	909	2509	23	153	7	5	3658
其他未分类商品	3501	87	351	4091	785	71	48	1	8935
设备部件	421805	…	180415	770340	…	1112	…	0	1373672

表 14.2.8　货物进出口贸易——南非（2023 年）

单位：万兰特（续表 1）

商品	巴西	俄罗斯	印度	中国	阿联酋	埃及	埃塞俄比亚	伊朗	所有国家
出口									
活动物	886	538	1663	51081	69050	12968	6191	1213	143591
蔬菜	10465	413681	195776	884651	689547	3942	5957	2815	2206834
动物或植物脂肪	0	0	6	42	2290	3	3219	0	5561
制备食品	10428	39050	69094	126859	163441	1925	6960	111	417868
矿产品	231314	20335	6547108	14860189	383119	582	78	22668	22065393
化学品	121902	2785	350072	353577	193095	15260	8794	173	1045659
塑料和橡胶	14961	968	21354	59589	25008	1288	977	34	124179
生皮和皮革	746	178	3402	41787	1183	1	27	73	47396
木制品	12	16	16120	67036	11714	0	16	…	94915
木材制浆和纸	312	27	1059611	609838	8969	268	555	0	1679581
纺织品	5336	1328	14843	428389	7233	7879	433	…	465442
鞋类	524	…	12	25506	826	49	28	…	26944
玻璃石材	2172	92	10774	19627	3975	129	278	80	37127
贵金属	190	30	160158	378302	2219071	0	…	…	2757751
钢铁	142445	6540	313789	4584790	406197	20717	1093	628	5476198
机械	200206	22359	156154	76105	260918	20662	16018	1120	753542
车辆、飞机和船只	78216	909	9195	76639	181333	9213	2565	362	358432
摄影及医疗设备	4684	7764	8368	5167	20718	1188	2289	1731	51909
玩具及运动服装	8241	2722	582	683	8639	622	289	…	21779
艺术作品	42	400	347	278	2367	34	0	3	3472
其他未分类商品	655	13	6931	4	67128	766	1191	19	76706
设备部件	…	…	12	…	…	…	…	…	12

资料来源：

南非税务局。

表 14.4.8 国际收支平衡表——南非（2023 年）

单位：亿美元

项 目	差 额	贷 方	借 方
经常项目	−61	1405	1466
货物差额(离岸价)[1]	56	1104	1048
服务和收益(净额)	−95	260	355
服务	−44	143	186
收益	−52	117	169
经常性转移	−22	41	63
资本与金融项目[2][3][4]	22	−167	−188
资本项目[5]	0	0	0
金融项目	22	−167	−188
直接投资	63	35	−28
证券投资	−66	−54	13
金融衍生工具	24	−145	−168
其他投资	1	−3	−4
误差与遗漏[2][6]	−32	…	…
总差额[2]	7	0	−7

资料来源：

南非储备银行。

脚注：

(1) 按国际收支平衡目的对公共海关数据进行了调整。

(2) 外国人对在南非企业的投资额，在附属企业或总公司拥有至少有 10% 的投票权。

(3) 南非居民在境外企业的投资，在企业的投票权至少在 10% 以上。

(4) 经常项目、资本转移和金融项目交易。

(5) 黄金商品。1981 年之前，黄金出口净额为对国外销售的黄金净额加上南非储备银行和其他银行机构黄金持有量的变动额。

(6) 与外汇储备相关的负债包括南非储备银行的所有对外负债以及中央政府从国际组织获得的短期贷款。

表 14.2.9.1 货物进出口贸易——阿联酋

单位：亿美元

	2014	2015	2016	2017	2018	2019	2020	2021	2022
从主要贸易伙伴的进口									
中国	450	445	421	482	380	408	393	518	672
印度	221	218	226	202	231	267	165	209	273
美国	239	240	251	231	208	199	165	168	214
日本	140	138	133	140	138	126	95	109	120
土耳其	44	42	52	76	34	35	30	96	96
沙特阿拉伯	49	53	62	69	76	68	65	74	93
意大利	73	69	68	68	66	66	55	80	87
德国	141	144	149	119	109	101	73	83	85
俄罗斯	26	17	14	17	22	28	19	37	82
英国	92	79	68	68	77	73	59	54	77
对主要贸易伙伴的出口									
沙特阿拉伯	157	175	133	147	217	240	218	266	281
印度	130	124	133	145	129	147	115	239	241
伊拉克	132	123	93	122	113	137	131	143	215
美国	31	38	51	74	63	64	54	77	115
阿曼	60	63	62	76	103	109	97	101	106
中国香港	50	57	50	54	63	56	78	107	103
中国	29	30	42	50	51	94	80	91	101
科威特	54	57	50	51	84	85	70	91	100
瑞士	56	48	83	37	94	137	99	86	98
土耳其	32	31	34	57	43	38	59	39	79

资料来源：

阿联酋联邦竞争力和统计中心（海关数据）。

表 14.2.9.2 货物进出口贸易——阿联酋

单位：亿美元

	2014	2015	2016	2017	2018	2019	2020	2021	2022
主要出口商品									
黄金，包括镀铂的金，未锻造半制成或粉末状	122	164	193	166	157	191	293	338	356
有线电话或有线电报电气设备，包括有线电话机	178	171	134	164	188	215	206	245	280
无论是否经过加工但未镶嵌或设置的钻石	137	127	128	139	135	116	87	166	197
石油和从沥青矿物中获得的油，原油除外；以上述油为基本成分的其他加工品	43	39	41	49	42	111	65	88	143
镶嵌钻石的贵金属或包贵金属的首饰及其零件	118	121	126	146	157	164	63	98	131
主要为运输人员而设计的汽车和其他机动车辆	77	76	68	84	87	77	60	68	87
自动数据处理机及其部件；其他品目未列名的磁性或光学阅读机	57	48	37	34	43	43	53	62	76
未锻造铝	36	47	45	55	51	43	33	64	63
烟草或烟草代用品制的雪茄烟、卷烟	30	34	40	48	42	43	40	44	51
品目为87.01至87.05所列车辆用的机动车辆零件和附件	22	22	18	23	25	25	25	29	39

表 14.2.9.2 货物进出口贸易——阿联酋

单位：亿美元（续表 1）

	2014	2015	2016	2017	2018	2019	2020	2021	2022
主要进口商品									
黄金，包括镀铂的金，未锻造半制成或粉末状	294	258	336	330	277	321	373	482	595
有线电话或有线电报电气设备，包括有线电话机	250	257	242	303	201	222	204	274	324
无论是否经过加工但未镶嵌或设置的钻石	128	124	131	140	119	109	85	147	176
主要为运输人员而设计的汽车和其他机动车辆	160	157	139	158	154	139	103	127	171
石油和从沥青矿物中获得的油，原油除外；以上述油为基本成分的其他加工品	64	60	87	84	116	124	84	90	161
镶嵌钻石的贵金属或包贵金属的首饰及其零件	98	87	85	62	134	149	61	101	127
自动数据处理机及其部件，其他品目未列名的磁性或光学阅读机	86	74	63	67	60	58	68	84	99
涡轮喷气发动机、涡轮螺旋桨发动机和其他燃气轮机	49	41	55	57	62	59	41	43	66
药品，不包括品目为30.02、30.05或30.06的药品或混合药	29	30	31	33	32	32	34	36	39
品目为87.01至87.05所列车辆用的机动车辆零件和附件	33	29	30	31	27	29	25	30	34

资料来源：

阿联酋联邦竞争力和统计中心（海关数据）。

主要统计指标解释

巴西

2015 年 4 月开始，巴西直接投资数据与 IMF 编制的第六版《国际收支和国际投资头寸手册》(BPM6) 中的概念和标准一致，采用资产和负债原则记录。数据包括了 2010 年以来再投资收益流量。根据 BPM6，外国直接投资 (FDI) 被“直接投资－负债”替代。

表 14.3.1 的标题作了改变，因为采用了第六版《国际收支和国际投资头寸手册》。

表 14.4.1 根据第六版《国际收支和国际投资头寸手册》作了调整。

中国

对外贸易统计及口径 中国的对外贸易统计由海关总署承担。统计依据是中国各地海关对进出口货物执行实际监管的进出口报关单。对外贸易统计包括中国对外贸易实际进出口货物；通过中国关境的转口贸易货物；加工贸易进出口货物；租赁期一年及以上的租赁贸易货物；外商投资企业进出口货物；国家间和国际组织无偿援助的物资以及华侨、港澳台同胞和外籍华人的捐赠品。不包括：未通过中国关境的转口贸易货物；租赁期一年以下的进出境货物；暂时进出口尚需复运出进口的货物；进出境运输工具添加的燃料和食品以及经过中国领土的直接过境货物。

进口和出口价值 进口货物统计到岸价格 (CIF)，出口货物统计离岸价格 (FOB)。到岸价格包括货价、加上货物运抵中国关境输入地点起卸前的包装费、运费、保险费和其他劳务费等费用。离岸价格不包括货物离开中国关境后运费、保险费和其他费用。统计价格分别以人民币和美元计值。如果成交价格为其它货币，则根据国家外汇管理部门公布的折算率分别折算成人民币和美元。

贸易伙伴 进出口国家(地区)进口货物统计原产国，出口货物统计最终目的地国。原产国指进口货物生产、开采或加工制造的国家(地区)。对经过两个以上国家(地区)加工制造的进口货物，则以最后一个对货物进行经济上可以视实质性加工的国家(地区)作为该货物的原产国。原产国确实不详时，按“国别不详”统计。最终目的地国指出口货物已知的消费、使用或进一步加工制造国家(地区)，包括直接使用或进行加工的国家(地区)。最终目的地国不能确定时，按货物出口时尽可能预知的最后运往国(地区)统计。

FDI 流入 指外国企业和经济组织或个人(包括华侨、港澳台胞以及我国在境外注册的企业)按我国有关政策、法规，用现汇、实物、技术等在我国境内开办外商独资企业、与我国境内的企业或经济组织共同举办中外合资经营企业、合作经营企业或合作开发资源的投资(包括外商投资收益的再投资)，以及经政府有关部门批准的项目投资总额内企业从境外借入的资金。

FDI 流出 指我国国内投资者以现金、实物、无形资产等方式在国外及港澳台地区设立、购买国(境)外企业，并以控制该企业的经营管理权为核心的经济活动。

国际收支平衡表 是特定时期居民与非居民之间的经济交易汇总表。

国际投资头寸 (IIP) 是指一经济体居民对非居民的债权或作为储备资产持有的金块等金融资产，以及一经济体居民对非居民负债的价值。

印度

出口 是指作为贷方计入由出口商在货物运送单中申报的最终目的地国家的金额，无论货物是否通过海港运出。最终目的地国家是指从印度出口货物的运送目的地，无论是通过未经转运的海运或者空运运出。

进口 是根据交送货物到印度的国家来分类，而跟直接运送到印度的国家无关。交送的国家是指货运通过陆地和海运或者仅海运或者航空运送来的地方，没有中途从一种交通工具到另一种的转运或者转让。因此运送国家不是指货物来源国家，它可能被另外一个国家的公司购买，然后运送到印度。

进口、出口和转口数据 是按照印度贸易分类进行产品分类的(基于编码协调制度)。

外债余额占 GDP 比重 包括由于多边贷款、双边贷款、国际货币基金组织的贸易信贷、对外商业借款；非印度常住居民存款、以卢比债务及短期存款。

国际收支平衡表中的经常项目中，交易划分为有形的货物交易（出口和进口）和无形交易。无形交易可以进一步划分为三类，一是服务往来，包括旅游、运输、保险、难以划入别的类别的政府服务以及其他服务（例如通信、建筑、金融、软件、通讯社、特许使用权、管理和商业服务），二是收益，三是无任何补偿的转移（包括赠予、礼物和国外汇款等）。资本项目中，资本流入额可按金融工具（负债或股权）和资本期限（长期资本或短期资本）进行分类。

资本项目主要包括外国投资、贷款和银行资本。外国投资包括外国直接投资、贷款和银行资本。外国投资和优惠外国直接投资（包括外国机构投资者投资、美国银行证券存单、全球预托证券）属于非债务负债，而外国援助贷款（外国商业借款和贸易信贷）和银行资本（包括印度侨民存款）属于负债。

俄罗斯

货物出口 是指离开俄罗斯海关、但不一定再由俄罗斯进口的货物出境，包括国内货物的出口和再出口。国内货物包括从国外进口到俄罗斯但在俄罗斯进行了很大程度的加工（货物的主要质量和技术特征有所改变）。再出口是指进口的货物再次离开俄罗斯边境，进口时无需支付关税、货物税，可获得退税，但不适用于受到禁运或限制的货物。货物出口采用离岸价格或出口国的边境价格。

货物进口 是指进入俄罗斯联邦境内的商品，不一定会再次出口国外。进口商品包括用于国内消费的商品以及再次进口的商品。再进口包括离开俄罗斯边境再次进口的货物，进口时无需支付关税、货物税，但不适用于受到禁运或限制的货物。进口采用离岸价格或进口国的边境价格（即到岸价格，包括保险费、将货物运输到进口国的费用等）。

国际收支平衡表 国际收支平衡表中的数据是按照国际货币基金组织《国际收支平衡表和国际投资头寸手册》第六版编制的。

表 14.2.2 中俄罗斯进出口数据只提供了与主要贸易伙伴和金砖国家之间的进出口数据。

第十五章 旅游

表 15.1　旅游（按洲划分的入境旅游人数）

单位：人次

国家和地区	2000	2014	2015	2016	2017	2018	2019	2020	2021	2022	2023
非洲											
巴西	34500	128300	111000	81400	70400		…	…	…	…	…
中国	65600	596900	580200	588800	629100	674100	685700	…	…	…	…
埃及	…	…	…	…	…	…	…	…	…	…	…
埃塞俄比亚	…	…	…	…	…	…	…	…	…	…	…
印度	90200	280800	293600	302200	318000	351200	362300	90300	68900	234500	321100(P)
伊朗	…	…	…	…	…	…	…	…	…	…	…
俄罗斯(1)	…	37100	39800	35200	40000	93800	50200	12400	22300	23400	32900
南非	…	7279800	6746100	7501500	7559300	7786400	7600800	2137500	1873600	4237300	6410400
阿联酋	…	…	90100	93700	101300	119600	137000	50200	79400	…	…
美洲											
巴西	3803100	4040600	4208500	4487800	4767600	…	…	…	…	…	…
中国	1215700	3106500	3115300	3381300	3545400	3788500	3645300	…	…	…	…
埃及	…	…	…	…	…	…	…	…	…	…	…
埃塞俄比亚	…	…	…	…	…	…	…	…	…	…	…
印度	455400	1457400	1565800	1692900	1804400	1908800	1962800	543900	517100	1738800	2096400(P)
伊朗	…	…	…	…	…	…	…	…	…	…	…
俄罗斯(1)	…	390200	385600	383300	468500	693900	482100	31300	39300	23700	30100
南非	…	434900	403800	473700	545500	561200	560700	99400	326200	455900	…
阿联酋	…	321400	117500	113500	118600	120800	124500	36400	57500	…	…
亚洲											
巴西	103800	256700	305300	309600	263800	…	…	…	…	…	…
中国	6101500	16331300	16594700	17860000	18326700	19120700	20318600	…	…	…	…
埃及	…	…	…	…	…	…	…	…	…	…	…
埃塞俄比亚	…	…	…	…	…	…	…	…	…	…	…
印度	1065700	3341100	3619900	4010000	4897200	5165600	5520500	1209700	523200	2533000	4061800(P)
伊朗	…	…	…	…	…	…	…	…	…	…	…
俄罗斯(1)	…	8781700	10167600	9104900	9089300	9254400	9794100	1699800	1738500	3574300	6075200
南非	…	269200	251500	327900	317200	311000	311400	43700	117900	199300	…
阿联酋(2)	…	450400	513000	556530	635560	668860	704250	249140	393986	…	…

表 15.1 旅游（按洲划分的入境旅游人数）

单位：人次

国家和地区	2000	2014	2015	2016	2017	2018	2019	2020	2021	2022	2023
欧洲											
巴西	1266100	1779300	1610400	1583700	1432900	…	…	…	…	…	…
中国	2489000	5514300	4916700	5471500	5911600	6044300	6332700	…	…	…	…
埃及	…	…	…	…	…	…	…	…	…	…	…
埃塞俄比亚	…	…	…	…	…	…	…	…	…	…	…
印度	925700	2282900	2211300	2435400	2606500	2709700	2634900	792800	378000	1488200	2227000[P]
伊朗	…	…	…	…	…	…	…	…	…	…	…
俄罗斯[1]	…	15508100	15418300	14174900	13848500	13474500	12972100	4079400	4420200	2737400	1039600
南非	…	1379300	1331300	1544000	1660800	1618800	1556500	217200	900700	1244900	…
阿联酋	…	271000	500600	520900	565300	594300	625600	222300	351500	…	…
大洋洲											
巴西	21900	80400	44700	66100	43400	…	…	…	…	…	…
中国[3]	281800	810100	776400	825500	892200	913100	898900	…	…	…	…
埃及	…	…	…	…	…	…	…	…	…	…	…
埃塞俄比亚	…	…	…	…	…	…	…	…	…	…	…
印度	67600	286300	312100	348900	386100	412600	438900	105000	38900	4235700	518000[P]
伊朗	…	…	…	…	…	…	…	…	…	…	…
俄罗斯[1]	…	51000	44500	49100	55200	75500	66000	2800	1100	1100	2000
南非	…	132100	118900	131900	133700	131300	128200	4900	65300	105900	…
阿联酋	…	…	…	…	…	…	…	…	…	…	…
其他											
巴西	84000	144600	15300	18100	10700	…	…	…	…	…	…
中国	6800	1800	2100	2200	2200	2200	2300	…	…	…	…
埃及	…	…	…	…	…	…	…	…	…	…	…
埃塞俄比亚	…	…	…	…	…	…	…	…	…	…	…
印度	40500	30700	24600	15000	23600	10000	10800	3000	1100	7300	11300[P]
伊朗	…	…	…	…	…	…	…	…	…	…	…
俄罗斯[1]	…	669800	795900	823100	888500	958800	1054200	533300	858400	1882600	1030600
南非	…	53900	52200	65100	68600	63500	71100	16800	50800	67000	…
阿联酋[4]	…	580400	710230	804920	759770	805630	936814	250433	396030	…	…

资料来源：

巴西

巴西旅游部。

中国

1. 中国国家统计局，《中国统计年鉴》，2000-2021 年。
2. 中华人民共和国文化和旅游部，《中国旅游年鉴》，2000-2021 年。

埃塞俄比亚

埃塞俄比亚旅游部。

印度

印度旅游部。

俄罗斯

俄罗斯联邦统计局。

南非

南非统计局。

阿联酋

阿联酋联邦竞争力和统计中心。

脚注：

大洋洲包括澳大利亚、新西兰、新几内亚岛以及太平洋周边岛屿。

中国

(3) 指大洋洲和太平洋岛屿。

印度

(P) 2023 年数据为初步数据。

俄罗斯

(1) 指入境旅游人次，数据根据 2019 年新修订的统计方法进行调整。

阿联酋

(2) 亚洲包括大洋洲。

(4) 其他包括中东。

表 15.2.1 外国人境旅游人数（排名前 15 位的来源地国家）——巴西

单位：人次

国家	2000	2014	2015	2016	2017
总计	4772575	6429852	6305838	6546696	6588770
阿根廷	1374461	1743930	2079823	2294900	2622327
美国	596844	656801	575796	570350	475232
智利	153921	336950	306331	311813	342143
巴拉圭	285724	293841	301831	316714	336646
乌拉圭	304682	223508	267321	284113	328098
法国	184759	282375	261075	263774	254153
德国	320050	265498	224549	221513	203045
英国	143626	217003	189269	202671	185858
意大利	216038	228734	202015	181493	171654
葡萄牙	165898	170066	162305	149968	144095
哥伦比亚	50335	158886	118866	135192	140363
西班牙	126928	166759	151029	147846	137202
玻利维亚	107664	95300	108149	138106	126781
秘鲁	48405	117230	113078	114276	115320
墨西哥	40765	109637	90361	94609	81778
其他	652475	1363334	1154040	1119358	924075

资料来源：

1. 巴西联邦警察局。
2. 巴西旅游部。

表 15.3.1 外国入境旅游人数（按大洲和地区划分）——巴西

单位：人次

大洲和地区	2000	2014	2015	2016	2017
总计	4772575	6429852	6305838	6546696	6588770
北美洲	693238	844969	734450	735062	605961
中南美洲	2438455	3195597	3474058	3752756	4161647
西欧[1]	1392803	1703298	1509828	1481709	1361041
东欧[2]	…	76016	100542	101999	71875
非洲	36352	128252	110983	81391	70351
东南亚[3]	…	…	26002	22958	19182
东亚[4]	82620	187660	187846	199000	172969
西亚[5]	26178	43340	64424	61382	53096
南亚[6]	…	25675	27025	26212	18576
大洋洲[7]	23486	80447	55421	66116	43380
其他	79443	144598	15259	18111	10692

资料来源：

巴西旅游部。

脚注：

(1) 包括奥地利、比利时、丹麦、芬兰、法国、德国、希腊、爱尔兰、意大利、荷兰、挪威、葡萄牙、西班牙、瑞典、瑞士、英国、卢森堡。

(2) 包括匈牙利、波兰、独联体、克罗地亚、斯洛伐克、斯洛文尼亚、爱沙尼亚、拉脱维亚、立陶宛、塞尔维亚、罗马尼亚、捷克共和国、乌克兰。

(3) 包括印度尼西亚、马来西亚、缅甸、菲律宾、新加坡和泰国。

(4) 包括中国大陆、中国香港、日本、韩国和中国台湾。

(5) 包括以色列、沙特阿拉伯、叙利亚、土耳其、阿拉伯联合酋长国、伊朗、伊拉克、黎巴嫩。

(6) 包括巴基斯坦、孟加拉国、印度。

(7) 包括澳大利亚、新西兰、新几内亚岛和太平洋周边岛屿。

表 15.2.2 入境旅游人数（排名前 17 位的来源地国家或地区）——中国

单位：万人次

国家或地区	2000	2014	2015	2016	2017	2018	2019	2020	2021	2022	2023
总计[1]	1016.0	2636.1	2598.5	2813.0	2917.0	3054.3	3188.3	…	…	…	1378.4
韩国	134.5	418.2	444.4	477.5	386.4	419.3	…	…	…	…	…
越南	108.0	204.6	216.1	234.0	252.7	316.2	…	…	…	…	…
日本	220.2	271.8	249.8	259.0	268.3	269.1	…	…	…	…	…
美国	89.6	209.3	208.6	224.9	231.3	248.5	…	…	…	…	…
俄罗斯	…	170.9	158.2	197.7	235.7	241.5	…	…	…	…	…
蒙古	39.9	108.3	101.4	158.1	186.5	191.6	…	…	…	…	…
马来西亚	44.1	113.0	107.5	116.5	123.3	129.1	…	…	…	…	…
菲律宾	36.4	96.8	100.4	113.5	116.9	120.5	…	…	…	…	…
新加坡	39.9	97.1	90.5	92.5	94.1	97.8	…	…	…	…	…
印度	24.1	61.3	64.1	79.9	82.2	86.4	…	…	…	…	…
加拿大	23.7	66.7	68.0	74.1	80.6	85.0	…	…	…	…	…
泰国	23.4	67.2	63.7	75.3	77.7	83.3	…	…	…	…	…
澳大利亚	12.1	71.0	73.0	67.5	73.4	75.2	…	…	…	…	…
德国	23.9	66.3	62.3	62.5	63.5	64.3	…	…	…	…	…
英国	28.4	60.5	58.0	59.5	59.2	60.8	…	…	…	…	…
巴西	…	9.5	8.5	9.3	10.5	11.9	…	…	…	…	…
南非	…	6.8	6.5	6.7	7.5	8.4	…	…	…	…	…

资料来源：

中华人民共和国文化和旅游部，《中国旅游统计年鉴》，2000-2023 年。

脚注：

2018 年排名前 17 位的国家和地区以及除中国以外的其他金砖国家。

(1) 数据包括所有来中国的外国游客。

表 15.3.2　外国入境旅游人数（按大洲和国家划分）——中国

单位：万人次

大洲和国家	2000	2014	2015	2016	2017	2018	2019	2020	2021	2022	2023
总计	1016.0	2636.1	2598.5	2813.0	2917.0	3054.3	3188.3	…	…	…	1378.4
亚洲	610.2	1633.1	1659.5	1786.0	1832.7	1913.1	…	…	…	…	…
朝鲜	7.6	18.4	18.8	21.0	23.0	25.1	…	…	…	…	…
印度	12.1	71.0	73.0	79.9	82.2	86.4	…	…	…	…	…
印度尼西亚	22.1	56.7	54.5	63.4	68.3	71.2	…	…	…	…	…
日本	220.2	271.8	249.8	259.0	268.3	269.1	…	…	…	…	…
马来西亚	44.1	113.0	107.5	116.5	123.3	129.1	…	…	…	…	…
蒙古	39.9	108.3	101.4	158.1	186.5	191.6	…	…	…	…	…
菲律宾	36.4	96.8	100.4	113.5	116.9	120.5	…	…	…	…	…
新加坡	39.9	97.1	90.5	92.5	94.1	97.8	…	…	…	…	…
韩国	134.5	418.2	444.4	477.5	386.4	419.3	…	…	…	…	…
泰国	24.1	61.3	64.1	75.3	77.7	83.3	…	…	…	…	…
非洲	6.6	59.7	58.0	58.9	62.9	67.4	…	…	…	…	…
南非	…	6.8	6.5	6.7	7.5	8.4	…	…	…	…	…
欧洲	248.9	551.4	491.7	547.2	591.2	604.4	…	…	…	…	…
英国	28.4	60.5	58.0	59.5	59.2	60.8	…	…	…	…	…
德国	23.9	66.3	62.3	62.5	63.5	64.3	…	…	…	…	…
法国	18.5	51.7	48.7	50.4	49.5	50.0	…	…	…	…	…
意大利	7.8	25.3	24.6	26.7	28.1	27.8	…	…	…	…	…
荷兰	7.6	18.0	18.2	20.0	19.4	19.6	…	…	…	…	…
葡萄牙	2.3	5.2	5.3	5.5	5.6	5.6	…	…	…	…	…
瑞典	5.4	14.2	11.8	11.5	11.2	11.0	…	…	…	…	…
瑞士	3.1	8.0	7.3	7.3	7.2	7.4	…	…	…	…	…
俄罗斯	108.0	204.6	158.2	197.7	235.7	241.5	…	…	…	…	…
拉丁美洲	8.3	34.6	35.0	39.0	42.6	45.4	…	…	…	…	…
巴西	…	9.5	8.5	9.3	10.5	11.9	…	…	…	…	…
北美洲	113.3	276.0	276.6	299.1	311.9	333.5	…	…	…	…	…
加拿大	23.7	66.7	68.0	74.1	80.6	85.0	…	…	…	…	…
美国	89.6	209.3	208.6	225.0	231.3	248.5	…	…	…	…	…
大洋洲及太平洋岛屿	28.2	81.0	77.6	82.5	89.2	91.3	…	…	…	…	…
澳大利亚	23.4	67.2	63.7	67.5	73.4	75.2	…	…	…	…	…
新西兰	3.8	12.7	12.5	13.6	14.4	14.6	…	…	…	…	…
其他	0.7	0.2	0.2	0.2	0.2	0.2	…	…	…	…	…

资料来源：

中国国家统计局，《中国统计年鉴》，2000-2023 年。

表 15.2.3 入境旅游人数（按大洲和地区划分）——埃及

单位：人次

大洲和地区	2000	2014	2015	2016	2017
总计	…	…	…	…	…
北美洲	…	209024	251232	245760	298175
中南美洲	…	35228	42802	33117	60145
西欧	…	…	…	1763360	2872484
东欧	…	3119993	3273759	822893	1799203
非洲	…	398703	418404	498295	645860
东南亚	…	…	…	…	…
东亚	…	88348	142615	209577	335601
西亚	…	…	…	…	…
南亚	…	174561	202417	202523	265660
大洋洲	…	26226	28919	27291	34970
其他	…	1367892	14247629	1596128	1980228

资料来源：

护照、移民和国籍总局。

表 15.2.4 外国人境旅游人数（按大洲划分）——埃塞俄比亚

单位：人次

大洲	2000	2014	2015	2016	2017	2018	2019	2020	2021	2022
非洲	33526	232416	260568	262486	281568	249252	243674	136694	341708	644861
美洲	20254	150367	168580	171737	182486	176513	160524	39240	68113	73471
亚洲	22124	156238	175162	175206	189023	175335	164906	41397	51947	86465
欧洲	33033	231407	259432	261168	280266	248022	242500	50045	56431	91758
大洋洲	…	…	…	…	…	…	…	…	…	…
其他	…	…	…	…	…	…	…	…	…	…

表 15.2.5 外国入境旅游人数（排名前 18 位的来源地国家）——印度

单位：人次

国家	2001	2014	2015	2016	2017	2018	2019	2020	2021	2022	2023(P)
总计	2537282	7679099	8027133	8804411	10035803	10557976	10930355	2744766	1527144	6437467	9236108
孟加拉国	431312	942562	1133879	1380409	2156557	2256675	2577727	549273	240554	127757	2056838
美国	329147	1118983	1213624	1296939	1376919	1456678	1512032	394092	409860	143399	1642847
英国	405472	838860	867601	941883	986296	1029757	1000292	291874	164143	641051	894182
斯里兰卡	112813	301601	299513	297418	303590	353684	330861	68646	25989	183459	270603
俄罗斯	15154	269832	172419	227749	278904	262309	251319	102166	17567	97911	158585
加拿大	88600	268485	281306	317239	335439	351040	351859	122868	80437	289259	373712
德国	80011	239106	248314	265928	269380	274087	264973	72558	33772	141425	216784
法国	102434	246101	230854	238707	249620	261653	247238	74243	30374	120282	184083
马来西亚	57869	262026	272941	301961	322126	319172	334579	69897	6628	126192	254562
日本	80634	219516	207415	208847	222527	236236	238903	48191	15358	64196	146487
澳大利亚	52691	239762	263101	293625	324243	346486	367241	86758	33864	376898	441782
中国	13901	181020	206322	251313	247235	281768	339442	39586	3163	11762	30169
新加坡	42824	150731	152238	163688	175852	183581	190089	33747	13407	132668	177443
韩国	27150	106870	102993	111076	142383	150536	149445	32302	13330	49423	95222
意大利	41351	91589	88091	95417	111915	126931	128572	31186	13659	62226	112951
尼泊尔	41135	126416	154720	161097	164018	174096	164040	40822	52544	138203	189855
巴基斯坦	52762	96434	124924	104720	44266	41659	39018	14232	8163	16637	27672
泰国	18 623	121362	115860	119663	140087	166293	169956	52626	4668	54367	111526
其他	543399	1857843	1891018	2026732	2184446	2285335	2272769	619699	339295	3803737	1850805

资料来源：

印度旅游部。

脚注：

(P) 2023 年数据为初步数据。

表 15.3.5 外国入境旅游人数（按大洲和地区划分）——印度

单位：人次

大洲和地区	2001	2014	2015	2016	2017	2018	2019	2020	2021	2022	2023(P)
总计	2537282	7679099	8027133	8804411	10035803	10557976	10930355	2744766	1527114	6437467	9236108
北美洲	417747	1387468	1494930	1614178	1712358	1807718	1863892	516960	510299	1692659	2016564
中南美洲	21925	69926	70831	78730	92067	101085	98926	26968	6798	46157	79849
西欧	819973	1860580	1880203	2029412	2133673	2243635	2178441	624615	334850	1300210	1886158
东欧	38863	422278	331051	406002	472872	466049	456481	168145	43114	187964	340861
非洲	90962	280754	293569	302164	318023	351198	362308	90296	68914	234483	321130
西亚	96424	413678	417616	451842	457760	449548	431943	97651	52174	260346	340720
南亚	672133	1694857	1946207	2194555	2951665	3104422	3375819	750061	398722	1723016	2679372
东南亚	139975	685805	700298	746069	824575	887088	930540	231622	38474	412780	738102
东亚	130464	546792	555770	617563	663295	724568	782225	130383	33762	136852	304094
大洋洲(1)	66104	286294	312101	348908	386059	412628	438939	105047	38865	4235674	517986
其他	42712	30667	24557	14988	23456	10037	10841	3018	1142	7326	11272

资料来源：

印度旅游部。

脚注：

(1) 包括澳大利亚、新西兰、新几内亚岛和太平洋周边岛屿。

(p) 2023 年数据为初步数据。

表 15.2.6 外国入境旅游人数（排名前 10 位的来源地国家）——伊朗

单位：人次

年份	总计	第1位国家		第2位国家		第3位国家		第4位国家		第5位国家	
2017	4480918	伊拉克	1356185	阿塞拜疆	959653	阿富汗	860079	土耳其	573849	巴基斯坦	273273
2018	5439151	伊拉克	2598230	阿塞拜疆	1829	阿富汗	1034275	土耳其	947033	巴基斯坦	304677
2019	8333675	伊拉克	3165839	阿塞拜疆	1879935	阿富汗	1265291	土耳其	1002268	巴基斯坦	411353
2020	608412	阿富汗	363850	土耳其	84268	伊拉克	45345	阿塞拜疆	30284	俄罗斯	28627
2021	1641752	伊拉克	672526	阿富汗	405745	土耳其	258502	阿塞拜疆	100389	巴基斯坦	53259
2022	3978948	伊拉克	1837441	阿富汗	812723	土耳其	573635	巴基斯坦	220722	阿塞拜疆	183137

年份	第6位国家		第7位国家		第8位国家		第9位国家		第10位国家	
2017	土库曼斯坦	149949	巴林	88012	科威特	78140	印度	72809	中国	68969
2018	土库曼斯坦	170984	亚美尼亚	163693	巴林	78986	科威特	71261	印度	68183
2019	亚美尼亚	193706	土库曼斯坦	177929	阿曼	85432	巴林	78942	科威特	72980
2020	亚美尼亚	20941	印度	13863	阿曼	9307	巴基斯坦	7682	叙利亚	4245
2021	阿曼	43045	亚美尼亚	30240	俄罗斯	29694	巴林	26980	科威特	21372
2022	亚美尼亚	102823	阿曼	84787	科威特	60049	巴林	59011	印度	44620

表 15.2.7 外国入境旅游人数（排名前 18 位的来源地国家）——俄罗斯 (1)

单位：人次

国家	2014	2015	2016	2017	2018	2019	2020	2021	2022	2023
总计(2)	25437893	26851658	24570518	24390002	24550910	24418749	6358959	7079810	8242510	8210405
中国	873792	1121536	1288720	1478212	1690186	1882820	81924	18225	29713	477052
格鲁吉亚	42960	47216	65336	78817	73366	68985	16970	18640	34152	117268
爱沙尼亚	330814	357377	414147	414905	477915	523186	93935	17927	54153	106516
德国	583824	553493	566434	580366	645157	689966	52897	91765	60510	97894
土耳其	262549	238541	42658	79749	83835	86708	36901	58456	48734	81945
芬兰	1380179	1415853	1319030	1016738	949796	895931	165268	26957	55229	66225
拉脱维亚	295081	278265	288682	260858	286914	299633	56907	14834	29032	48189
阿联酋	1538	1701	2178	2874	4124	25593	2785	27517	5767	44757
立陶宛	425132	237257	249095	225674	215654	229549	42384	13619	23935	34954
以色列	149575	162046	179152	182234	224842	256838	30929	13570	19484	33912
印度	48920	50853	59311	70551	85709	90872	10491	38830	27807	32363
意大利	206807	191071	191828	188981	205460	231637	21881	22025	13391	17782
塞尔维亚	66550	58070	50498	55065	58297	51741	11608	17631	11035	13139
法国	198644	171436	176855	185093	207306	222726	31735	22041	12364	12492
美国	245184	233379	238633	282188	326127	289951	16801	24322	12018	12099
英国	214909	179674	177080	178496	197472	176750	16615	12821	6273	5403
巴西	30953	33621	27177	35067	68925	40311	3812	2718	2618	4224
南非	7653	7879	7277	10874	15414	13557	1493	1135	1106	2675

资料来源：

俄罗斯联邦统计局。

脚注：

前 18 位 (2023 年排名) 国家以及金砖国家参加排名。

(1) 根据俄罗斯联邦统计局 2019 年新统计方法编制。

(2) 来自所有国家的外国入境人次。

表 15.3.7　外国人境旅游人数（按大洲和地区划分）——俄罗斯 [1]

单位：人次

大洲和地区	2014	2015	2016	2017	2018	2019	2020	2021	2022	2023
总计	25437893	26851658	24570518	24390002	24550910	24418749	6358959	7079810	8242510	8210405
北美洲	296133	274949	279044	333086	384625	344525	19815	26915	13830	14749
中南美洲	94074	110632	104256	135371	309279	137595	11522	12355	9878	15362
西欧	993452	905918	935092	964950	1077109	1133351	111003	144405	86687	125233
东欧	11284519	11495323	10251989	10236063	9634865	9076745	3521042	4115617	2436322	598404
北欧	2788641	2589970	2560507	2214740	2274084	2251896	393946	97564	177558	270174
南欧	441450	427112	427320	432714	488400	510073	53423	62662	36806	45807
非洲	37055	39787	35225	40036	93844	50232	12368	22299	23380	32929
东南亚	92763	80634	96057	125906	155095	179424	26034	7690	16008	30856
东亚	1256180	1735202	2070537	2249046	2571305	2838735	176868	33992	199285	784156
西亚	1907573	1892785	1812358	1838731	1903648	1948780	389124	458777	567045	949865
南亚	5525219	6458933	5125919	4875591	4624316	4827121	1107751	1238006	2791955	4310330
大洋洲 [2]	50994	44526	49109	55208	75462	66043	2829	1092	1121	1978
其他	669840	795887	823105	888560	958878	1054229	533234	858436	1882635	1030562

资料来源：

俄罗斯联邦统计局。

脚注：

地理区域的名称以及包含的国家和地区采用“联合国统计用标准国家和地区代码”。

(1) 根据俄罗斯联邦统计局 2019 年新统计方法编制。

(2) 包括澳大利亚、新西兰、新几内亚岛和太平洋周边岛屿。

表 15.2.8 外国入境旅游人数（排名前 15 位的来源地国家）——南非

单位：人次

国家	2014	2015	2016	2017	2018	2019	2020	2021	2022
总计	9549236	8903773	10044163	10285197	10472105	10228593	2802320	2255699	5698062
津巴布韦	2143716	1900791	2028881	2039932	2208930	2258794	684546	410730	1233790
莱索托	1501642	1394913	1757058	1747211	1739188	1563448	448745	355255	835921
莫桑比克	1283016	1200335	1268258	1339245	1360896	1333195	422537	522866	944308
斯威士兰	918490	838006	893618	876992	883735	917631	214947	177650	403762
博茨瓦纳	555590	593514	679828	681379	688566	668315	129467	103158	262232
英国	401914	407486	447840	447901	430708	436559	132384	45777	283031
美国	309255	297226	345013	370747	376892	373694	71959	82020	262183
德国	274571	256646	311832	349211	343229	322720	106092	44388	173146
纳米比亚	211453	212514	214664	208747	200367	184431	54511	91471	137388
赞比亚	176972	161259	174767	173033	165968	152064	46486	68669	116076
马拉维	166964	135260	154017	175014	197317	199079	53365	56313	114352
从其他金砖国家									
印度	85639	78385	95377	97921	93428	95621	18892	17662	55506
中国	82905	84691	116946	97069	96915	93171	15592	6577	12187
巴西	39082	29339	38814	67797	70539	77261	19388	5366	14727
俄罗斯	10410	7244	8307	12532	16783	16276	6494	10625	16234
其他	1387617	1306164	1508943	1600466	1598644	1536334	376915	257172	821032

资料来源：

南非统计局。

表 15.3.8 外国入境旅游人数（按大洲和地区划分）——南非

单位：人次

大洲和地区	2014	2015	2016	2017	2018	2019	2020	2021	2022
总计	9549236	8903773	10044163	10285197	10472105	10228593	2802320	2255699	5698062
北美洲	369801	353450	406192	437903	444671	440271	89504	89514	297684
中南美洲	65118	50304	67546	107582	116516	120380	30368	9889	28516
西欧	655899	1273721	1489005	1598622	1553701	1492909	425085	195103	857929
东欧	723422	57628	55021	62226	65061	63543	21568	22138	42774
非洲	7279814	6746114	7501512	7559342	7786357	7600843	2137524	1873609	4237261
东南亚	31424	27059	36869	40664	39930	42398	7211	5577	15179
东亚	129462	124350	169121	153301	152390	148909	23339	9919	24405
西亚	857	37526	1147	1036	1221	1141	311	356	784
南亚	107498	102027	120753	122180	117441	118923	26594	27802	77484
大洋洲 (1)	132080	118908	131856	133713	131348	128153	24651	4932	65288
其他	53861	12686	65141	68628	63469	71123	16165	16860	50758

资料来源：

南非统计局。

脚注：

(1) 包括澳大利亚、新西兰、新几内亚岛和太平洋周边岛屿。

表 15.3.9 外国入境旅游人数（按大洲和地区划分）——阿联酋

单位：人次

大洲和地区	2014	2015	2016	2017	2018	2019	2020	2021
总计	16232000	19313000	20894000	21805000	23092000	25282000	8084000	12784000
非洲	…	901000	937000	1013000	1196000	1370000	502000	794000
美洲	3214000	1175000	1135000	1186000	1208000	1245000	364000	575000
欧洲	2710000	5006000	5209000	5653000	5943000	6256000	2223000	3515000
东亚和太平洋	2097000	1766000	1882000	2203000	2263000	2474000	551000	871000
中东	5391000	7102000	8049000	7598000	8056000	9368000	2504000	3960000
南亚	2407000	3364000	3683000	4152000	4425000	4568000	1941000	3069000
其他	413000	300	300	100	100	40	30	50

资料来源：

阿联酋联邦竞争力和统计中心。

主要统计指标解释

通用解释

1963 年罗马旅游概念共识：

国际游客 指任何持有外国护照访问这个国家的人，其访问目的既不是在此国家从事获得酬劳的活动也不是长久居留。此定义包含两种游客：旅游者和当日游客。

巴西

外国入境游客 入境巴西的外籍游客（也称过夜游客），停留时间少于 1 年，停留的目的包括个人原因（度假休闲娱乐、走亲访友、教育培训、健康医疗、宗教朝圣、购物以及其他）以及工作和专业原因。

但以下情况不能算作入境游客：受雇于外国机构、边境工作人员、季节性工人、其他短期或长期工作人员、流浪人员和难民、尚未进入经济或法律区域内的过境游客、公共运输方式上的工作人员、入境修建外国住所的人员、长期逗留的学生和病人及其家属、外交官、领事馆工作人员、军人及其受抚养的亲属以及待命调遣的武装部队。

中国

入境游客 指报告期内来中国（大陆）观光、度假、探亲访友、就医疗养、购物、参加会议或从事经济、文化、体育、宗教活动的外国入境人数。在统计中，每一次入境（中国大陆）算作 1 人次。

埃及

游客 在埃及境内停留 24 小时及以上的人，不包括：1. 以工作为目的的入境人员；2. 停留时间少于 24 小时的人员。

数据来源 旅游数据来自护照、移民和国籍总局的文件。数据由各部门在该国合法港口收集，采用特殊卡片登记每个进出该国的外国人。

印度

外国入境游客 是指持有外国护照的人访问印度，在印度至少停留 24 小时，访问目的可归类为：

(1) 休闲度假（娱乐、假期、保健、学习，宗教和体育运动）；

(2) 公务、探亲、官方活动、会议。

俄罗斯

游客 是指出于医疗、娱乐、观光、运动、商务、宗教以及其他在俄罗斯从事与获得酬劳无关的短暂停留活动、并在俄罗斯逗留的时间为 24 小时至 6 个月或至少过夜的外国游客。

外国（入境）游客访问 是指游客从入境到离境的旅行。

阿联酋

外国入境游客 是指持有外国护照的人访问阿联酋，在阿联酋至少停留 24 小时，访问目的可归类为：

(1) 休闲（娱乐、度假、探亲、保健、学习、宗教和体育运动）；

(2) 公务、会议、官方活动、投资。

附 录

MERCADO MODELO

附录一 巴西统计体系简介

一、巴西国家地理与统计局 (IBGE) 的组织结构

巴西国家地理与统计局 (IBGE) 依据 1973 年 5 月 11 日第 5.878 号法律和 2022 年 8 月 13 日第 11.177 号法令履行职责。它隶属计划与预算部，负责协调巴西统计体系，是巴西官方统计数据的主要生产者。

巴西官方统计数据由巴西国家地理与统计局、中央银行、各部委和各州统计机构生产。巴西国家地理与统计局是负责统计信息（包括人口、经济和社会）、地理信息、制图信息、土地测量信息和与自然资源及环境相关信息的生产、分析和发布的官方统计机构。

除在统计体系中的职能外，巴西国家地理与统计局还是地理科学信息的主要生产者，负责国家制图系统的协调工作。地理科学信息生产的主要项目之一是国家空间数据基础设施 (INDE) 的建设。该项目的目的是把来自研究机构、生产者和资助者的这类空间数据编入目录，进行整合和协调，以便这些数据能够被便捷地找到、获取和用于多种用途并为互联网用户所使用。

巴西国家地理与统计局负责巴西地理空间数据基地 (SIG) 的建设、供应和运行，以及巴西地理空间数据理事会 (DBDG) 的管理，还负责为获取运行和维护国家空间数据基础设施所需必要资源提出提案。

巴西国家地理与统计局所开展的项目对政府和社会是基础性工作。许多公共政策举措都是依据巴西国家地理与统计局立足巴西实际情况所生产的信息来确立的。

为了生产统计和地理科学信息，巴西国家地理与统计局的单位遍布全国，包括设在里约热内卢的总部以及各州市的单位，具体构成如下：

学术高级指导机构：技术委员会、理事会、董事会；

直接和即时为总统提供支持的渠道：内阁、总检察长；

部门设置的机构：内部审计、执行委员会；

具体内设机构：调查司、地理科学司、信息技术司、档案和信息传播中心、国家统计科学学院；27 个设在各州的单位（26 个州和 1 个联邦特区），共 564 个负责收集和发布数据的机构。

统计和地理科学信息的生产由地理科学司和调查司负责。

这两个司级部门都得到信息技术司的支持，以确保计算机的硬件和软件以及数据通信等基础设施的运行。档案和信息传播中心负责巴西国家地理与统计局开展的所有调查结果的发布政策以及在网上免费发布，包括微观数据的发布。

执行委员会负责巴西国家地理与统计局工作的规划、预算和整体协调。

调查司负责社会、经济和人口统计数据的生产，以及国民经济核算体系和社会指标综合数据的生产，还负责国家统计系统的协调，定期召开与统计信息用户和其他生产者的会议。

地理科学司负责地理信息、土地测量信息、制图信息以及与环境资源和自然资源有关的其他信息的生产，还协调基础土地测量和制图计划。

巴西国家地理与统计局管理国家统计科学学院，该学院开设以下课程：统计学理学学士课程、环境分析和土地管理研究生学位课程、人口研究和社会研究硕士课程以及巴西国家地理与统计局技术人员培训项目等。

巴西国家地理与统计局设在总部的各单位负责调查的设计、结果的分析和国家层面工作团队的协调。

巴西国家地理与统计局设在全国的各单位负责原始统计数据的收集、审核和向总部的报送。这些单位还开展与土地测量和制图有关的现场工作。

二、统计数据生产工作计划

为了设定未来几年的目标，2017 年巴西国家地理与统计局更新了 2017-2027 年战略规划。因此，战略

规划就是其实施治理的主要依据。

工作计划及其时间表在整合入战略规划之前必须经过技术和基础设施等各领域的讨论，并提交由巴西国家地理与统计局局长和司长组成的规划委员会评估和批准。

巴西国家地理与统计局的战略规划对同期联邦政府多年计划（葡萄牙语简称为 PPA）的起草起辅助作用。联邦政府多年计划涵盖政府的各个方面，明确各机构和部委的主要目标。

巴西国家地理与统计局在每一期内所要达到的目标在每一期开始阶段设定，包括期内计划的全部出版物。目标由委员会批准后在内部和互联网上公布，它们是对机构履职表现进行客观评价的项目之一。

巴西国家地理与统计局的工作计划要提交给各个咨询委员会。这些咨询委员会由该领域的知名专家组成，讨论方法问题并帮助确定优先重点。

咨询委员会包含下列领域：人口普查、农业普查、全国消费者价格指数、死亡率统计、农业统计规划控制和评价、巴西地区核算等。

当某些信息需求没有列入预先设定的工作计划，现有资源又无法满足时，可以通过与相关的政府机构达成协议，由这些机构为额外调查提供资金。例如，应卫生部、教育部和社会发展部的要求而开展的额外调查等。

巴西国家地理与统计局还与财政部和中央银行等部门合作编制国民账户。

劳动和就业部每年会向巴西国家地理与统计局提供包含整套行政记录的《年度社会信息表》(RAIS) 以及《就业和失业人口总登记表》(CAGED)，与巴西国家地理与统计局的年度企业调查信息相结合，用于更新中央名录库 (CEMPRE)。中央名录库用于经济调查企业样本的抽选。经济调查自 20 世纪 90 年代起取代了经济普查。为了设定长期的工作方向，巴西国家地理与统计局与社会、经济和区域信息的生产者及用户定期举行会议，旨在通过动员和咨询信息生产者和用户，对《统计和地理信息总体规划》进行修订和扩展。这些生产者和用户包括政府机构、调查机构、非政府组织、科学协会以及对信息的生产、传播和使用感兴趣的技术人员和研究人员等。

这一举措有助于做出对公共服务领域信息生产的诊断，找出缺口，并确定改进机会及对新信息的需求。

对社会经济信息和人口统计信息日益增加的需求，以及新问题的出现都要求更频繁地开展研究。

2020 年，巴西国家地理与统计局建立了“新冠疫情背景下的企业脉动调查”，以了解疫情对企业的影响。主要目的是估测新冠疫情对巴西经济的影响，被调查单位是工业、建筑业、贸易和服务业领域具有代表性的非金融企业。

使统计机构适应新现实的办法之一就是采用系统化的概念模式，建立整合的信息源和数据库。

住户调查一体化体系 (SIPD) 将连续的全国住户抽样调查 (PNAD-C)、住户预算调查 (POF) 和国家健康调查 (PNS) 整合到一起。住户调查一体化体系 (SIPD) 需要与信息用户和生产者进行深度交流。就此，巴西国家地理与统计局主办的研讨会和大会多次探讨了住户调查一体化体系的发展步骤。

2020 年，巴西国家地理和统计局建立了新冠疫情背景下的全国住户抽样调查，估测与流感症状相关的报告症状人数，并监测新冠疫情对巴西劳动力市场的影响。尽管疫情肆虐，但值得强调的是巴西国家地理与统计局仍保证了统计生产的正常运转。

三、社会和经济统计

社会和经济统计由下列部委和机构合作完成：教育部、计划与预算部、卫生部、应用经济研究所 (IPEA)、司法和公共安全部、人权和公民部、国家教育研究所 (INEP)、巴西国家地理与统计局 (IBGE)、巴西中央银行和国库秘书处。

社会和经济统计伙伴关系的主要目标之一，是对来自调查和行政记录的各类社会和经济信息数据库进行整合，推动国家统计系统的有效协调和治理。

四、技术合作

全国范围的技术合作主要包括：计划与预算部，卫生部，教育部，农业、畜牧业和供应部，妇女部，发展和社会援助、家庭和消除饥饿部，司法和公共安全部，人权和公民部，文化部和国家司法委员会（CNJ）等。

关于国际技术合作协议，重点包括以下工作：南方共同市场（MERCOSUR）统计专门会议，旨在通过发展、完善、协调、整合统计数据的生产和发布，推进南方共同市场一体化，并加强国家和地区统计机构的统计合作项目。

在2010-2024年期间，巴西国家地理与统计局一直与许多国家在人口和农业普查、社会、人口和经济统计等领域开展技术和方法方面的国际合作。

巴西加入了联合国全球平台。巴西区域中心设在巴西国家地理与统计局，旨在促进拉丁美洲和加勒比地区大数据和数据科学的应用，改进官方统计数据生产，推动知识共享和创新项目发展。

五、与国际社会的互动

巴西国家地理与统计局积极扩大在国际统计界的参与度，例如参与联合国统计司（UNSD）、美洲统计大会（SCA）、欧洲统计大会（CES）、经济合作与发展组织（OECD）、世界旅游组织（WTO）、国际劳工组织（ILO）、联合国粮农组织、世界银行、泛美开发银行、葡萄牙语国家共同体（CPLP）和金砖国家等的统计合作。

六、一般用户培训课程及新闻发布会

在过去的二十年里，巴西国家地理与统计局不断拓展其与新闻界的沟通和关系，作为宣传其工作并树立公众形象和公信力的另一种途径。

在新闻发布会上，与会者可在活动开始时获得发布材料。同时，调查结果的指标和解读均发布在巴西国家地理与统计局的网站上。

除了结构性调查以外，巴西国家地理与统计局每月还发布约10项短期统计数据。因此，巴西国家地理与统计局每年要召开大约100场新闻发布会。

短期统计数据的发布依照2007年11月5日颁布、且由计划、预算和管理部签署的第355号政令的规定执行。根据该项政令，调查结果必须在上午7点交给政府官员，即公众获取之前两小时，正式发布是在上午9点。至于获取信息方面，巴西国家地理与统计局在其网站上公布优先于公众享有信息的国家政府官员名单，确保整个过程的透明度。

具有专业素养的新闻记者对于提高巴西国家地理与统计局调查报道质量十分关键。近几年来，社会沟通协调处（CCS）组织了若干针对新闻记者的培训课程，包括较为专业的统计课程（如国民账户和普查方面的课程），以及如何使用数字工具快速获取统计信息的培训。

七、网上获取信息及其他方式

为更好地服务公众，巴西国家地理与统计局提供了多种获取其生产信息的方式：出版物（书籍和期刊），免费电话咨询，位于里约热内卢的档案和信息传播中心的中央图书馆，与巴西国家地理与统计局设在各州首府单位下属的档案和信息传播部门的直接联络。

巴西国家地理与统计局提供的电子产品和服务成为主要媒介，通过这些媒介，有关人口、经济、制图、土地测量、自然资源和环境数据的具体文档等信息可以在网站上免费获取。除了电子出版物以外，巴西国家地理与统计局网页有两个重要的数据库：汇总统计表（葡萄牙语简称SIDRA）-以地区分类的信息数据库，它允许用户制作自己的表格并与所选信息比较；统计多维数据库（葡萄牙语简称BME），它包含微观数据信息，允许用户根据选择的信息和保密限制制作表格。

祈年殿

附录二 中国统计体系简介

中国国家统计体系自建立以来，经过七十多年的变革历程，在改革和调整中不断发展和完善，以适应变化着的新形势新要求。《中华人民共和国统计法》规定，国家建立集中统一的统计系统，实行“统一领导、分级负责”的统计管理体制。中国政府统计系统依法组织开展统计调查，搜集、整理、公布统计数据，为经济社会发展提供优质统计服务。

一、政府统计系统

中国政府统计系统主要由政府综合统计系统和部门统计系统两个部分组成。政府综合统计系统由自上而下设置的统计机构及其配备的统计人员组成。中央政府设立国家统计局，县级以上地方各级政府设立独立的地方统计局。在乡一级政府则主要由专职或兼职的统计人员负责统计工作。

（一）国家统计局。

中国国家统计局作为国务院的直属机构，负责组织领导和协调全国的统计工作。在整个国家统计体系中，国家统计局既是全国统计数据的主要提供者，又是政府部门统计和地方统计的组织领导和协调者。依照《中华人民共和国统计法》和国家有关规定，国家统计局的主要职能是：组织领导和协调全国统计工作，制定统计政策、规划、全国基本统计制度和国家统计标准，审批部门统计标准；会同有关部门拟订重大国情国力普查计划和方案，组织实施全国人口、经济、农业等重大国情国力普查；进行国民经济主要行业的统计调查并收集、汇总、整理和提供有关统计数据，综合整理和提供全国基本统计数据；统一核定、管理、公布全国基本统计资料，依法管理部门和地方统计调查项目。

中国国家统计局内设 18 个职能部门和 12 个直属机构，分别承担综合协调、统计法制建设、统计制度和标准制定、统计调查组织实施、国民经济核算、经济分析与数据传播开发等职能。

中国国家统计局在各省（区、市）设立了调查总队，在各市（地、州、盟）和三分之一的县（市、区、旗）设立了调查队。这些调查队作为国家统计局派出调查机构，由国家统计局实行垂直管理，主要承担国家统计局布置的国家宏观调控和国民经济核算所需重要统计数据的调查任务，工作方式以抽样调查为主。

（二）地方统计局。

县级以上地方各级政府设置独立的统计机构，乡镇政府设立统计站或配备统计人员，负责完成承担的国家统计调查任务，组织领导和协调本行政区域内的地方统计工作。地方各级政府统计机构受同级政府和上级统计机构的双重领导，在统计业务上以上级统计机构的领导为主。

（三）部门统计系统。

中央政府各部门和地方政府各部门，根据统计任务的需要设立统计机构或在有关机构中设置统计人员，构成部门统计系统。其主要职责是：依法组织、管理本部门的统计工作，完成国家统计调查任务；制定和实施本部门的统计调查计划，开展部门统计调查并搜集、整理、提供为本部门和社会所需要的统计资料；对本部门、本行业的发展情况进行统计分析，实行统计监督。

二、统计法

不管是政府机构（重点是统计机构），还是统计调查对象，都必须遵守《统计法》，按照依法制定的统计标准、统计调查制度组织或者配合开展统计调查。

《中华人民共和国统计法》是全国人大常委会于 1983 年制定，1996 年、2009 年和 2024 年进行了三次修改。统计法立足于中国经济社会发展和统计工作的实际，同时也体现了联合国《官方统计的基本原则》的基本精神，是开展统计工作的基本遵循。

为了贯彻实施统计法，中国制定了《中华人民共和国统计法实施条例》《全国经济普查条例》《全国人口普查条例》《部门统计调查项目管理办法》等统计法规和规章。《中华人民共和国统计法》将统计调查项目区分为国家统计调查项目、部门统计调查项目和地方统计调查项目，并规定了严格的审批管理程序。

三、统计调查

中国国家统计局主要通过周期性的普查和常规统计调查收集统计数据，此外还通过专项调查以及行政纪录等方法搜集、整理统计资料。目前，国家统计局组织开展的重大国情国力普查主要有人口普查、农业普查和经济普查；组织开展的经常性统计调查约 70 项，包括农业、工业、能源、投资、建筑业、贸易外经、服务业、城乡住户、价格、社会科技、劳动工资等统计调查，调查内容基本涵盖了经济、社会、人口、环境与资源各个方面。

部门统计内容涉及交通、旅游、财政、金融、海关进出口、利用外资、文化、教育、卫生、科技、户籍人口、社会发展等多个方面。

四、统计数据发布与产品提供

中国国家统计局按照更多、更快、更好的原则向全社会提供中国官方统计数据和产品的目标，以多种渠道、多种形式发布统计调查数据并提供统计加工产品，目前已建立起新闻发布会发布、互联网发布、公共数据库发布、官方微信“统计微讯”发布、统计移动客户端发布，以及以年鉴为主体的纸介质发布等多种形式相互结合、互为补充的定期发布制度，使统计数据发布和产品提供的时效性更强、内容更丰富、受众更广泛。国家统计局设立微观数据实验室，供国务院各部门和有关高等院校、科研机构的专家开发使用微观统计数据。此外，全国 31 个省级和许多市、县级统计机构也建立了相应的定期发布制度（未包括香港、澳门特别行政区和台湾省），使中国统计的数据发布和产品提供形成了多层次、广覆盖的格局。

五、中国统计改革和发展

中国经济处于结构转型升级的重要发展时期。中国经济社会的迅速发展和深刻变化，对中国统计体系提出了更新更高的要求。从 2012 年起，中国国家统计局大力变革统计生产方式，已初步建成了真实完整、更新及时的基本单位名录库；建立了统一规范的企业一套表制度；开发了较为方便适用的数据采集处理软件；建立了较为安全高效、全国统一的企业联网直报系统。中国国家统计系统正在以开放的姿态和创新的勇气，积极推进国民经济核算改革，探索推进新产业新业态新商业模式统计监测，建立健全相关统计标准，更好地服务经济社会的发展。同时，积极推进部门间信息共享，利用部门行政记录和调查数据，深入挖掘大数据宝藏，逐步发挥大数据对常规统计数据的评估、补充和替代作用。2021 年，中国国家统计局制定《“十四五”时期统计现代化改革规划》，加快推进统计现代化改革。规划实施以来，中国统计取得了重要阶段性成果，统计数据质量持续提高、统计制度方法逐步完善、统计调查能力有所增强、统计分析服务提质增效、统计体制机制不断完善、统计法治监督纵深推进，建设与国家治理体系和治理能力现代化要求相适应的现代化统计调查体系取得成效。

附录三 埃及统计体系简介

与其他许多国家一样，埃及对数据和统计的需求显著增加。一方面，是受大量社会和经济转型的影响；另一方面，是国家、地区和国际社会各类长期发展规划要求，包括《埃及 2030 年愿景》、“联合国 2030 年可持续发展目标”和《非洲 2063 年愿景》等。

法律为埃及统计工作提供了强大支持，有助于明确收集、处理和发布统计数据的责任主体，避免出现相互矛盾的情况。此外，通过法律法规鼓励及时提供数据，保障数据获取，同时维护整个统计体系各部门间的协调机制，强调个体数据的保密性，符合国际框架标准，了解统计最新发展，以确保国家统计体系的有效性。

埃及中央公共动员和统计局（CAPMAS）是负责国家统计数据的官方机构和主要提供者，也是整个国家统计体系的组织者、领导者和协调者，要应对开发统计数据和信息基础设施领域快速的国际发展，确保与全球发展和“数据革命”（数据数量和质量的大幅提升）的理念相一致，并满足社会各阶层对统计数据日益增长的需求。

因此，有必要加强国家统计系统（NSS）各机构之间的协调框架，以履行所有这些承诺，并符合国际统计框架标准、最佳实践、《官方统计基本原则》和《非洲统计宪章》，对统计体系实施战略管理，确保其满足用户需求。

21 世纪统计促进发展伙伴关系、非洲开发银行、联合国非洲经济委员会和联合国西亚经济社会委员会等许多国际合作伙伴都建议埃及中央公共动员和统计局制定一项中期发展规划。在此过程中，埃及中央公共动员和统计局应指导和协调编制 21 个部门统计计划（SSPs），并与其自身发展规划一起，作为制定总的国家统计发展战略（NSDS）的重要基础。这项建议得到了各利益攸关方的赞同，也得到了规划和经济发展部以及埃及总理的认可。

《国家统计发展战略》是埃及制定的第一个国家统计工作战略，旨在加强和推进战略导向，落实数字化转型战略，包括应对日益增长和多样化的信息和统计数据需求，服务发展道路，履行各项国家、地区和国际承诺，并与国家 2030 年愿景和发展规划保持一致。业务运营系统应精简、高效、灵活，能够灵活应用创新发展实践，以提供统计产品和服务。

埃及总理发布 2018 年第 2630 号决定，成立由规划和经济发展部部长担任主席的最高委员会，成员包括石油和矿产资源部、教育和技术教育部、财政部、地方发展部、卫生和人口部、环境部、农业和土地开垦部、贸易与工业部、住房部、公用事业和城市社区部的各部部长，埃及中央银行副行长以及埃及中央公共动员和统计局局长。私营部门、民间社会和学术界的一些专家和代表参也加了该委员会。机构设置关系到开展统计工作的环境。

《国家统计发展战略》以过去取得的成就为基础，同时规划了一条拥抱不断发展的数据生态系统的宏伟道路，这将改变统计机构的工作方式，在埃及统计发展中发挥关键作用，并改变引导统计系统应对以下里程碑事件的方式：

一是数据和信息能满足用户的需求，为科学决策提供较好的理解和见解。具有洞察力和代表性的数据可以支持就发展和可持续性问题进行循证决策。

二是提高统计素养、完善统计立法和改善统计协调性。

三是建立与具有独立边界、预算和层级结构的实体相关的组织结构。

四是解决组织问题，包括人力资源、基础设施、技术以及影响统计机构工作效率的财政资源可获取性，这些资源必须与统计生产流程的要求和需求以及国家统计系统制定的统计项目相匹配。

附录四 埃塞俄比亚统计体系简介

一、埃塞俄比亚国家统计体系

埃塞俄比亚国家统计体系包括所有负责编制官方统计数据的组织和机构，是国家公共管理机构的组成部分，符合联合国统计委员会关于国家统计体系的最新定义。国家统计体系主要包括埃塞俄比亚统计局以及政府行政和非行政机构，包括规划与发展部、财政部、税务部、海关委员会、中央银行、卫生部、教育部以及编制官方统计数据的其他主要政府机关。

埃塞俄比亚的统计管理在统计流程和产出的各个阶段都倡导公共价值，而非任何组织、政治或个人利益。在埃塞俄比亚，参与官方统计数据的编制、管理和发布的领导、组织和人员始终保持真实、公开，恪守强烈的诚信道德价值观，并遵守服务公众的统一行为标准。埃塞俄比亚统计体系认同联合国通过的旨在指导统计管理和实践的官方统计基本原则和价值观。

二、调查和普查

从不同渠道来源产生的统计数据有助于政府和机构制定政策、监测其有效性并做出科学决策。埃塞俄比亚统计局（ESS）负责收集和分析来自调查、普查和行政记录的数据，提供统计报告，并为各机构统计工作提供技术支持。埃塞俄比亚统计局还协助开发管理系统，加强数据收集和分析，以满足标准和高数据需求。

三、埃塞俄比亚统计局的改革

为推进统计现代化、改进全国统计工作，埃塞俄比亚统计局目前正在开展多项改革活动，旨在提高国内负责收集、分析和发布统计数据的部门效率和水平。改革重点领域包括数据收集方法的现代化、提高数据质量、完善统计基础设施以及提高统计信息的透明度和可获得性。改革的首要目标是通过提供可靠和及时的统计数据，为科学决策和政策制定提供统计支撑。

附录五 印度统计体系简介

印度实行联邦制政府结构，由 28 个邦和 8 个联邦属地组成。印度统计体系在国家的整体行政框架下行使职能。联邦政府和各邦政府的管理职责划分是基于对事项的三种分类，即：联邦负责的事项、各邦负责的事项以及联邦和各邦共同负责的事项。“统计”被划为联邦负责的事项以及联邦和各邦共同负责的事项，因此，中央和各邦都要开展有关工作。联邦政府不同部委或部门之间以及各邦政府部门之间根据其行政职能，按事项或事项组内容进一步细分责任。

印度统计系统按照政府联邦结构的整体模式运作。大规模的全国性普查和调查，例如人口普查、经济普查、农业普查和牲畜普查，以及各项社会经济方面的抽样调查（包括年度工业调查）是在中央层面实施的。国民账户的编制、全国工业生产指数以及全国和各邦（联邦属地）消费价格指数的编制同样也是在中央层面实施的。各邦统计机构按照各邦政府工作重点采集并生产大量专业的数据。在中央层面的统计和计划执行部（MOSPI），以及在邦一级的各邦经济和统计局（DES）在各自领域内协调整体统计活动。

一、中央统计体系

印度统计和计划执行部是规划国家统计系统总体发展的核心机构，包括制定官方统计领域的规范和标准，发展概念和定义，推荐有关数据收集、处理和结果发布的方法等。该部由两个部门组成，一是国家统计局（NSO），通常称“统计部门”；二是“计划执行部门（PI）”。

二、国家统计局（NSO）

国家统计局由秘书长领导，另有三位局长协助开展工作。国家统计局负责协调全国统计活动，制定和维护统计标准，下设司级单位包括：国民经济核算司（NAD）、经济统计司（ESD）、价格统计司（PSD）、社会统计司（SSD）、协调和国际合作司（CICD）、政策执行和监测司（PIMD）、计算中心（CC）、培训司、协调和质量控制司（C&QCD）、住户调查司（HSD）、企业调查司（ESD）、现场作业司（FOD）等。

国家统计局设有一所一流的培训机构，即国家统计系统培训学院（NSSTA）。该机构自 2009 年 2 月成立以来，负责执行国家和国际统计培训项目，以加强官方统计领域的能力建设。

三、计划执行部门

计划执行部门下设两个司，即基础设施项目监测司（IPMD）和议员本地发展司（MPLAD）。基础设施项目监测司根据不同部委或部门在统计和计划执行部在线计算机监测系统（OCMS）上报告的信息，监测 20 多个中央部门耗资超过 15 亿卢比的在建项目执行情况，并发布月度快报和季度项目执行情况报告。基础设施项目监测司还审查 11 个关键基础设施部门的绩效，包括电力、水泥、煤炭、钢铁、铁路、航运和港口、化肥、石油和天然气、民航、公路和电信部门。评估每月或累计完成预设目标的情况，并发布月度基础设施绩效评估报告。议员本地发展司计划旨在建立机制使议员们能够根据本地需求为建设持久的社区资产而推荐具有发展性质的工程。该计划解决了本地社区发展和基础设施的需求，并填补了发展性工程的缺口。

统计和计划执行部下属的国家统计局和计划执行部门都生产大量统计信息，供决策者、研究人员和其他用户使用。除国家统计局外，联邦政府中大部分负责不同领域的部委或部门，如农业、水、卫生、教育、劳动和就业、农村发展等，均建有自己的统计机构为各自的部委或部门开展统计活动。他们通常由高级别的统计官员领导，以促进和国家统计局的适当协调。其中的大部分部门发布各自的统计数据以及统计出版物。

四、国家统计委员会

国家统计委员会（NSC）成立于 2006 年 7 月 12 日，作为国家所有核心统计活动的枢纽和授权机构，负责制定、监测和执行统计重点工作和标准，并确保统计工作协调开展。除一名兼职主席外，委员会还有 4 名兼职委员，每名成员都在特定统计领域拥有专长和经验。委员会的职能包括确定核心统计数据，这些数据对国家具有重要意义，对经济发展至关重要；成立专业委员会或工作组，协助委员会处理各种技术问题；在中央政府各部委、部门和其他机构之间进行统计协调；根据制定的政策、标准和方法监测和审查统计系统的运作以及提出提高绩效的措施建议。

五、印度统计研究所

统计和计划执行部在其管辖范围内还设有一个独立机构，即印度统计研究所（ISI），它是国际知名的统计研究机构，致力于研究、教学以及统计在自然科学和社会科学中的应用。研究所由普拉桑得 . 马哈拉诺比斯（P.C.Mahalanobis）教授于 1931 年 12 月 17 日在加尔各答创立，根据 1959 年通过的印度议会法案，该所成为重要的国家机构。印度统计研究所总部位于加尔各答，在德里、班加罗尔、钦奈和提斯浦尔设有四个中心，在吉里迪设有一个分支机构。

六、邦一级统计体系

在各邦或联邦属地，经济和统计局（DESs）作为核心机构协调本地区的所有统计活动。大多数邦或联邦属地都设有地区统计办公室（DSOs）作为实地办事处，为该地区收集和编制统计数据。经济和统计局在各邦或联邦属地行使的职能与国家统计局在中央一级行使的职能基本相同，即生产一些主要统计数据、与中央和邦一级统计机构协调、发布统计数据等。

七、数据收集的法律保障

在印度，数据收集主要是建立在自愿答复的基础上。然而，《统计数据收集法（2008 年）》也提供了法律框架。《统计数据收集法（2008 年）》由统计和计划执行部管理执行。除上述法案，还有一些其他的法案、规则和程序，由相关的部委或部门管理执行，用于收集数据和法定的行政报表，编制相关主题的有价值数据。

八、倡议

统计和计划执行部开发并应用了 e-SIGMA 平台（电子调查工具和通用多模式应用），通过移动设备进行调查。这有助于实时收集、校验和处理数据，也有助于缩短调查结果发布的时滞。

该部在 2024 年 6 月 29 日推出了 e-Sankhyiki 门户网站，旨在建立一个综合的数据管理和共享系统，便于在国内发布官方统计数据。它是一个以用户为中心的数据门户，便于信息的使用和重复利用，由两个模块组成，即数据目录模块和宏观指标模块。数据目录模块将该部的主要数据资产集中编录在一起，便于用户在数据集内（包括表格内）搜索，并下载感兴趣的数据，以提高其价值和重复使用性；宏观指标模块提供主要宏观指标的时间序列数据，具有检索和可视化数据的功能，使用户易于访问，方便用户下载自定义数据集、可视化并通过 API 共享，从而提高数据的重复使用价值。

该部最近还发布了数据创新实验室的指南。该实验室将负责创建一个生态系统，用于开展创新以加强国家统计系统。设想通过企业家、国内和国际组织的研究人员以及其他组织（包括初创企业、学术研究机构和国内国际知名研究所等）的更广泛参与，为新想法及其概念验证创建一个实验生态系统。

该部在 2024 年还建立并运行了研究分析部门（RAU），其职责主要包括分析数据集，为统计和计划执行部提供政策意见，以改进其自身产品；并为其他部委或政府部门提供意见支持，鼓励知名机构或组织利用官方统计数据进行研究等。

九、新挑战

面对快速的重大技术和社会经济变革，官方统计格局变得越来越复杂，决策者的期望成倍增长，希望统计系统以更有效和创新的方式提供尽可能最好的统计数据。

由于数字技术的日益普及，可获得的信息量呈指数级增长，公众获得信息的机会也在增加。中央和地方政府正在大力加强对新数据源的利用。这些发展为国家统计系统带来了一个新的挑战，即协调和汇集各种来源的信息流，从而为实现更加有效和及时的政策干预提供综合的信息全貌。

对可持续发展目标（SDGs）进展的监测也对高质量的数据和统计需求提出了新的要求，即按地区、性别、年龄、收入群体和其他发展维度进行数据分类。印度国家统计局正通过利用行政资源和调查率先响应这些要求。

开发利用新数据源（大数据源等）的创新技术是必要的，并且需要研究机构和其他机构的参与，以便众包、孵化和开发新想法，用于国家统计系统。

附录六 伊朗统计系统简介

第二个国家统计发展战略（2011-2015 年）是为落实第五个国家发展计划第 54 条 B 款而制定的。

根据第二个计划开展的主要补充活动包括：

一是在第五和第六个国家发展计划中批准伊朗统计中心（SCI）作为国家官方统计领导机构，并将该条纳入议会的国家发展计划永久法令。

二是在 2016 年，首次进行了基于互联网和平板电脑的人口普查，首次参与的家庭有 48% 的参与率（达到世界一流水平），并大力发展信息技术方法，收集、处理和发布统计数据和信息。

三是第一副总统、副总统和计划预算机构负责人发布指令，要求政府机构向伊朗统计中心提供其微观统计数据，2018 年所有部委为此合作发布了其他补充指令。2018 年，统计高级委员会在战略层面批准了第三个国家统计发展战略（NSDS），目标是“从传统统计系统向基于登记的统计系统过渡”。

四是在国家统计系统相关机构的重要部门树立管理层和专家对国家统计系统现代化的信心和决心，并大力加强与伊朗统计中心的合作。

五是提高国家官方统计的质量、速度、真实性和准确性，增强其可靠性和问责制，并对发布的统计数据进行解读分析，以提高统计素养、意识和文化。

第三个国家统计发展战略（2017-2021）由伊朗统计中心和政府机构联合制定，并得到统计高级委员会的批准，提出将国家统计系统的转型制度化。

国家统计发展战略根据《国家发展计划永久法令》第 10 条制定。

该战略的内容包括：修订法律、法规和统计系统的组织结构；编制统计数据，建立基于登记的系统、国民账户和宏观指数；信息技术；统计研究和教育；监控和管理统计质量；与政府机构合作，提高统计公信力，编制国内和国际统计数据。

附录七 俄罗斯统计系统简介

根据俄罗斯联邦总统令，俄罗斯联邦统计局自 2017 年起隶属于俄罗斯联邦经济发展部。启用新的组织结构旨在调整和界定俄罗斯联邦统计局和经济发展部在协调官方统计方法方面的职责范围。

俄罗斯联邦统计局是负责生产社会、经济、人口、生态以及其他社会领域官方统计数据的机构。

俄罗斯联邦的国家统计体系基于集中式结构原则。国家统计系统的主要任务是及时向各级政府机构、媒体、科学界、企业实体、公众和国际组织提供有关俄罗斯及其各地区、各经济部门社会经济发展的全面、客观的信息。为实现该目标，俄罗斯联邦统计局制定了联邦统计工作计划，明确了国家社会经济和人口发展统计监测的主要方向。工作计划由俄罗斯联邦统计局协同其他政府机构共同制定，并经俄罗斯联邦政府正式通过。

一、俄罗斯联邦统计局的主要职能

（一）根据现行规章制度，为俄罗斯总统、俄罗斯联邦政府、俄罗斯联邦议会、其他政府机构（包括地方机构）、大众传媒、法人实体和个人以及国际组织提供官方统计信息。

（二）根据现行规章制度，在自身的权限内制定并审批官方统计方法，用于联邦统计调查和官方统计数据生产，确保方法符合国际标准和《联合国官方统计基本原则》。

（三）审批联邦统计调查表及其填写指南。

（四）编制联邦统计工作计划及其更新建议，协调官方统计领域的各项活动。

（五）维护、提供方法支持并开展联邦统计调查，处理收集的数据。

（六）根据现行规章制度，制定和维护技术、经济、社会数据的国家分类。

（七）在自身权限内，保护统计调查获取的保密信息。

（八）根据现行规章制度，为用户提供官方统计和其他信息。

（九）实施俄罗斯联邦作为国际组织成员所获得的国际通行的统计实践。

二、统计体系：组织原则

国家统计体系是由收集、处理和发布统计数据的政府单位和机构相互交织构成的网络，描述国家社会经济和人口发展的状况。

该体系是按照国家行政区划设立，确保为公共机构和各级政府、媒体、科学界、企业实体、公众和国际组织提供有关俄罗斯联邦、各地区、各行业和经济部门社会经济发展全面、客观的统计数据。

该体系包括两个组织层面：以俄罗斯联邦统计局总部为代表的联邦层面和以俄罗斯联邦统计局区域办公室为代表的地方层面。

三、国家统计的联邦层面

国家统计的联邦层面包括：俄罗斯联邦统计局总部、统计信息处理和发布主区域间中心以及俄罗斯联邦统计局社会经济统计研发所。

四、国家统计的区域层面

俄罗斯联邦统计局在 70 个地区设有区域办公室，其中 12 个为区域间办公室。

俄罗斯联邦统计局区域办公室和区域间办公室负责收集和处理统计数据，并向各共和国、州和地方当局以及其他用户提供。

五、官方统计活动的法律依据

俄罗斯联邦统计局的活动受俄罗斯联邦宪法、联邦法律、俄罗斯联邦总统和政府法令以及俄罗斯联邦国际条约的管理。

俄罗斯统计活动的依据是 2007 年修订的《俄罗斯联邦官方统计核算和国家统计体系》联邦法。人口普查和农业普查等重大统计调查的开展依照具体的联邦法律进行。

为了让俄罗斯联邦统计局获取建立国家信息资源所必要的所有数据，俄罗斯联邦政府颁布了关于义务提供基本统计和行政数据的法案。

六、新出现的挑战

有关社会、经济、人口、生态和其他社会领域的及时、准确、可靠的官方统计信息对于国家的社会经济发展和治理至关重要。

当前，在重大社会经济变革和执行国际金融数据报告标准的环境下，俄罗斯的统计体系在不断发展。这种转变决定了对官方统计新方法的需求，同时需要建立灵活的统计信息系统，以应对社会中发生的各种变化。

统计体系的发展需要依靠进一步的技术现代化、实施新的规划和决策方法以及改善人力资源。

俄罗斯统计现代化的主要方向就是统计方法更加透明和使所有用户更为广泛地获取官方统计数据。

2020 年，俄罗斯联邦统计局提出了《2024 年俄罗斯联邦统计局发展战略》。该战略明确了到 2024 年在官方统计领域实施国家监管政策以及发展俄罗斯联邦统计局和俄罗斯联邦官方统计体系的目标、目的和措施，同时明确了提高俄罗斯联邦统计局工作绩效和联邦统计发展的主要方向和措施。

战略重点包括：统计生产过程数字化；减轻调查对象填报负担；加强统计活动的协调性；满足用户需求、增强对官方统计的信任；改善统计方法；加强国际合作；更新人力资源管理方法；优化俄罗斯联邦统计局内部管理流程；以及实施国家级项目。

附录八 南非统计系统简介

尽管南非统计体系有将近 100 年的历史，但多年来仅满足了一部分人的需求。直到 1994 年民主制度建立后，全体人民才被纳入数据生态系统；民主制度为南非统计体系转型服务于全体南非人提供了机会。

1999 年颁布了新的统计法案，即《统计法》（1999 年第 6 号法案）。《统计法》明确规定局长既是南非统计局的行政首长，也是国家各部门统计生产的协调人。由于《统计法》明确了南非统计局工作规划的新方向，并且确定了国家其他各部门在统计数据生产方面担当的角色，因此，对南非统计生产具有里程碑式的意义。

南非统计局在过去 28 年中，始终致力于建立一个属于国家统计体系组成部分的世界级机构。

外部干扰正在改变世界，特别是数字和数据革命。技术的革命性进步正在重塑数据和信息的来源、生成和传播方式。用户对数据和信息的需求正在成倍增长，以应对该国的社会经济挑战。南非的国家统计系统没有充分满足多样化和广泛的信息需求。国家统计系统必须在数据生态系统中寻找机会，充分利用多样化的新数据源，解决信息缺口。数据生态系统为统计系统提供了重新定义其业务模式的机会，包括比当前传统数据生产者更灵活的新参与者。

南非统计局 2020-2025 年战略规划以过去取得的成果为基础，提出了一条雄心勃勃的道路，即拥抱不断发展的数据生态系统，这将改变其工作方式以及引导国家统计系统回应不断增长的用户可持续发展需求的方式。

以下战略引导南非国家统计局实现其愿景目标

具有洞察力的数据

数据和信息能响应用户需求，并为科学决策带来更深入的理解和洞察力。有洞察力的数据能满足南非人民和全球公民对人类发展和可持续性问题的信息需求。

敏捷的操作模式

运营模式是简洁、高效和灵活的。敏捷的运营模式能够灵活和迅速地运用创新发展实践，从而更好、更快、更具成本效益地向用户提供统计产品和服务。

相互关联的统计体系

人员、系统和技术通过协作、伙伴关系和平台相互关联。互联统计系统是一个基于可互操作和互联的共享原则，由各种数据系统、机构、技术资源、人力资源和合作伙伴组成的网络。

附录九 阿联酋统计系统简介

一、阿联酋国家统计体系架构

阿联酋国家统计体系实行联邦制，由联邦竞争力和统计中心（FCSC）担任国家统计机构。联邦竞争力和统计中心在与七个酋长国协调方面发挥核心作用，以确保统计数据的收集、分析和发布按照标准化方法进行。每个酋长国都设有自己的统计机构，与联邦竞争力和统计中心协同工作，支持地方层面的数据收集和分析。

联邦竞争力和统计中心的任务是确保国家统计系统统一、完整和与时俱进，这包括为数据收集制定标准化的定义、方法和分类。联邦竞争力和统计中心还与每个酋长国的地方机构合作，以确保全国数据收集和发布的一致性。

阿联酋统计体系的组织架构特点是联邦竞争力和统计中心与地方统计机构以及其他政府机构之间的协作关系。这些机构向联邦竞争力和统计中心提供数据，然后在联邦层面进行整合和分析，以编制涵盖所有部门的国家统计数据。

二、统计能力建设和技术创新

为实现其宏伟的经济发展和国家规划目标，阿联酋在统计能力建设和技术创新方面进行了大量投资。联邦竞争力和统计中心在这方面发挥着关键作用。

技术整合和大数据

阿联酋统计体系已将大数据和人工智能（AI）应用到统计工作中，使阿联酋成为尖端统计数据分析技术的区域中心。阿联酋统计体系已采取多项举措提高统计数据质量，包括开发合成数据、地理空间数据平台和隐私增强技术。大数据在 GDP 即时预测（提供经济指标的实时估计）等领域的应用尤为显著。

通过与私营部门公司和学术机构开展合作，阿联酋积极发挥推动大数据在官方统计中应用的领导作用。阿联酋与 VISA、万事达卡、Majid Al Futtaim 集团等合作伙伴密切合作，为旅游、贸易和流动性等领域提供更具洞察力的数据。

三、数据治理、法律和标准

阿联酋统计体系的重要支柱之一是其强大的治理框架。联邦竞争力和统计中心确保所有统计工作都遵照数据隐私、准确性和透明度的最高标准。

（一）阿联酋数据法

2021 年，阿联酋通过了关于个人数据保护的第 45/2021 号联邦法令，该法令要求必须按照严格的隐私协议处理个人数据。这项法律在建立个人数据安全处理框架方面至关重要，尤其在阿联酋转向依赖大数据和人工智能等更先进的数据收集技术之际。

（二）数据收集和报告的标准化

联邦竞争力和统计中心制定了《国家统计分类指南》，对所有酋长国的分类和定义进行了标准化。

这确保了地方和国家层面统计数据的一致性和可靠性。它还通过使国家分类与通用统计业务流程模型（GSBPM）、统计数据和元数据交换（SDMX）等国际标准保持一致，提高统计数据的国际可比性。

（三）数据质量和统计成熟度

为维持高标准，阿联酋制定了数据成熟度指数（DMI）和统计成熟度指数（SMI），以评估联邦和地方机构编制数据的质量，确保所有统计流程符合国际最佳实践经验。数据成熟度指数着眼于联邦层面的数据治理，数据可获取性和数据流动；统计成熟度指数则强调不断提高阿布扎比酋长国层面的统计数据质量和相关性。

四、国际参与和伙伴关系

阿联酋统计体系深深植根于国际统计界。阿联酋是联合国统计委员会 2025-2028 年任期的成员，并作为联合国大数据全球平台区域中心发挥作用，突显了其对推进统计方法和数据共享全球标准的承诺。

阿联酋多次举办国际统计活动，如世界数据论坛、国际官方统计（IAOS）大会，与全球的统计领导人共同商讨官方统计的未来。这些活动使阿联酋成为统计创新的领导者，并促进了阿联酋与其他国家统计机构的合作。

结语

近年来，阿联酋统计体系在创新、国际合作和数据驱动治理的推动下发生了重大变革。在联邦竞争力和统计中心的领导下，阿联酋统计体系不仅满足本国统计需求，也为国际统计发展做出贡献。通过继续整合先进技术并扩大合作伙伴关系，阿联酋将保持在全球统计创新中的领先地位。

可持续发展目标

附录十 金砖国家可持续发展目标

可持续发展目标（SDGs）是为所有人实现更美好和可持续未来的蓝图。2015 年 9 月举行的第 70 届联合国大会通过了《变革我们的世界：2030 年可持续发展议程》，旨在接续千年发展目标的成功。议程包括 17 项可持续发展目标和相关的 169 项具体目标。可持续发展目标自 2016 年 1 月 1 日起生效实施。

可持续发展目标是一个包含社会、经济和环境发展的综合性全球发展目标清单。同时，可持续发展目标是普遍（适用于所有国家，包括发达国家、发展中国家和最不发达国家）、相互关联和不可分割的，因此需要采取全面和共同参与的方法把大家团结在一起，不让任何人掉队。各国主要负责追踪和评估 2030 年之前国家层面在落实目标和具体目标方面取得的进展。

可持续发展目标为 2030 年实现更加公平、和平、有韧性和繁荣的社会，同时确保地球环境可持续提供了一个国际框架。可持续发展目标不具有法律约束力，但已成为事实上的国际义务，并有可能影响各国至 2030 年的支出优先事项。各国应承担相应的责任，并建立一个实现这些目标的国家框架。可持续发展目标的成功落实将取决于各国自身的可持续发展政策、计划和方案。《2030 年议程》还强调需要高质量、可靠和细分的数据来衡量具体目标的进展情况，并确保“不让任何人掉队”。

一、巴西

在巴西，可持续发展目标全球指标框架的国家协调工作由巴西国家地理与统计局负责。巴西国家地理与统计局是该国的国家统计机构，也是计划与预算部下属的联邦政府机构。

巴西国家地理与统计局在不同层面开展工作。全球层面，该机构是可持续发展目标指标机构间专家组的成员，自 2015 年以来一直代表巴西、智利和南方共同市场国家。此外，该机构还参加了联合国教科文组织技术合作小组、可持续发展官方支持总额国际论坛、地理空间信息、统计数据和元数据交换、普拉亚治理统计小组等专题子小组。联合国 A/RES/71/313 号决议强调官方统计是全球指标框架的基础，据此，巴西国家地理与统计局成为联合国托管机构的国家协调中心。区域层面，巴西国家地理与统计局在拉丁美洲和加勒比经济委员会（ECLAC）的领导下，参加了《2030 年议程》统计协调小组。

国家层面，巴西国家地理与统计局作为国家可持续发展目标委员会的常设技术咨询机构参与相关工作，该委员会通过2023年第11.704号法令设立。该委员会是一个具有咨询性质的平等合议机构，负责促进《2030年议程》在国内（各级政府和民间社会）的落实。作为国家官方地球科学和统计数据的协调机构，巴西国家地理与统计局的职责包括指导全球指标的讨论，资助国家指标定义和监测的讨论，评估和编制数据以及支持未来报告的编写等。

2024 年 7 月，巴西在联合国总部高级别政治论坛上发布了《国家自愿报告》（VNR）（https://www.gov.br/secretariageral/pt-br/cnods/RNV_Brasil/english/VNR_BRAZIL_FULL.pdf）。该报告介绍了巴西在实现可持续发展目标方面的进展现状。巴西国家地理与统计局参与其中，提供了评估具体目标的指标，编制了统计附录和部分正文。

在编制可持续发展目标全球指标的国家协调机制方面，由巴西国家地理与统计局局长负责项目的协调。巴西设立了一个名为可持续发展目标指标编制委员会的内部管理机构，负责协调可持续发展目标指标的制定和发布，以监测 2030 年议程具体目标的落实。此外，每个可持续发展目标有两名协调员，并得到巴西国家地理与统计局八个单位的支持。巴西国家地理与统计局有 67 人（可持续发展目标协调员、协作人员、委员会成员）参与其中。在巴西国家地理与统计局的指导和协调下，为每个可持续发展目标成立了机构间工作组，共 17 个，这些工作组合作编制可持续发展目标指标。这种协作机制与编制官方数据的其他机构密切配合，确保使用高质量、最新、可靠和分类的数据。迄今为止，在编制可持续发展目标指标的过程中，国家公共管理部门的 28 个机构合作参与了工作组的工作。约 60% 的指标是由其他国家信息生产者与巴西国家地理与统计局合作编制的。

在前几年，巴西国家地理与统计局与其他国家数据生产者举行了三次会议，讨论全球可持续发展目标指标及其编制（2015、2017 和 2018 年）。会议在传达指导意见和分享经验、加强机构伙伴关系以及与协调中心的关系、保持团队积极性和促进公共管理部门间的宣传方面发挥了重要作用。在第三次会议（2018 年）期间，巴西国家地理与统计局推出了巴西可持续发展目标指标官方平台。

在巴西国家地理与统计局协调下，国家数据生产者共同努力，创建了巴西可持续发展目标指标平台(https://odsbrasil.gov.br/)。发布和信息共享平台由两部分组成：一部分致力于推广和分享可持续发展目标信息（新闻、活动、视频）。另一部分与全球指标框架保持一致，是平台的核心，通过用户友好界面提供全球可持续发展目标指标及其方法表。

该平台集成了巴西国家地理与统计局的各种应用程序，充分利用了信息技术基础设施和使用不同资源获得的经验。用于编制、分析和宣传可持续发展目标指标的三个数字工具值得关注：SIDRA 数据库、交互式地理平台（PGI）和统计元数据库。

SIDRA 应用程序允许访问巴西国家地理与统计局统计表数据库，该数据库包含有关调查对象的唯一编号表，并包含巴西国家地理与统计局进行的调查和普查的汇总结果。SIDRA 允许用户保存查询结果，并且通过应用程序编程接口（API）进行评估。对于可持续发展目标，用户可以评估指标平台，并根据需要进一步访问 SIDRA。

交互式地理平台由巴西国家地理与统计局开发，用于地理空间信息分析。进入该平台后，可将可持续发展目标指标与其他感兴趣的元素一起进行分析，如道路、河流、地图或国家空间数据基础设施（NSDI）中发布的任何地理服务。

巴西国家地理与统计局统计元数据系统有一个专门的可持续发展目标元数据部分。分析师在其中填写标准化方法表（MS），使用一些元素完善元数据，避免重复工作，如概念和定义、计算公式、计量单位、变量和各自的官方数据源和数据生产者、地理范围、分类、目标总体、周期、时间序列、指标生产者、联系人和参考资料等。方法表有每个指标的技术规范，可以加深理解，为分析奠定良好基础。

统计元数据系统允许其他国家数据生产者参与，他们也可以完善标准化方法表（事先注册并使用密码）。该程序也有助于协作编制可持续发展目标指标，是保证质量的方法之一。此外，标准化方法表在可持续发展目标平台中呈现给用户，可以提供重要的技术信息，确保透明的数据访问和便捷使用。

迄今为止，可持续发展目标平台上有 132 个使用国家官方数据的全球指标。53 项指标由联邦机构提供。巴西国家地理与统计局和公共管理合作伙伴使用不同的数据源，主要是行政数据和调查数据的结合。此外，一些指标使用地理空间数据、监测数据和非统计数据。共有 75 项指标有某种类型的分类（例如，分性别、年龄、教育水平、城市 / 农村等）。

《2030 年议程》和可持续发展目标指标的编制给国家统计机构带来了不断的挑战和机遇。最大的挑战之一是采用复杂的方法构建指标，这在传统调查外还需要不同来源的数据，以及有力的机构间协调，包括确定不同的数据生产者并与其开展合作。但政府更迭通常导致协调人员的变更，进而延缓工作进程，因此还需要对各相关机构及时进行动员和宣传。数据缺口依然存在，涉及多个主题的若干全球指标仍无法构建，包括可持续农业（可持续发展目标 2-- 零饥饿和可持续农业）、粮食损失和浪费、国内物质消费、化石燃料补贴、可持续旅游业（可持续发展目标 12-- 负责任的消费和生产）、富营养化和海洋酸化、海洋中的塑料垃圾、需要官方统计的捕鱼活动指标（可持续发展目标 14-- 水下生物）、贩卖人口、没收非法武器和非法资金流动（可持续发展目标 16-- 和平、正义与强大机构）等指标在巴西可持续发展目标平台上仍缺少数据。

经验教训显示，最重要的是国家统计机构需在建立编制指标所需伙伴关系中发挥领导作用，各机构积极开展合作，并要在国家统计机构和其他官方数据编制机构中建立与编制可持续发展目标指标相关的组织机构。当各机构明确了负责可持续发展目标指标的协调人时，数据流动就会更加便利。

组建和支持由巴西国家地理与统计局领导的机构间可持续发展目标指标小组，对于相关工作的顺利开展和发展成果的巩固至关重要。巴西国家地理与统计局的专家参与包括民间社会、学术界、各部委和机构的外部讨论，有助于学习和完善指标的使用。同样重要的是，需要信息技术基础设施来开发交流指标的平台或门户网站。

二、中国

自 2016 年创建“2030 年可持续发展议程部际协调工作机制”以来，在中国外交部牵头推动下，先后制定发布了《中国落实 2030 年可持续发展议程国别方案》《中国落实 2030 年可持续发展议程国别自愿陈述报告》《中国落实 2030 年可持续发展议程进展报告》《地球大数据支撑可持续发展目标报告》等年度统计监测成果，特别是 2022 年发布的《全球发展报告》，以越来越丰富详实的数据展示中国落实可持续发展目标的进展情况，阐述中国在精准脱贫、创新引领、生态文明、乡村振兴、共建“一带一路”等方面落实可持续发展目标的典型案例和成功经验。同时，中国国家统计局高度重视可持续发展目标（SDG）统计监测能力建设。依托中国—联合国统计能力开发信托基金项目，一方面推动本国统计能力建设和统计现代化，另一方面也为亚太区域国家和发展中国家统计能力建设作出积极贡献。2021 年，设立联合国大数据全球平台中国区域中心（以下简称区域中心），为应用创新技术和新数据资源推进可持续发展目标统计监测探索新思路新方法。

2023 年发布的《全球发展报告 2023》，以“处在历史十字路口的全球发展”为主题，从减贫、粮食安全、公共卫生、发展融资、能源转型、工业化、数字化等 7 个方面具体分析了当前全球发展面临的突出、紧迫问题，并建议各国在共赢基础上弥合发展赤字。2024 年发布的《全球发展报告 2024》，以“动荡变革的世界：合作应对全球共同挑战”为主题，聚焦气候变化、产业链供应链、数智化、减贫、粮食安全、卫生健康、发展融资等议题分析了当前全球共同面临的挑战、原因，并提出应对建议，旨在分析阐释当今全球发展面临的一系列重大挑战，呼吁国际社会凝聚共识、共克难关，走向更加公平、可持续的未来。为加强可持续发展目标监测评估数据合作与分享，更科学推动 2030 年议程落实，中国国家统计局印发《国家统计局联合国 2030 年可持续发展目标统计监测工作小组办事规则（试行）》，工作机制的健全完善为提升可持续发展目标统计监测工作质效提供制度保障。同时，积极参加亚太统计司“2030 年可持续发展议程循证后续行动和评审区域研讨会”并派员作主题发言，分享交流中国推进可持续发展目标机制和统计监测工作情况和经验成效。特别值得一提的是，联合国统计委员会第 54 次会议通过决议“支持中国关于成为大数据和数据科学具体专题全球中心的提议”，区域中心在职能上已经转变为大数据和数据科学特定领域的全球中心，未来将在促进全球统计共同发展，推动落实 2030 年可持续发展目标统计监测，构建全球数据治理体系等方面作出更加积极的贡献。

三、埃及

埃及是首批制定国家可持续发展议程（《埃及 2030 年愿景》）的国家之一，并对其进行更新以便跟上气候变化、水资源短缺、地缘政治事件和人口高速增长等全球变化。

2017 年，总理决定成立国家可持续发展目标实施监测委员会。该委员会致力于协调政府各部门、私营部门和民间社会，以实现可持续发展目标。

埃及于 2018 年和 2021 年提交了两份关于可持续发展的自愿报告，并在纽约联合国可持续发展高级别政治论坛（HLPF）上进行了介绍。这些报告简要概述了在实现可持续发展目标方面取得的进展以及阻碍其发展的挑战。

鉴于埃及不懈努力在地方层面实现可持续发展目标（SDGs）的本土化，埃及三个省（法尤姆省、塞得港省和布哈拉省）在规划和经济发展部以及联合国开发计划署（UNDP）的支持下在初期阶段就启动了自愿地方评估，并于 2023 年 7 月在纽约联合国可持续发展高级别政治论坛上提交了评估结果。

在全球层面，埃及（由中央公共动员和统计局代表）是可持续发展目标指标机构间专家组（IAEG-SDGs）以及可持续发展官方支持总额（TOSSD）工作组的成员。

埃及特别重视可持续发展领域的区域和国际合作。埃及积极参加区域及国际的论坛和研讨会，交流落实可持续发展目标的经验和最佳实践，并寻求加强与国际组织和利益攸关方的伙伴关系。

在非洲议程层面，埃及于 2023 年提交了第三份国家报告，以评估在非洲议程下的进展，其中埃及进展情况从 2021 年的 45% 上升至 2023 年的 51%。

2019 年年中，以规划和经济发展部为代表的埃及政府与联合国人口基金（UNFPA）合作编制了一份报告，在各省将可持续发展目标本土化，共有 27 份报告涵盖所有省份。这些报告旨在概述可持续发展目标某些指标的状况，因为已根据数据可得性和与 2030 年具体目标的比较，为 32 项指标设定了省级层面的具体目标。

埃及中央公共动员和统计局（CAPMAS）一直致力于通过提供高质量和准确的数据，成为决策过程中的主要支持者和合作伙伴，这些数据是制定未来政策的基石。由于它是埃及官方统计数据的来源，因此所有关于埃及的报告都依靠中央公共动员和统计局提供的数据。

2016 年，中央公共动员和统计局成立了“可持续发展部门”，以构建综合体系，根据《2030 年可持续发展议程》、《埃及 2030 年愿景》和《非洲联盟 2063 年议程》监测和追踪可持续发展目标指标的进展情况。

可持续发展部门的主要职责是监测和计算可持续发展目标的各项指标，定期发布国家统计报告以监测和追踪可持续发展目标各项指标进展，并确定指标编制工作面临的最重要挑战和数据缺口。

中央公共动员和统计局发布的 2030 年可持续发展目标指标国家统计报告介绍了可获得数据的指标现状，指出了在某些指标监测方面存在的数据缺口和挑战。这些指标需要进一步予以研究，以便其数据能够以准确、系统和可比的方式获得。

中央公共动员和统计局已发布了 3 份可持续发展目标指标监测报告。第一份报告于 2018 年发布，指标可获得率为 43%；第二份报告于 2019 年发布，指标可获得率为 47.5%；第三份报告于 2023 年发布，指标可获得率为 56.8%。

四、埃塞俄比亚

埃塞俄比亚在将区域和全球发展议程纳入国家发展计划方面取得了长足进步。埃塞俄比亚已将可持续发展目标（SDGs）纳入其国家发展计划（GTP-II）及其后续计划 -- 十年发展计划（2019/20-2029/30），该计划目前正在实施中。

换言之，作为国际发展与合作框架的可持续发展目标，已成为埃塞俄比亚制定国家十年发展计划的基础。因此，埃塞俄比亚政府和联合国国家工作组（UNCT）正在与其他利益攸关方合作，努力使埃塞俄比亚实现可持续发展目标。为加快可持续发展目标的实施，已经采取了一系列具体措施，特别是使可持续发展目标适应当地实际情况，提高将可持续发展目标纳入国家中长期发展计划的认同度，开展可持续发展目标需求评估（如确定基准、计算干预措施成本以及明确资金来源）等。此外，可持续发展目标需求评估通过确定实现可持续发展目标所需的全方位政策和机构，为制定十年发展计划提供了信息。

埃塞俄比亚不仅承诺实施可持续发展目标，而且还承诺以“有力、自愿、有效、参与、透明、综合的进展评估”来支持实施工作。鉴于可持续发展目标的复杂性和广泛性，定期、稳健、包容、国家主导的评估对于实现可持续发展目标至关重要。

五、印度

印度根据国家优先事项和需求，在国家定义指标的基础上落实可持续发展目标。为将可持续发展目标纳入印度正在实施的国家与地方政策和计划，在国家层面上，印度国家转型研究所（NITI）将可持续发展目标与相关中央部委 / 部门的中央支持计划进行了匹配。

此外，在与相关部委 / 部门、联合国机构和其他利益攸关方进行适当磋商后，统计和计划执行部制定了可持续发展目标国家指标框架（NIF），并确定了数据来源和频率。国家指标框架是推进国家层面可持续发展目标监测的基础。与全球指标框架一样，国家指标框架内涵持续发展，需要不断完善。因此，需要定期评估和完善国家指标框架。目前，NIF（2024）由 290 个指标组成，其中 95% 以上的指标有数据可查。基于最新的国家指标框架，统计和计划执行部于每年 6 月 29 日（即印度统计日）发布可持续发展目标年度进展报告。进展报告提供了国家指标框架中国家指标的时间序列数据，这些数据也用于评估实现可持续发展目标的进展情况。

印度国家转型研究所发布可持续发展目标印度指数，该指数主要以可持续发展目标国家指标框架（SDG NIF）中的指标为基础，用于衡量印度各邦 / 联邦属地在可持续发展目标方面的进展情况。该指数突出取得的成就和需要改进的领域，促进竞争与合作的联邦制，鼓励各邦 / 联邦属地相互学习。该指数支持可持续发展目标的本地化，鼓励各邦 / 联邦属地将可持续发展目标纳入其发展计划。

统计和计划执行部已经采取了许多办法弥补可持续发展目标指标相关的数据缺口。该部定期与相关部委 / 部门以及托管机构进行磋商。为使审议制度化，印度统计和计划执行部、印度国家转型研究所和驻印度新德里的联合国驻地协调员办公室（UNRCO）签署了一份三方谅解备忘录，内容涉及支持印度可持续发展目标监测相关的数据、指标和统计工作。备忘录旨在加强合作，支持可持续发展目标和具体目标的统计监测，包括新技术的使用、追踪可持续发展目标相关成果的能力建设以及其他新要求。

结合地方优先事项，印度统计和计划执行部还为各邦 / 联邦属地制定地方指标框架提供技术支持。在此背景下，统计和计划执行部于 2019 年 7 月制定了《可持续发展目标邦指标框架制定指南》（SIF），并于 2022 年 3 月在其出版物《地方可持续发展目标监测框架指南》中进一步完善了相关指南。该出版物旨在通过提供全面指导，促进和协助各邦政府制定和完善地方监测框架。

七、俄罗斯

（一）国家层面的可持续发展目标监测

国家层面的可持续发展目标监测工作始于 2016 年。俄罗斯联邦统计局加入了俄罗斯联邦总统下属的关于气候变化和可持续发展问题的部门间工作组，该工作组由总统顾问领导。

2017 年 2 月，成立了可持续发展目标监测信息和统计支持特别专家组，以详细阐述可持续发展目标指标。该小组由俄罗斯联邦统计局担任主席，成员包括来自 20 多个部委和联邦机构以及俄罗斯央行和俄罗斯联邦审计署的代表。俄罗斯各科学机构和专家团体的代表也参加了该组的工作。

考虑到国际上通常建议国家统计局在协调数据方面发挥主导作用，以便在国家层面报告可持续发展目标，依据俄罗斯联邦政府 2017 年 6 月 6 日第 1170-r 号令，俄罗斯联邦统计局被授权协调可持续发展目标指标的相关活动。

2017 年，包含可持续发展目标全球指标清单中 87 个指标的可持续发展目标专属部分第 2.8 节，被纳入《联邦统计工作计划》（FPSW）。该计划是俄罗斯联邦的主要文件，包含编制官方统计信息的工作清单。截至 2024 年，联邦统计工作计划第 2.8 节共有 123 个可持续发展目标全球指标，其中 32 个可以按俄罗斯地区细分。24 个部委和联邦机构与俄罗斯联邦统计局共同提供有关可持续发展目标的数据。进一步开发和增加向用户提供的全球指标数量是俄罗斯联邦统计局一项最重要的工作内容。

根据国际建议，为了跟踪国家层面实现可持续发展目标的进展情况，2020 年批准了一套可持续发展目标国家指标，最初由 160 个指标（其中 88 个可按地区细分）组成，涉及全部 17 项可持续发展目标。考虑到政府战略文件所明确的任务，俄罗斯联邦统计局的优先事项之一是建立一套反映国家特点、地方情况和统计能力的国家指标。由于可持续发展目标国家指标集是追踪实现可持续发展目标进展情况的灵活工具，因此在 2023 年对其进行了更新，指标数量增加到 183 个（其中 116 个可按地区细分）。

《俄罗斯联邦可持续发展目标统计年鉴》每年在俄罗斯联邦统计局网站上以英文和俄文发布。每一版都包括 17 项可持续发展目标的数据，以及一些按地区细分的指标（自 2020 年以来）和国际比较部分。《年鉴》的统计附录也在网站上发布。《年鉴》中的指标数量逐年增加，包括按地区细分的新指标。《年鉴》第六版将于 2024 年 12 月在俄罗斯联邦统计局网站上发布。

为了在国家层面为可持续发展目标监测进程提供信息支持，俄罗斯联邦统计局官方网站推出了特别版块。该板块包含可持续发展目标总体信息，详细的指标清单及其当前发展状况以及翻译成俄语的所有指标元数据，国家和国际层面活动的最新信息，可持续发展目标出版物以及有用的国际资源信息等。

（二）参与国际层面的可持续发展目标监测

俄罗斯从一开始（2015-2021 年）就是可持续发展目标指标机构间专家组（IAEG-SDGs）及其测量发展支持工作组（2020-2021 年）的成员，并积极参与可持续发展目标相关国际文件的编制工作，包括对该工作组制定的指标方法、文件和试点项目进行评估等。在专家组成员强制轮换后，俄罗斯联邦统计局的代表继续积极参与 IAEG-SDGs 的公开会议和磋商。

直到 2022 年，俄罗斯一直是欧洲统计学家大会可持续发展目标统计指导小组的成员，参与制定了生产统计数据的路线图，以监测可持续发展目标及其后续落实。路线图第一版于 2017 年获得批准，第二版于 2022 年获得批准。

迄今为止，俄罗斯联邦仍然是 IAEG-SDGs 统计数据和元数据交换（SDMX）工作组的成员，该工作组由来自 12 个国家和 10 个国际组织的代表组成。SDMX 是一项国际倡议，旨在使国际组织及其成员国之间实现统计数据和元数据交换机制和流程的标准化和现代化（“工业化”）。通过 SDMX 向联合国报送并成功通过验证的可持续发展目标指标数量从 2019 年的 53 个增加到了 2024 年的 100 个。

（三）填补数据缺口的倡议

确定并填补可持续发展目标数据缺口仍然是俄罗斯联邦统计局的一个关键优先事项。为提高可持续发展目标数据在国际层面的可用性和可比性，并加强统计能力建设，俄罗斯联邦统计局积极参与有关制定可持续发展目标指标和采用新的数据收集方法的国际磋商和经验交流。

由于准确、高质量和及时的数据是监测实现可持续发展目标进展的必要条件，俄罗斯联邦统计局定期组织对全球数据库中发布的俄罗斯可持续发展目标数据进行内部验证。根据验证结果，确定全球和本国数据的差异和数据缺口，并向联合国托管机构提供最新统计信息。

不仅国家层面的监测，而且区域数据对于实现《2030 年议程》“不让任何人掉队”的原则也至关重要，俄罗斯联邦统计局努力提供按地区细分的可持续发展目标指标的详细统计信息，并填补地区数据缺口。

俄罗斯联邦统计局持续致力于可持续发展目标监测领域的能力建设，20 多个部委和联邦机构参与了这项工作。为方便用户使用，有关监测过程的所有信息都在俄罗斯联邦统计局的官方网站上公开发布。俄罗斯联邦统计局愿积极开展合作，交流经验和落实可持续发展目标的最佳做法。

八、南非

可持续发展目标的推进已成为南非所有国家、省级和地方政策的焦点。其公民发展以联合国全球目标“人类、地球、繁荣、和平与伙伴关系”的理念为基础。

因此，南非的发展成果是一个全面的进程，政府希望推进社会、经济以及环境状况的转变。这种转变将改善其公民的生活环境。南非国家发展计划描述了上述发展成果，并制定了一套国家目标作为转型过程的标志，为到 2030 年实现发展成果提供了有力支撑。

国家发展计划提供了南非实现其发展目标的蓝图。尽管国家发展计划不是南非致力于实施的唯一发展议程，但它却是最关键的，因为其他所有发展框架均需与之保持一致。

在过去十年中，南非统计局协调了千年发展目标和可持续发展目标的报告进程，并参与了《非洲联盟 2063 年议程》发展指标的制定和报告。

为减少过多的国家、洲和全球发展议程报告负担，并量化对统计信息的需求，南非统计局编制了一套全面的发展指标。这套全面的发展指标被称为综合指标框架，它有助于南非报告可持续发展目标的情况等，并进一步减少重复报告和公共领域统计数据的不一致性。

九、阿联酋

（一）阿联酋在 2030 年可持续发展议程中的作用

联合国可持续发展大会（“里约 +20”峰会）于 2012 年 6 月启动了制定可持续发展目标的进程。可持续发展目标的倡议最早由哥伦比亚和危地马拉于 2011 年提出。在“里约 +20”峰会前夕，可持续发展目标得到了包括秘鲁和阿联酋在内的其他国家的支持。可持续发展目标的谈判进程最初在联合国大会的一个开放工作组中进行，该工作组在 2013 至 2014 年举行了 13 次会议，阿联酋是工作组成员之一。阿联酋通过与塞浦路斯和新加坡共享席位，代表亚太地区参加了开放工作组。阿联酋在能源、教育、全球伙伴关系、卫生、水和妇女权益等问题上做出了实质性贡献。阿联酋还代表阿拉伯集团参加了这些谈判。经过八次政府间谈判，可持续发展目标于 2015 年 8 月最终确定。

2015 年 9 月，联合国可持续发展峰会正式通过了《2030 年可持续发展议程》。阿联酋强调了清洁能源的获取、充足和可负担的食物、优质教育和医疗保健、可持续经济增长、健康的生态系统和提高资源使用效率，这些都是阿联酋十分关注的问题。阿联酋还承诺“不让任何人掉队”，并“让世界走上可持续和有韧性的发展道路”。此外，阿联酋外交与国际合作部长 Sheikh Abdullah bin Zayed Al Nahyan 参加了联合国秘书长全球可持续性高级别小组，该小组撰写的一篇题为《韧性人类、韧性地球》报告是“里约 +20”峰会的重要成果。工业和先进技术部长 Sultan bin Ahmed Sultan Al Jaber 博士和国际合作国务大臣 Reem bint Ebrahim Al Hashimi 也代表阿联酋参加了可持续发展解决方案网络（SDSN）领导委员会。

（二）阿联酋国家可持续发展目标委员会

国家可持续发展目标委员会根据阿联酋内阁法令成立，负责竞争力和知识交流的内阁事务副部长 Abdulla Nasser Lootah 担任委员会主席。该委员会包括 9 个联邦机构，负责国家可持续发展目标的实施，监测和报告可持续发展目标的实施进展和利益相关者的参与情况，以促进可持续发展目标的综合实施和信息交流，推动阿联酋的可持续发展。

国家可持续发展目标委员会的成员在实施可持续发展目标方面发挥着各自专业职能，并进行跨领域合作。教育部、卫生部和能源部等成员机构负责协调与其核心业务最密切相关的可持续发展目标的实施，但同时也为其他可持续发展目标的牵头机构提供支持。

不属于国家可持续发展目标委员会的联邦机构也负责部分可持续发展目标的实施，如司法部与内政部密切合作，推进可持续发展目标 16（和平、正义和强大机构）的实施。

国家可持续发展目标委员会根据讨论主题，邀请核心业务与可持续发展目标重叠的其他组织作为观察员参与活动。这些组织包括在实施可持续发展目标方面发挥重要支持作用的联邦政府机构、智库和地方政府代表。

多年来，国家可持续发展目标委员会还建立了支持委员会，包括阿联酋私营部门咨询委员会、可持续发展目标青年领袖计划和可持续发展目标全球委员会（第一期和第二期），以进一步加快全球目标在国家和国际层面的实施。

与本手册相关的金砖国家技术小组

巴西

巴西国家地理与统计局（IBGE）
局长 Márcio Pochmann
调查司司长 Elizabeth Belo Hypólito
调查司副司长 João Hallak Neto
国际合作司司长 Roberto Neves Sant' Anna
调查司助理 Carla Rodrigues Rocha
局长助理 Jacqueline dos Santos Manhaes
国际合作司 Antonio Caminada Franklin de Oliveira E Silva

中国

中国国家统计局（NBS）
国际统计信息中心主任 余秋梅
国际统计信息中心副主任 鲁志贤
国际统计信息中心国际统计研究处副处长 胡雪梅
国际统计信息中心国际统计研究处七级职员 张旭
国际统计信息中心国际统计研究处统计师 王欣宇

埃及

中央公共动员和统计局 (CAPMAS)
副局长 Ehab Mahmoud Gad
人口统计司司长 Shaker Lotfy Elnaggar
经济统计司司长 Mostafa Saad Badawi
信息技术司司长 Rana Mohamed Salah
国际合作司司长 Hoda Mostafa Attia

战略司司长 Dalia Galaleldin
人口技术司司长 Manal Fathi
经济技术司司长 Mostafa Abdelnaby
技术司（隶属局长办公室）司长 Ahmed Saeed Helmy
平面设计 Marwa Montaser
可持续发展目标部门 Moheb Vector
国际合作专家 Shaymaa Wael
数据审核员 Amany Saeed
俄语翻译 Sondos Mahmoud

埃塞俄比亚

埃塞俄比亚统计局
局长 Ebissa Assefa Feyissa
行政数据协调、标准与质量司司长 Fekade Asrat Muluye
人口统计司司长 Hailemariam Teklu
高级专家 Shewaye Nigussie
高级专家 Aklele Haile
工作人员 Worku Teshome
劳工统计主管 Abay Getachew
高级专家 Teshome Adno

印度

印度统计和计划执行部
统计局长 Narender Kumar Santoshi
副局长 Praveen Shukla
司长 Sanjay Kumar
处长 Sudeepta Ghosh
联合处长 Kirti Gaikwad
副处长 Ruchi Mishra
高级统计师 Kulpreet Sokhi
初级统计师 Dipika Gupta

伊朗

伊朗统计中心
经济和国民核算司副司长 Sepide Salehi
调查和登记统计司副司长 Faribasadt Banihashemi
主任办公室、公共关系和国际合作顾问 Yasin Taheri
国际事务和统计专家 Seyyed Mahdi Sadati Nooshabadi

俄罗斯

俄罗斯联邦统计局（Rosstat）
国际统计司副司长 Ilya Matyushev
国际统计司国际统计分析处处长 Natalia Stutko
国际统计司顾问 Arina Zaikina

南非

南非统计局（Stats SA）
负责统计运营与省级协调的副局长 Ashwell Jenneker
公共关系和传播司司长 Tracy Daniels
公共关系和传播司副司长 Bongiwe Masabalala
公共关系和传播司副司长 Faizel Mohammed
媒体关系和经济统计司副司长 Kevin Parry
媒体关系和社会统计司副司长 Deborah Pillay
自由州省办公室统计协调员 Louis Mmako
平面设计司助理司长 Vuyokazi Sodo
用户信息服务司助理司长 Feroza Mohideen
发布服务司行政助理 Joey Baker
代理信息员 Magakwe Kgoroe
代理信息员 Leonard Mashiane

阿联酋

联邦竞争力和统计中心 (FCSC)

统计和数据科学执行主任 Mohammad Hassan

竞争力文化与政策司司长 Hanan AlMarzouqi

机关沟通与战略关系团队负责人 Amna Al Abdulla

专家 Khamis A Raddad

专家 Mohammad Al Abdallah

中文版后记

《金砖国家联合统计手册2024》（以下简称《手册》）是金砖国家联合编辑的系列统计出版物的第14卷，本书直接服务于金砖国家领导人会晤，全面介绍了金砖国家经济社会发展情况，是国际社会了解金砖国家国情的重要窗口。2024年《手册》的英文版由俄罗斯联邦统计局牵头，联合其他金砖国家统计机构共同编辑，是金砖国家统计机构精诚合作的重要成果。

基于2024年《手册》英文版，中国国家统计局编辑出版了2024年《手册》中文版。在《手册》英文版和中文版的工作协调和编辑过程中，局内各相关单位积极配合，核算司柳楠、李玮玥，工业司王新、李倩，能源司张剑、赵倩，贸经司俞炳彬、王月香，人口司肖宁、郭徽，社科文司冯怡琳、张灵，农村司魏锋华、孟晓娴，城市司孔鹏、董莉娟，住户司张毅、王冉，服务业调查中心彭永涛、王为舟等单位同志负责中国数据的提供和审核，设管司王卓、李婧提供了《中国统计体系简介》和《金砖国家可持续发展目标》中国部分，办公室（国际司）巴运红、李杨蔚、金钰对《手册》九国统计体系和可持续发展目标情况中英文版进行了审校。本书由国际统计信息中心余秋梅、鲁志贤、胡雪梅、张旭、王欣宇具体负责组织协调和编辑、校对、翻译等工作，统计资料管理中心余芳东、许蓉蓉负责提供网络技术支持，中国统计出版社叶礼奇、陈维强、余竞雄、李冲负责排版、美术编辑、装帧和印刷等工作。

在此，特别感谢2024年《手册》的九国联系人，他们是：巴西国家地理与统计局杰奎琳·曼哈斯先生、中国国家统计局胡雪梅女士、埃及中央公共动员和统计局艾哈迈德·赛义德·赫尔米先生、埃塞俄比亚统计局费卡德·阿斯拉特·穆鲁耶先生、印度中央统计局基尔蒂·加埃克瓦德女士、伊朗统计中心赛义德·马赫迪·萨达蒂·努沙巴迪先生、俄罗斯联邦统计局娜塔莉亚·斯图特科女士、南非统计局特蕾西·丹尼尔斯女士、阿联酋联邦竞争力和统计中心穆罕默德·阿卜杜拉先生。他们为《手册》的编辑出版作出了重要贡献。

同时，特别感谢中华人民共和国外交部国际经济司，他们对《手册》的编辑和发送给予了指导和帮助。

需要说明的是，本书中一些指标的含义和统计方法在各国之间不尽一致，敬请读者注意。由于时间仓促，若有不足之处，敬请指正。

中文版编者

2025年2月20日